主编简介

刘春江 男，武汉理工大学党委常委、副校长，研究员，经济学博士，硕士生导师，曾任武汉大学党委常委、组织部部长，曾兼任武汉大学战略性新兴产业研究中心副主任、武汉大学摄影文化产业研究中心执行主任，主要从事产业经济学、高等教育管理、大学文化等方面的研究，著有《中部地区战略性新兴产业发展》《从山村走向世界：叶君健百年诞辰纪念图集》等著作，担任《武汉大学报》创刊百年丛书4册主编，独著和主编著作9部，在《经济日报》《中国高等教育》等刊物发表论文10余篇。

王洪波 女，武汉理工大学党委宣传部副部长，副教授，哲学硕士，主要从事高等教育管理、思想政治教育、大学文化等方面的研究，参编《社会调查与社会实践》等高等学校教材，汇编《铸师魂、树师德、立师风》《听他们说——武汉理工大学师生抗疫故事讲述录》等思政读本，发表论文多篇，策划"卓越之光"理工故事展演会等多场主题文化活动，担任《理工力量》《理工故事》《理工文化》等网络专题栏目的策划与审编。

高校校园文化建设成果文库

卓越之光

讲好理工故事　弘扬卓越精神

刘春江　王洪波◎主编

光明日报出版社

图书在版编目（CIP）数据

卓越之光：讲好理工故事　弘扬卓越精神 / 刘春江，王洪波主编. --北京：光明日报出版社，2023.9
ISBN 978-7-5194-7504-8

Ⅰ.①卓… Ⅱ.①刘… ②王… Ⅲ.①武汉理工大学—校史—史料 Ⅳ.①G649.286.31

中国国家版本馆 CIP 数据核字（2023）第 185176 号

卓越之光：讲好理工故事　弘扬卓越精神
ZHUOYUE ZHIGUANG：JIANGHAO LIGONG GUSHI　HONGYANG ZHUOYUE JINGSHEN

主　　编：刘春江　王洪波	
责任编辑：郭玫君	责任校对：房　蓉　李佳莹
封面设计：中联华文	责任印制：曹　诤

出版发行：光明日报出版社
地　　址：北京市西城区永安路 106 号，100050
电　　话：010-63169890（咨询），010-63131930（邮购）
传　　真：010-63131930
网　　址：http://book.gmw.cn
E — mail：gmrbcbs@gmw.cn
法律顾问：北京市兰台律师事务所龚柳方律师
印　　刷：三河市华东印刷有限公司
装　　订：三河市华东印刷有限公司
本书如有破损、缺页、装订错误，请与本社联系调换，电话：010-63131930
开　　本：170mm×240mm
字　　数：341 千字　　　　　　　印　张：19
版　　次：2024 年 3 月第 1 版　　　印　次：2024 年 3 月第 1 次印刷
书　　号：ISBN 978-7-5194-7504-8
定　　价：98.00 元

版权所有　　翻印必究

《卓越之光：讲好理工故事　弘扬卓越精神》

主　编　刘春江　王洪波

副主编　丁仕琼　谢小琴　朱可馨

序

武汉理工大学党委书记 信思金

习近平总书记指出:"体现一个国家综合实力最核心的、最高层的,还是文化软实力,这事关一个民族精气神的凝聚。我们要坚持道路自信、理论自信、制度自信,最根本的还有一个文化自信。"[1] "要立足中国大地,讲好中国故事,塑造更多为世界所认知的中华文化形象,努力展示一个生动立体的中国。"[2] 故事是文化传播的生动载体,讲好中国故事、传播好中国声音,向世界展现一个真实、立体、全面的中国,是我们提升中国文化软实力和中华文化世界影响力的必然要求。

大学文化是大学治理的灵魂。武汉理工大学120余年扎根中国大地办大学,始终坚持文化发展的正确方向,传承弘扬中华优秀传统文化、革命文化和社会主义先进文化,建设与教育强国战略和"双一流"大学相适应的文化高地,教育引导广大师生做爱国奋斗精神的传承者和堪当民族复兴重任的时代新人。学校悠久的办学历程积淀了深厚的理工文化,熔铸了"厚德博学,追求卓越"的大学精神,奠定了学校发展共同的价值基础,凝聚和激励着一代又一代武汉理工人传承红色基因、弘扬卓越精神,在民族复兴的征程上书写教育强国的奋进篇章,涌现出一批批璀璨的"理工群星"和动人的理工故事。

一个好故事,胜过千言万语。理工故事是中国故事在高校的一个生动缩影,蕴积着强大的精神力量。武汉理工大学以多种方式讲述理工故事,让师生想听爱听,听有所思、听有所得,让文化传承"活起来""热起来"。学校

---

[1] 习近平总书记参加贵州代表团审议侧记[N]. 贵州日报,2014-03-10.
[2] 增强文化自觉坚定文化自信 展示中国文艺新气象铸就中华文化新辉煌[N]. 人民日报,2021-12-15.

建设文化专栏，深度呈现理工故事内含的鲜活正能量、有形价值观、丰富时代感和永久理工情，让理工故事成为精神画像、历史底稿、榜样力量和前进方向；挖掘形成校史红色故事、学者闪光故事、学生励志故事、平凡岗位故事、校友奋斗故事和国际交流故事，生动呈现武汉理工人在创新发展、特色发展、内涵发展中的精神内核和思想力量；充分运用"网、报、端、微、屏"多维平台传播理工故事，被《光明日报》《湖北日报》等多家媒体关注并报道，产生了广泛的育人效应；创新宣传机制和表达方式，举办"卓越之光"理工故事展演会，以沉浸式舞台演绎理工故事，让师生在更强的参与感和体验感中培根铸魂、启智润心，接受精神洗礼、感悟奋进伟力。理工故事已经成为学校文化的特色品牌和闪亮名片。

《卓越之光》是系统展示理工故事的窗口，也是全景展示学校文化的窗口。书中的"展演故事""精品故事"和"媒体聚焦"以小视角映射大时代，以平凡人折射大情怀，全方位展示学校各类群体在改革发展、教学科研、人才培养、社会服务、文化传承创新、国际合作交流等方面的典型事迹和卓越精神。编者择优选稿，并进行系统化设计、一体化推进、精细化修正和专业化编排，着力打造"真实·真情·真理"的校园文化精品。

精神的力量永恒，榜样的力量无穷。本书意在为奋斗高歌，向崇高致敬，传卓越精神，谱育人新篇。希望读者能从本书中收获精神之光、思想之光，并在追寻光、靠近光、成为光的道路上踔厉前行，以卓越精神书写中华民族伟大复兴的壮美篇章！

2022年4月

目 录
CONTENTS

展演故事

一、百年理工　红色传承 ·································· 1
　　校史革命先辈：如愿 ······························· 1
　　赵师梅：一位辛亥革命老人的师者情怀 ········· 5
　　袁润章：我们心中永远的老校长 ················· 10
　　席龙飞：走向海洋 ································· 15

二、为师之道　立德树人 ································ 19
　　吴卫国：派江吻海 ································· 19
　　袁成清：师说 ······································ 24
　　廖红：教育之本 ···································· 27
　　附小教师：温暖与追梦 ··························· 32
　　汽车系党支部：党徽是最美的奖章 ············· 37

三、成风化人　润物无声 ································ 43
　　邓永柱：为人民服务 ······························ 43

四、青春之光　绽放力量 ………………………………………… 48
  黄莺：爱，看得见 …………………………………………… 48
  王春苗：感恩的力量 ………………………………………… 54
  支教团：爱的接力 …………………………………………… 58

五、行业翘楚　时代楷模 ………………………………………… 62
  张国良：根情 ………………………………………………… 62
  张连钢：要为中国争口气 …………………………………… 65

精品故事

六、如磐初心　砥砺前行 ………………………………………… 72
  李清：原交通部部长和他的理工情缘 ……………………… 72
  张振山：两次赴朝　一生传承 ……………………………… 79
  余永富：矿石中取"真金" …………………………………… 83
  姜德生：不懈的追"光"者 …………………………………… 86
  张联盟：我的"梯度"人生 …………………………………… 90
  严新平：坚守初心"献智"水运 ……………………………… 95
  黎德扬：矢志追求真理之光 ………………………………… 101

七、深耕杏坛　育人为本 ………………………………………… 105
  材料科学与工程教师团队：一切为了人才培养质量的提高 …… 105
  翁建军：树师道楷模　育航海英才 ………………………… 109
  吴小红：用航海梦浸润学生心田的远洋船长 ……………… 113
  罗莹：潜心讲坛　美育育人 ………………………………… 117
  向剑文：在科教兴国的征程上书写奋斗篇章 ……………… 121
  邹斌：传知识，教做人 ……………………………………… 125
  杨姗姗：用爱心播种大山深处的希望 ……………………… 129

八、潜心科研　服务社会·················133

交通学院、航运学院：港珠澳大桥背后的"理工力量"·······133
麦立强：纳米世界逐梦人······················137
潘牧：科学研究与科技成果转化之路的坚守和热爱·······141
黄福志：把太阳能"印刷"成电能的攀登者···········146
尤雅：锁定"钠"些事儿······················152
王涛：立志"把太阳穿在身上"·················155

九、爱岗敬业　笃行担当·················157

学校派驻石泉帮扶工作队：在大山深处下好定点帮扶的"精准"
　　功夫·································157
靳敏：为学生爱心"引路"十三载···············163
尹为民：坚守初心躬耕校园　三十七载服务育人·······167
王太平：老骥志千里，仍将万里行···············171
侯非：风雨里基层干部的一天··················175
金正辉：以校为家　维护校园和谐平安············177
梁文斌：8年驻村扶贫路·····················181
黄光明：军运赛场背后的电力"螺丝钉"···········184
王伟：无怨无悔伴瘫痪老母三十载，"孝"对人生诠释最长情告白·186
高美香、杜细松：做永不生锈的螺丝钉············189

十、追逐梦想　成长成才·················193

研究生讲师团：用青春力量传播党的声音···········193
武汉理工大学口译队："译"路向前··············198
"互联网+"大学生创新创业团队：追科技向善之光　做创新创业
　　路上逐梦人···························203
李鹏飞：从农村走出的全煤冠军·················210
叶堃：带着"和平勋章"载誉归来···············213
郭志峰：做青春领跑者，让梦想在兵者荣耀中闪光······217
熊方宇：推开科研这扇窗·····················221

3

彭凡：实验室里走出的博士CEO ……………………………………… 225
苏超超："定制"T恤年销千万元 …………………………………… 230
刘志哲：给国粹陶瓷上一抹新"釉色" ……………………………… 234
王寒：用互联网思维定制婚恋珠宝的"魔法师" …………………… 238
黄思源：毕业季，文言文话感恩 …………………………………… 242

媒体聚焦

【光明日报客户端】武汉理工大学"理工故事"传递教育力量 …… 245
【中国青年报客户端】武汉理工举办首届理工故事展演会 ………… 248
【中国科技新闻网】真实感人，首届理工故事展演会效果超出预期 … 250
【湖北日报客户端】武汉理工大学举办"故事会"，8个故事折射
　　"卓越之光" ……………………………………………………… 252
【湖北日报客户端】大三学生王春苗讲述自强感恩故事：你们的爱，
　　给了我力量 ……………………………………………………… 254
【楚天都市报——看楚天】武汉理工大学8个故事上完一堂思政
　　公开课 …………………………………………………………… 256
【光明日报客户端】看榜样　学榜样　做榜样：武汉理工大学举办
　　理工故事展演会 ………………………………………………… 259
【中国日报网】"卓越之光"第二届理工故事展演会举行 ………… 262
【中国青年报客户端】武汉理工举办第二届理工故事展演会 ……… 266
【中国教育新闻网】武汉理工大学"理工故事"传递教育力量 …… 268
【中国建材报网】武汉理工举办第二届"卓越之光"理工故事展
　　演会 ……………………………………………………………… 269
【湖北日报客户端】讲好高校故事"卓越之光"第二届理工故事
　　展演会直抵人心 ………………………………………………… 273
【长江云】盲人女孩摘得高等数学最高分——武汉理工这些故事鼓舞
　　激励千万人 ……………………………………………………… 275
【长江云】创新话语表达形式　让大思政课入耳入脑入心 ………… 277
【长江云】"卓越之光"第二届理工故事展演会举行 ……………… 279

【大武汉客户端】武汉理工大学盲人学生黄莺要毕业了，她立志
　　帮更多残障人士实现梦想 ………………………………… 283
【极目新闻】真实感动鼓舞人心！武理工师生登台讲成长故事扬
　　学校精神 ………………………………………………… 285
【武汉教视】武汉理工大学举行第二届理工故事展演会 ………… 288

后　记 …………………………………………………………… **289**

展演故事

一、百年理工　红色传承

校史革命先辈：如愿

【故事简介】 何长工参加秋收起义，跟随毛泽东创建井冈山革命根据地，创办人民军队院校，是卓越的军事家、教育家。在武汉理工大学123年校史中，何长工等一大批无产阶级革命先辈，镌刻了流淌着厚重红色血脉的瑰丽篇章。聆听红色故事，弘扬伟大革命精神，以信仰之光照亮前行之路，用如磐初心凝聚奋斗伟力。

讲述者　周伯彦等：

1922年，年仅22岁的何长工到法国留学，在那里，他加入中国少年共产党（后改为社会主义青年团），同年转为中国共产党党员并深受共产主义的影响。

1924年归国之后，何长工参加了秋收起义，画面中的这面军旗是他当时为起义而设计制作的中国工农革命军军旗，这也是中国人民解放军历史上的第一面军旗。秋收起义后，部队遇到了一个最现实的问题就是何去何从，这时的何长工又肩负重任只身前往长沙寻找党的组织。他不辱使命，多地辗转奔波，最终在广东韶关找到了朱德、陈毅率领的南昌起义部队，使两支部队取得了直接联系，为朱、毛两军胜利会师迈出了最先一步。

此后，他又受毛泽东派遣前往井冈山与王佐部队取得联系。当时，王佐部队组成官兵成分非常复杂，管理相对松散，部分官兵还染上了自由散漫的匪气。如何将这样一支队伍改造成人民军队，是当时摆在王佐面前的一项重要任务。

穿过浩渺的历史时空，我们似乎仍能够想见，在一个个夹杂着炮声与枪声的黎明与黄昏，何长工与王佐有过多少次或平和、或激烈、或促膝深谈、或拍案而起的交流与谈话。我们很难想见，面对众多劣习成性的官兵，一个文弱书生是用怎样的热情、怎样的忍耐、怎样的坚韧，一点点、一个个打动了他们，让他们真正认识到肩上的枪是为谁而抗，枪里的子弹应该射向哪一个方向。

我们难以复原当时的细节，但是就在何长工抵达王佐部队不久，这支部队就从一支目标并不明确的民间军事力量成功转变为一支红色的部队，而那时的何长工年仅27岁，年轻的他为中国工农红军的组建做出了不可磨灭的贡献。如今，井冈山这个"红色摇篮"已经成为我们民族精神的象征，当我们通过那一辈人的红色故事走近井冈山的时候，井冈山和井冈山精神也走进了我们年轻的心。我们会从井冈山出发，再次穿过历史的烽烟，跟随着那支队伍，那支整体年龄只有17、18岁的队伍，去见证五次反围剿、去见证四渡赤水河、去见证遵义会议、去见证二万五千里长征。而在那条路上，在那条为中国寻找光明的路上，比我们大不了多少的何长工追随着毛泽东一路走来，走到1948年。

1948年4月，随着东北战场形势的发展，为了战争的需要，也为即将诞生的新中国工业发展打好基础，中共中央东北局、东北军区军工部党委决定建立东北军区军工部工业专门学校（简称"东北军工专"）。这是我军历史上较早的军事工业高等学校，校址先后建在吉林敦化和哈尔滨沙曼屯。1948年11月，沈阳解放，东北军区军工部迁至沈阳，1949年东北军工专迁至沈阳文官屯。而这所著名军事学校的创立者和第一任名誉校长就是当时只有48岁的何长工。

在这里，我自豪地告诉在座的所有老师和同学们，1971年，曾屡易校名的东北军工专迁至武昌马房山，与武汉建筑工程学校合并改名为湖北工业建筑学院，这所学校也就是我们武汉理工大学的前身之一。我想，它不单单是一个物理概念学府的起点，更是一种红色基因、红色血脉的前身。这支红色血脉从秋收起义到井冈山会师到长征再到1948年的东北军工专，一步步、一点点汇集转化为一所物理空间的红色学府，又从东北跨越黄河传至长江，在武汉注入我们每一个武汉理工人的身体里。我们每一个武汉理工人血脉里都激荡着一份红色的梦，我们的骨骼里都屹立着一座雄伟的井冈山红色精神谱系。

作为一名00后，我想对着浩渺的时空，向何长工和以何长工为代表的先辈们，向那些给予我们红色血脉的先辈们说一声——谢谢您！

正像习近平总书记教导我们的那样，铭记历史才知道我们的源头在哪，不忘历史就是不忘初心。在武汉理工大学的漫漫征程上，在马房山、在余家头、在南湖，这种红色基因和红色血脉一直在澎湃、激荡。

我们记得您，何长工，无产阶级革命家、军事家、教育家；我们记得您，郑位三，鄂豫皖根据地主要创始人之一；我们记得您，赵品三，东北军工专首任校长；我们记得您，张君，党的七大代表；我们记得您，刘惠农，老红军、老市长、老院长；我们记得您，李清，延安马列学院的教员；我们记得您，鲍振世，被誉为"冀中李向阳"的抗日英雄；我们还记得你们，万山海战中的理工师生。

如您所愿，听党指挥，英勇作战。

如您所愿，保家卫国，不负韶华。

如您所愿，祖国不会忘记。

如您所愿，人民不会忘记。

如您所愿，我们更不会忘记。

再次穿越百年的浩瀚星空，我们仿佛仍能听到1921年觉醒年代的呐喊；仿佛仍能听到南湖红船上十三颗火热的心奏响的黎明号角；仿佛仍能够听到井冈山上朱、毛会师时雄壮的歌声；仿佛仍能够听到长征路上像我们一样年轻的小战士们跋涉雪山时，走过草地时那铿锵的脚步；仿佛仍能够听到像我们一样年轻的人们，唱着雄赳赳、气昂昂，跨过鸭绿江；仿佛仍能够听到是谁在马房山为这所学校打下的第一道桩，是谁在余家头为这所学校打开的第一扇窗；仿佛仍能够感受到武汉理工大学人在这百年红色征程中释放的生命的力量！

如您所愿，厚德博学。
如您所愿，追求卓越。
如您所愿，请党放心。
如您所愿，强国有我。

来源：第二届理工故事展演会 2021 年 11 月 26 日

赵师梅：一位辛亥革命老人的师者情怀

【故事简介】 赵师梅参加辛亥革命武昌起义，亲手绘制武昌义旗"铁血十八星旗"，被孙中山先生保送赴美国留学。他还是中国最早的38位教授之一，亦是武汉理工大学前身武汉工学院的重要创始人。从抗战时期保护进步青年的赤子之心到新中国成立后简朴治学、关爱后辈的育人之心再到临终前念念不忘"奖掖学子"的拳拳之心，赵师梅教授用一生为我们树立了追求真理、献身教育、甘为人梯、为人师表的崇高典范。

讲述者　曾宪德：

我叫曾宪德，今年76岁，是武汉工学院电机系1961级学生。1963年，三年级开始了《电机学》课程学习，我特意将赵师梅教授的名字写在笔记本上炫耀。星期天回家，被我父亲看见（父亲当时是武汉汽轮发电机厂工程师），他马上问我赵师梅是不是华工赵学田教授的哥哥，我回答是。他激动地说："那是我的老师啊！过两天你带我去看他！"

两天后，我陪父亲去了赵师梅教授所住的学生宿舍二栋，来到赵师梅教授的房间，我和赵教授坐在小板凳上，父亲坐在放倒的椅子上，他和我父亲饶有兴趣地谈起了当年。他们回忆了一些1935年的事，我听得目瞪口呆。

当年我父亲就读于武汉大学机械系，参加了爱国救亡歌咏运动，被当局视为叛逆，成为校方重点关注的有"共党"嫌疑的人。当时兼任"生活指导委员长"的赵师梅教授受命约谈父亲。而他却凭着辛亥元老的威望，利用"训导长"这个特殊身份，想方设法保护学生们……

这次父亲和赵教授见面就回忆起了那次"约谈"，赵教授笑着用方言大声对我说："你的爸爸真拐，我还没跟他说几句，他就把我引到他的话题，说别的事去了。"他说，当时父亲见到他，不仅没有什么不安，相反还十分兴奋。当时他们一见面，父亲就以年轻人的热忱向赵教授请教英语和美国见闻，两人一起大谈美国口语、大讲西方社会。

后来因为潮流，学校允许学生周五下午在饭堂唱歌，但却遭到一些阻挠。于是，赵师梅教授亲自来到现场听学生们唱歌，阻挠者只得灰溜溜地退下。为了让歌咏活动继续进行，赵教授通知我父亲以后每周五下午在新建的机械系大楼教室开展活动，他这一举措保证了爱国歌咏活动在以后几学期中持续进行，直到后来当局借口我父亲有"共产党嫌疑"将他开除。

后来到20世纪80年代，我已毕业20年，父亲又一次独自去学校看望他的这位恩师。

讲述者　答朝仰：

我叫答朝仰，今年77岁，我是1964年从武汉工学院电机系电机与电器专业毕业的，毕业后留校工作，是赵教授的直系弟子。

教我们电机学的赵师梅教授，是辛亥革命老人，辛亥革命武昌起义的铁血十八星旗就是他亲手绘制的。辛亥革命后，孙中山先生选送了一批年轻人赴美国留学，赵先生便是其中之一。

学成归国后，赵先生立志教育救国，先后在湖南大学、武汉大学任教。1958年又义无反顾地支援武汉工学院。近70岁的赵老住在武汉工学院二栋学生宿舍楼，每到星期六才步行回华工家中，星期日晚再一步步走回马房山。他有只脚的大拇指长了一个骨包，他就把常年穿的解放鞋在骨包处剪一个洞。

面对这位让人尊崇和心疼的老教授，同学们自发地去照顾他的生活，赵先生常向我们谈及他的往事，但谢绝了我们的照顾，连打开水都是自己拎着竹壳热水瓶到开水房去打。

虽然赵教授受到过不公正的待遇，但是他从不昧着良心说假话。他精神上饱受磨难，还弯腰驼背了，但多年来一直挖沟栽树，为了修剪树枝，他用长梯子搭在树上，独自爬上去修剪，往往一干就是半天。他乐在其中，他说劳动可以锻炼筋骨，栽树可以绿化校园。

武汉工学院成立了科技情报室，赵教授承担学校内部出版物《译讯》的英文科技资料翻译工作，那时候我有幸和赵教授成了同事。科技情报室在教一楼的顶楼，赵教授虽已是80高龄，但仍然每天准时上下班，爬上爬下，现在想来，都令人感动不已。

1984年10月8日，赵老逝世，享年90岁。赵老临终嘱咐，将他不多的积蓄一万元捐给学校，建立武汉工学院第一个奖学金——"赵师梅奖学金"。

作为赵老师的学生，我们永远怀念他。他教给我们的，我们都铭记在心。铁血丹心，一代师魂，从赵老师身上，我们学会了如何做教育战线上的接力奋斗者。

讲述者　陆丰奎：

我叫陆丰奎，今年77岁。我于1964年进校，读的是电机专业，是赵师梅教授的学生。毕业后，我留在母校电机实验室工作，当时，赵教授也在电机实验室上班。我们要为实验室组装五六台电机机组，安装机组需要很多种工具，我常把工具零散地放在各处。赵教授看到这种情况后，就亲手给我做了一个工具柜。他利用一张旧的单人翻盖课桌，剪了几块铁板，在课桌四条腿的左右后三面都钉上铁板，下面钉块底板，中间加块隔板，前面做个门，门的右边装活页，左边装个巧妙的旋把，旋把里面装偏心插销，作为门闩。工具柜制作好后，外表刷上了暗红色的防锈漆，还特意配了一把小锁。他把工具柜交给我的时候，我很感动，就把所有的工具都放在工具柜里面了。

原来我只知道赵教授是个教书做学问的人，没想到他竟是这么一个能干的多面手。他的劳动态度、劳动技能，给我留下了深刻的印象。赵教授给我做工具柜，其实是给我上了一堂生动的课，让我受益终身！

我很珍惜这个工具柜，多次对同事说，这是赵教授给我做的工具柜，千万不要丢了。这个工具柜我一直使用到退休，而工具柜示意图则一直珍藏在我家里。

讲述者　李永华：

我叫李永华，今年81岁。我1960年毕业于华中工学院（现华中科技大学）电力系，1961年到武汉工学院工作，一直到退休。

20世纪50年代我在华工当学生的时候，偶尔到实验室去，看到赵师梅教授，那时候他给我的印象已经是老头了。他穿着很旧的中山装，脚上穿一双解放鞋，很和蔼可亲，当时我还以为他是实验室的实验员。

1961年我来到这个学校，第一份工作就是在电机系当助教，我的顶头上司就是这个赵老师。我大吃一惊，原来我有眼不识泰山呐，他是个鼎鼎有名的大教授啊！

后来我和他同在一个教研室，他是系主任，我是个小助教。当时他的家在华工，我男朋友在华工，每个星期六，我去华工的时候是乘车，他走路，有时候会在校门口碰到，碰到了就跟他一起走。走的时候，他就和我说："从车站走到你那个地方是一万步，我数过的。"后来有一次，一个偶然的机会，我到他家里去。他当时的家是华工最好的一种宿舍，我去的时候还看到了女主人，她非常有风度，家里布置得非常温馨。当时我大吃一惊，赵老师家里居然有这样一个女主人。这给我留下了非常深刻的印象，我觉得赵老师做人非常低调，从来不宣扬自己是个什么样的人，我当时就觉得做人应该像赵老师一样。

赵老师临终前设立了奖学金，有两位同学获得了第一届奖学金，其中一位是我的研究生朱林。当时我从日本东京工业大学当访问学者回国近三年，总想着不辜负国家的培养，要把在日本学到的自动控制方面的知识和日本研究室共同研究的学术氛围带到我所在的自动控制研究室来。经过努力，我们研究室正好找到了一个大科研项目，我担任这个项目的负责人，朱林也参与了课题研究。我总结相关成果并在自动化杂志上发表，这是我们这个领域最高级的杂志。后来这篇文章又被翻译成英语，发表在这个杂志的英文版上。这算是对赵老师的一个纪念吧，没有辜负他的遗愿。

来源：首届理工故事展演会 2019 年 12 月 26 日

袁润章：我们心中永远的老校长

【故事简介】 袁润章教授提出被钱学森肯定的"袁教授构想"，力排众议开辟新材料研究方向，忍着剧痛在病榻上笔耕不辍，擘画学科发展蓝图，临终前嘱托后人将自己的骨灰分成三份，分葬在材料复合新技术国家重点实验室门前桂花树下、鉴湖校园的湖中以及湖南老家。袁润章教授的潜心育人、无私奉献的教育家胸怀和锐意创新、永攀高峰的科学家精神永远激励着我们。

讲述者　赵翔：

提起袁校长，有太多值得述说的地方。作为一个晚辈，我想说一说我眼中的袁校长。我是2006年3月调到实验室的，刚来的时候就看到一位老人在3楼的一间普通的办公室里办公，后来我知道他是学校前校长、实验室的创始人袁润章教授，他在退休后一直从事科研工作，指导着实验室燃料电池等方向的发展。袁校长工作时间很长，抽屉里放有饼干，工作晚了就会拿出来吃。

与袁校长相处不久他就病倒了，检查出来已经是胃癌晚期，他做了手术，结果并不好，手术后已经无法再下床。作为实验室从事服务管理工作的年轻人，我能够经常去医院看望袁校长。对于病情，虽然我们竭力隐瞒，但我能感觉到袁校长自己是知道的。他有一个愿望，就是将自己一生的科研历程和体会择要总结，留给后人借鉴参考。在病床上，我总是看到他强撑着身体一遍遍批阅稿件，与每一个来访的实验室同事探讨着科研上的问题。当看到护士拿着像拳头一样粗的针管来抽腹水的时候，当看到他疼得整晚无法入眠的时候，我才体会到这样一位老人是以怎样的斗志和毅力与时间赛跑，是什么样的精神在支撑着他。这些在电视上和新闻里才能见到的画面，真切地发生在我的眼前。随着身体每况愈下，他已经坐不起来了，声音也微弱到只有凑近耳畔才能听到。袁校长从未说过要成为一个怎样伟大的人，但他时刻怀着对伟大梦想的追求并为之奋斗到了生命最后一刻。

长期废寝忘食地工作，使袁校长病魔缠身，但他却毫无察觉，最终延误了病情。按照袁校长的遗愿，他的骨灰被分成了三份，一份回到了他的老家湖南，那是他出生的地方；一份撒在了鉴湖校园的湖里，这是他工作了50多年的学校；最后一份埋在了材料复合新技术国家重点实验室门前桂花树下，这是他一手创建的我校第一个国家重点实验室。这颗桂花树已经成为我们所有实验室人的精神象征，每到金秋时节，只要出入实验室，就能闻到这满树的桂花香。

在袁校长《梦想与追求》这本书里，能够找到太多令人感动的地方。其中有两段话让我获益颇多，请允许我叙述如下：

"追求梦想的过程，确实不是一件轻松的事。我每一次总是怀着强烈的渴望，在艰难的道路上、在被怀疑的环境中探索。虽然我比较坚强，有持久的信心，但也曾有过短暂的动摇。坚定了又动摇，动摇了又坚定，虽然我体质好，总是干劲十足、奋斗不息，但也有过疲劳不堪。有时好像看到了希望的曙光，过后又进入了茫茫的黑暗，就这样一步一步地摸着石头过河，匍匐前进，最后总算看见了光明。这就是我个人的经历，也许这也是众多普通中国人奋斗的写照，多少年来，我们这一代普通中国人总是重复着这样的经历，在梦想的昭示下，沿着由一代又一代人自身搭起的阶梯不断上攀，通向那宇宙遥远的星辰。"

讲述者　潘牧：

我曾经陪同袁校长拜访了华盛顿大学，他在一面诺贝尔奖获得者的展示墙前驻足良久，看到这所世界顶级的高等学府拥有如此多的诺贝尔奖获得者，作为中国大学的校长，他也梦想着这样的成就有一天能够在中国的大学实现。

他自费订阅《科学美国人》杂志，希望能第一时间接触到世界上最新的科研动态。用袁校长自己的话说："我很想使自己和学校的教学和科研工作都能跟上国际形势，很想促进国家重点实验室的国际化，也很想让学校中优秀的年轻人能进入更高水平的圈子里去见识、去磨炼。我没有奢望自己能做出世界顶级的研究成果，但我渴望能见识国际上顶级水平的同行，也渴望见识到世界上顶级的大学和顶级的相关研究机构。"

讲述者　木士春：

从创建材料学院到创建材料复合新技术国家重点实验室，从把学校由学科单一的建材院校建设成为211重点综合性大学等事例，足以证明了先生的远见与卓识。在实验室开辟燃料电池研究之初，国内外就有发展质子交换膜燃料电池还是发展其他燃料电池之争，先生常让我注意收集国内外燃料电池研究的最新资料，并将文献打印出来供其阅读和研究，有一次打印了上百页的资料，先生却乐此不疲地抱回家细细研究。先生每晚工作至12点，上床而卧，仍要思索几个小时方能入睡。每与课题组人员讨论，先生均能一一道出研究文献的内容，并对其中创新之处、可取之处及有待改进之处都有深刻而独到的见解，使学辈受益颇丰。现在，实验室已承担多项燃料电池相关的国家级项目，包括12项863计划项目、1项973计划课题、5项国家重点研发计划课题、1项支撑计划项目、1项国家自然科学基金重点项目及20余项国家自然科学基金面上项目，总经费超过1.1亿元，已成为我国重要的燃料电池研究基地。

讲述者　程一兵：

我想谈一下我跟袁润章校长多年前的小故事。我1980年到武汉理工大学（当时武汉工业大学）读硕士研究生，当时袁润章校长是我们硅工系主任，他是做水泥制品的，我是学玻璃专业的，我跟袁校长在专业上接触并不是很多。硕士论文答辩指导老师徐超当时邀请袁润章老师作为硕士论文答辩委员会委员。

1983年7月，答辩委员会委员讨论并通过了我的硕士论文答辩。下午我在路上碰见袁校长，他说："小程，你的论文答辩不错！以后留校好好干！"

他紧接着又问我："你的英文怎么样？"我回答："我的英文阅读还可以，听说能力一般般。"他说："要加强英文学习，你留校以后，先送你去进修一段时间英文。你想不想出国呀？"当时出国的机会是很少的，我马上说："我想，我想出国。"袁校长说："你留校先把英文学好，我找机会送你出国。"因为我跟袁校长平时也不是很熟，而且我都不是他这个专业的，他只是我的系主任，所以他跟我说这样一段话，我内心非常感动。

1983年10月，袁校长送我去上海外国语学院学习英语。1984年的一天，袁润章校长找到我说："小程啊，现在有一个很好的机会，可以送你到国外去读博士。"当时能够出国留学读博士是非常不容易的，学校把三个奖学金的名额给了我一个，给了我三年全额奖学金、学费和生活费，我真的非常感激袁校长，如果没有他的帮助，这个机会不可能轮到我，这份感激我要记在心里一辈子。我当时没有想到，这件事改变了我的一生。1985年10月，我去英国读书，临行前去拜访袁校长，袁校长说："小程啊，这个机会非常难得，你去国外一定要好好学习，争取早日回来。他还建议我不要局限在玻璃专业，要把知识面扩大扩宽些。"后来我在国外又做了3年的博士后。

出国9年后，我第一次回到武汉理工大学，袁校长亲自接待，他跟我聊了很多，他说："希望你以后每年都能到学校来一次。我们跟你开展合作，你留在国外同样可以给学校做工作，帮助学校搞科研，不是一定只有回来才能为学校做事。"他跟我说这个以后，我感觉从袁校长第一次跟我谈要把我送出去，直到今天，他始终是个胸怀非常开阔的人，他宽阔的胸怀给了我改变一生的经历。

从1994年以后，我按照约定每年都回到武汉理工，开展了不同形式的合作。每一次只要袁校长在学校，我都要跟他见面。袁校长博大的胸怀和对科学远见卓识的能力，影响了我们这一代在校工作的老师。从我个人的经历来看，正是有这样一位站得这么高、看得这么远的老科学家对我们后辈的关怀，才让我们有今天这样的机会。我自己也一直抱着要报答学校的心情，跟学校保持密切的合作关系。直到2015年，我回到学校组建太阳能电池的研究团队。所有这些都是因为我感恩武汉理工大学对我的培养，袁润章校长对我倾注了大量的心血，我不能辜负他。

我也给老师们提个建议，作为老师，要把袁校长作为我们的楷模向他学习，培养年轻人就是我们的责任，年轻人会把这些记在心里一辈子。

来源：首届理工故事展演会 2019 年 12 月 26 日

席龙飞：走向海洋

【故事简介】 被誉为"中国舟船文化活化石"的席龙飞教授一辈子与古船结缘，他曾依据史料记载和自己扎实的造船理论功底，考证郑和宝船是当时世界上最大的木制帆船这一问题，并以此主持复原了郑和宝船模型，刷新了世人对中国造船史的认知。1997年退休后，他平均每三年出版一本著作。耄耋之年，他还先后出版了《中国造船史》《中国古船图说》等书籍，中国工程院何友声院士给予八字评价——"心血所著，优美绝伦"。

讲述者　张彦隆：

从古至今，中国的陆地疆域在不断变化和拓展，但人们并没有忘记对茫茫大海的好奇与探索。《论语·公冶长》中记载了孔子的话："道不行，乘桴浮于海。"大家看到我身后的这张图，是过去的中华人民共和国横幅地图，而2013年新颁布的地图，却是一幅竖式的、充满了蓝色海洋的地图。从960万平方公里到960多万平方公里，这一个字，多出的不仅是领土，更是一种视野和胸怀，彰显的是一个国家对于海洋召唤的回应，一个民族走向海洋的渴望和梦想。而追逐和实现这个梦想的，有一种载体，叫作船。

说到船，大家可以看画面上这本《中国古船图说》，左边是中文版，右边是在法国出版的法文版。1963年，为发展新中国造船事业和交通教育事业，大连海运学院造船和船舶内燃机专业师生来到武汉水运工程学院。这部书的讲述者席龙飞当时也是其中的一员，他乘坐"红专轮"从大连港出发，登陆武汉口岸。一路上江宽海阔，风高浪急，而"红专轮"上的师生们风华正茂，意气风发，咏出"我愿造巨樯，等闲渡重洋；中华新船队，威名天下扬"的述志诗篇，海洋强国的梦想像波涛澎湃的海浪一样激荡着这群年轻教师的心房。

1974年，在泉州湾后渚港发掘了宋代航海货船。席龙飞作为一名船舶设计者，对古船产生了浓厚的兴趣。

讲述者 席龙飞：

20世纪70年代的时候，我得知泉州发现了宋代古船。郑和七下西洋，有六次都是从泉州出发，可以说这里就是中国海上丝绸之路出发的地方。我产生了浓厚的兴趣。我想，如果对这艘古船进行研究，应该能追根溯源，了解古代中国的造船技术。

郑和宝船比哥伦布旗舰大数十倍，是航空母舰与小帆船之比。以前在澳门参加纪念航海家活动时，不少人知道发现好望角的迪亚士、发现美洲大陆的哥伦布、绕好望角到印度的达伽马、环球航行的麦哲伦，但却不知道七下西洋的郑和，更不知道他在14世纪曾率庞大船队驰骋在印度洋上，这比哥伦布早87年，比达迦马早92年，比麦哲伦早116年。当我向他们介绍中国古船，讲郑和下西洋时，他们一个个都睁大了眼睛。

讲述者 张彦隆：

席老开始着手古船研究时，并不被人所理解，甚至被认为"不务正业"。当时的船舶学者们，一心希望赶上发达国家的技术水平，可席老却执意进入"回顾过去"的领域。谁也没想到，几十年后，席老的"不务正业"会成为一个拓荒之举。

我们都很熟悉郑和下西洋的故事，然而谁了解当时他所乘坐的船呢？600年来，人们一直对郑和"宝船之谜"争论不休，当时，西方有一些说法，郑和时代造不出庞大的宝船，席龙飞却以翔实的数据和史实"替郑和说话"。

明末罗懋登所著《西洋记》详细地记载了郑和船队中各种船型的尺度，其中，宝船"长四十四丈，阔一十八丈"。依据史料记载和自己扎实的造船理论功底，席龙飞教授考证郑和宝船长度超过了100米，排水量超过万吨，是当时世界上最大的木制帆船，并以此主持复原了郑和宝船模型。

如果席老没有做这样的研究，我们可能还不知道，在那个时代，我们的造船技术比肩欧洲，可以说，郑和是人类开创大航海时代的先驱，我们国家当时是当之无愧的海洋强国。

带着强烈的民族自豪感，席老退休后对古船的研究也从不间断。1999年，席老为了完成《中国造船史》的创作，不顾自己70岁高龄，在省图书馆泡了两个多月，每天早上8点进去，一直到晚上闭馆才出来。饿了，就吃一口早已备好的馒头；累了，就在门口的树荫下小憩。他积累的手稿厚度接近一尺高，都是自己一笔笔记下来的。正是席老这样对学问孜孜不倦的追求，才能完成一部部里程碑式的著作。在《中国造船史》出版时，《光明日报》以"舟船：承载中华文明七千年"为标题，用整版的篇幅进行报道。业内专家对其赞不绝口，中国工程院何友声院士给予八字评价——"心血所著，优美绝伦"。

中华民族自古是以陆地为主要栖居地的民族。当我们知道地球不是方的，而是圆的时，我们渴望向海洋探索。临江河近海的陆地，可以架起无数的桥梁。那么，隔着宏大海洋的五大洲呢？什么样的桥梁才能让五大洲携手？我们提出了中国方案，那就是"一带一路"——丝绸之路经济带和21世纪海上丝绸之路。曾经的丝绸之路，将中华文化传递给世界，让世界看到了东方文明；今天的丝绸之路，更让世界看到了一个强盛、开放、包容的中国。中国古代船舶文化，所体现出的是千百年来的中国价值、中国贡献。

当"辽宁号"行驶在蓝色的海疆，当"蛟龙号"带着一个民族的自豪劈波斩浪，当一艘艘中国制作的舰艇和商船驶向五大洲无数友好的口岸，我们看到了中华民族不畏艰险、勇往直前的英雄气概和开放进取、海纳百川的宽广胸怀。走向海洋，是千百年来一代代中国人的梦想。

讲述者　席龙飞：

从先秦到近代的船舶研究，已经写进了历史。20世纪60年代我们坐的是"红专轮"，现在可以造航母，可以造豪华邮轮，未来新的海域、新的历史，更有待我们书写。船是海上的桥梁，船是移动的国土。新中国航行了七十年，改革开放航行了四十年，中国共产党带领我们航行了一百年。而新的百年，我们中国这艘航船，将驶向复兴，驶向更加辉煌的未来。孩子们，这是我们初心和使命，我们要扬帆起航，驶向海洋！

来源：首届理工故事展演会 2019 年 12 月 26 日

二、为师之道　立德树人

吴卫国：派江吻海

【故事简介】 吴卫国教授带着几代人的通江达海梦，研制出被誉为长江黄金水道上的"复兴号""2018年全球明星船舶"的"汉海1号"，开启了长江航运的"千箱时代"，破解了"江船不能出海，海船不能入江"的时代命题。时隔两年，研制出的"汉亚1号"集装箱船向深海迈进，实现了江洋直达。他带领团队以船舶和技术派江吻海，描绘出江海通航、江洋通航的瑰丽画卷。而在另一片海——学海，他从寻路、行路、赶路、领路、让路、指路一路走来，以教育者的本色、学识和胸怀培养了一代又一代海洋强国的接力者和圆梦人。

江有一个渴望，那就是拥抱大海；
海有一个渴望，那就是海纳百川；
船有一个渴望，那就是乘风破浪。
千万条江河用什么样的状态，来昭示自己的流量？
海以什么样的姿容，来增加自己的宽广？
船以什么样的使命，来连接起江河与海洋？

江船能否入海？
海船能否进江？
这是千年的叩问，
江船入海，海船进江……

讲述者　吴卫国：

我叫吴卫国，是一个当了三年农民从大别山区考学出来的普通学子。我的第一学历是中专，毕业后我的第一份工作是实验员。

小时候，跟大人在地里干活，我学会了一个态度，那就是凡事都要亲自动手。我在实验室里当过焊工，亲手做焊接加工结构模型；做过钳工，要保证每一个环节都严丝合缝，我还做过仪表工，对每个细节都精益求精。不仅是做事，做人也应该是这样。有人说我已经有了40多年的从教经历，但在我本人看来，却一直都是个学习的过程。截至今天，我的每一次人生转折，都是通过学习，一次又一次的学习来实现的。在实验员这个岗位上，我一丝不苟地干了八年，因为技术好、勤快，我成了实验室里最忙碌的人。

时代再次给了我机会，其实是时代，我不知道为什么有些人称之为命运。1988年，经过数年的精心准备，我考取了武汉水运工程学院的研究生，师从刘应群教授。那时候刘教授正在牵头组织国家攻关项目"268箱江海直达集装箱船"和"5000吨江海直达运粮船"的研究工作，跟随恩师，我第一次接触到了通江达海的梦想。但是，实现梦想的航道是曲折而漫长的。那一次的尝试，成了我的一种惦念，一种不舍，说重一点，是一种隐隐的痛。从20世纪80年代到90年代，再到这个21世纪初，这个梦始终伴随着这种隐隐的痛，时而清晰，时而模糊，时而远，时而近，那些年我一直问自己：我准备好了吗？

直到2003年，欧盟 Asia-Link 国际合作项目启动，那个时候我们在江海直达船相关技术领域几乎是空白的，但是，我们也不是毫无准备，所以我们决定试一试。当时申请同一项目的强手如林，经过几番争取，或许是考虑到我们在内河船舶领域的积累沉淀和处在长江中游得天独厚的区位优势，以及产业发展的实际需求，我们抓住了这次难能可贵的机会。

通过这个项目，我深切地感受到，要想解决一系列"卡脖子"问题，就必须靠中国人自己，靠敢于钻研、勇于创新、勤于实践，无论多难，决不放弃。

2018年，具有我们自己完全独立自主知识产权的江海直达集装箱船"汉海1号"，带着几代人的通江达海梦，驶出了武汉新港，破解了"江船不能出海，海船不能入江"这一时代命题。从汉海1号到汉海2号、汉海3号、汉海5号、汉海7号，开启了长江中游航运的"千箱时代"。1140型江海直达集装箱船"汉海1号"被评选为"2018年全球明星船舶"，一同入选的还有全球顶尖海洋科考船"东方红3号"、史上最大邮轮"海洋交响号"等世界知名船舶。"汉海1号"被誉为长江黄金水道上的"复兴号"，是全国内河最先进、装载量最大的江海直达集装箱船。目前，已实现30余艘江海直达船的实船建造，取得了显著的经济效益和社会效益。

追梦的路不止，学习的路不止，奋进的脚步也就不止。解决了"江船不能出海，海船不能入江"这一时代命题，我们在追梦路上跨出了坚实的一步。而入海只是浅海，如何向深海、向远洋迈进，如何从江海到江洋，这是新时代给我们的又一重大命题。

讲述者　裴志勇：

时隔两年，2020年6月，"汉亚1号"集装箱船驶出武汉新港，走南京，下舟山、出东海、奔日本，先后入港大阪、名古屋、神户三大港口，实现了深海远航，开启了江洋直达航线，将集装箱运输周期缩短了一半，让武汉从"河港"变为"海港"。这也就意味着通过汉亚系列集装箱船，从日本发出的货物，通过集装箱船到武汉，再通过汉新欧专列，抵运欧洲，其周期可以缩短一半，武汉即将成为名副其实的内陆海港。

大家想想，从武汉驶出的船舶，驶向深海，抵达日本以及更多的地方，真正让古丝绸之路和海上丝绸之路携手武汉，正契合了习近平总书记提出的国内大循环、国内国际双循环相互促进的新发展格局。战略引领技术，技术支撑战略，吴教授带领我们打了漂亮的一仗！

讲述者　蔡薇：

刚才给大家讲了我们开发的两类船型，一种是江海，一种是江洋，其实还有两种船型，那就是适应长江、西江、三峡等水上主干线的干线船型，和适应汉江、小清河等支流的干支船型，未来我们还要做第五型船，就是运河、小支流相应船型，因江制宜、因线制宜，实现全水域无缝衔接、江海通航、江洋通航。

除了这些货船，我们在邮轮游艇研发与设计上也有一些成果。我们承担了国产大型邮轮的部分设计与建造研究，将技术与艺术融合，研发了系列特色游艇，服务新时代人民大众需求。

讲述者 孔祥韶：

有个词叫百舸争流，其实数千年来，百舸争流只是个梦想。而今天，在新时代，一旦这些船型全部下水通航，在中国的全域水系上将真正展现百舸争流、千帆竞发的壮丽画卷。我们也将用自己的技术回答新时代给出的重大命题。

遥想我们的唐代诗人——李白，曾从朝天门登船，写下"朝辞白帝彩云间，千里江陵一日还。两岸猿声啼不住，轻舟已过万重山"的诗句，如果面对今人，面对我们的汉海1号、汉亚1号，又将做何感想。

遥想我们的先辈，当年毛泽东从湘江出发，邓小平从长江出发，李大钊从滹沱河出发，他们也想乘船出海，为中国寻找一个方向。时空跨越百年，当习近平总书记站在闽江江头写下"派江吻海"四个字的时候，我们已经看到海洋强国的梦想，我们已经领受到新时代大海磅礴的霞光。

讲述者 吴卫国：

我今年62岁了，我给自己这40多年的教学科研生涯做了一个总结，做实验员的时候，我觉得我是在寻路、在行路；后来考研了，不断地去学习、探索，我觉得那是在赶路；后来在一位位可亲可敬的师长的带领下，我走近了江海直达的梦想，和我的团队一起突破了一个又一个难关，我觉得这是在领路；现在我觉得我们应该为年轻人让路。正像习近平总书记说的那样，让中青年骨干、科技人员走到前沿，这是我们的初心也是我们的使命。这个路，要让。这个"让"，是孔融让梨的"让"，是扶上马送一程的"让"，是成就更多的接力者、后来人的"让"。腾出手的我们应该做些什么？在我看来，追梦不止，脚步不止，应该做指路人，用这一生积攒的经验和蕴积在内心的那份精神，在未知的领域继续探索、继续学习、继续追梦，在另一个层面为年轻人寻找道路、指明方向。

这就是我心中的两片海，一片是江海直达的那个海，我们曾用我们手里的船舶和技术派江吻海，还有另一片海就是我们的学海。我们要带领我们的学生们、我们的青年们，一起用知识、智慧和行动去派江吻海，做好传承。一个教育工作者既要做好人才培养，也要做好科学研究，既要做好社会服务，也要做好文化的传承与创新。只有无数的教育人，一代又一代，手牵着手，才能真正凝聚起新时代的理工力量。

合：

我是三峡低碳智能优选集装箱船，能够轻松穿越天堑峡谷。

我是（汉江）干支线零碳智能集装箱船，绿色节能环保。

我是1140低碳智能内河集装箱船，号称长江上的高铁复兴号。

我是800TEU近洋直达绿色智能集装箱船，能够从祖国内陆直接驶入太平洋抵达日韩，在打通内循环的同时打通外循环，促进经济全球化发展。

我是三峡绿色智能江海直达散货船，我将横穿大半个中国，将祖国西部的物资直接运向大海。

我是有着自主知识产权的大型邮轮，承载着造船人的梦想，怀着希望，向明天进发！

服务国家战略需求，争创世界一流水平。让江河湖海亲密牵手，为海洋强国不懈奋斗！

来源：第二届理工故事展演会2021年11月26日

袁成清：师说

【故事简介】 袁成清教授从教十四载，是学生心中的师德标兵，是博士生交叉培养中的"一串钥匙"。在与学生的交往中，不论是学习中的亲身示范、耐心教导还是生活中的指点迷津、指引方向，他始终坚持学高为师、身正为范，用实际行动诠释了诲人不倦、开放包容的师者理念。

讲述者 袁成清：

何为师？这是我自2005年入职武汉理工大学成为一名普通老师到现在十余年以来常常思考的问题。刚才大家看到大屏幕上出现了一个"帅"字，"帅"上加一横就变成了一个"师"字。在我看来，"师"应该以德为"帅"，应该通过传道、授业、解惑、启智，带领学生正确地认识世界，成为更好的自己。"帅"与"师"这一横，是初心，也是使命，是立德树人的初心，更是为国育才的使命。有人说：亲其师，则信其道，信其道，则循其行。老师要以身作则，才能为学生树立效法的标准。

讲述者 董从林：

记得我刚读研究生的时候，第一次进实验室，看到皮肤接触高浓度过氧化氢会被氧化成白色，很害怕，迟迟不敢去做实验。我弱弱地问袁老师："这种试剂对人体有没有害啊？皮肤接触到会不会脱皮或留下疤痕呢？万一手套密封不严或者操作过程中弄破了该怎么办呢？"袁老师当时并没有回答，而是直接走到实验台前，为了消除我的恐惧感，他并没有戴手套就开始指导我做实验。边做实验，袁老师边对我说："你们看，即便是皮肤接触到试剂，也不会脱皮和留疤。但是过氧化氢毕竟是一种强氧化剂，你们做试验的时候不能用手触摸，我刚才的演示是不规范的，你们在操作之前一定要佩戴防护手套和护目镜，如果不小心接触到的话，一定要第一时间用清水清洗。"袁老师的亲身示范一下子就消除了我的恐惧，拉近了我们的距离。

讲述者　张彦：

几年前，我们班上一位同学总是认为自己高考发挥不好，一直心有不甘，入学后一直闹着要退学去复读，我当时作为辅导员做了好几次他的工作，都没有说通。看到他情绪非常低落，我们都非常担心，我就把这件事情告诉了袁老师，袁老师说"我来试试"。

讲述者　袁成清：

张彦跟我讲完之后，我一直在冥思苦想。学生有上进心是好事，关键是要让他能够敞开心扉，找到问题的症结。当年我也觉得高考没考好，心态和他是一样的，因此我觉得有必要和他交流一下自己的人生经验。记得当时，我跟他说，如果你复读后，有可能考上更高层次的大学，也有可能仍然来到我们学校，甚至还有可能因为心理压力太大，连我们学校也考不上。即便是复读考上了更好的大学，也有可能在学校层次的提升上还不足以挽回时间上的损失。现在你可以继续往上读，如果用这一年的时间来准备考研或者出国留学，结果可能会更好。我讲完之后，学生沉默了一会说："您放心，我再也不提退学的事了，肯定会往前看。"第一学期期末考试他的成绩名列全班第二。现在我很欣慰地得知，他正在德国卡尔斯鲁厄理工学院深造。

讲述者　邱爱超：

大家看，这是我的一大串钥匙，除了其中一把是我宿舍的，其他的都是不同实验室的钥匙，这些钥匙都是袁老师"介绍"给我的。2017年，我因病反复手术，身体虚弱、精神不振，更让我着急无助的是，面对严格的博士毕业要求，我还没有任何成果，不知路在何方。在我手术期间，袁老师总是安抚我、照顾我，反复叮嘱，要我调理好身体，但对学术课题上的事情只字不提，以免让我不安。手术间歇期，我回实验室继续探索那片未知的领域。由于我所做的方向是袁老师的新方向，为了给我更有针对性的指导，袁老师主动给我介绍了相关领域的老师，请老师们一起指导我。我也因此可以随时出入各位老师的实验室，能够随时去向他们请教，用他们的实验室器材，与他们的学生交流。所以，我手上就有了这么一大把实验室的钥匙。

讲述者　袁成清：

　　人都不是全能的，总有自己熟悉和陌生的领域。一代一代的科学家、教育家给了我们很多启示。我国的"两弹一星"功勋彭桓武曾经说过，他的老师马克斯·玻恩（Max Born）给学生的研究课题都是自己不太了解甚至不会做的，老师的作用在于启发学生的创造力。现在知识更新的速度越来越快，学科交叉也越来越深，没有人能够做到面面俱到，老师指导的学生在某些领域也能成为老师的老师。我有一个已经毕业的博士生曹攀，他在生物防污领域成绩斐然，我指导的博士生毕业论文以及申请的课题，都会让他帮忙把关。

　　当初我们读书的时候，老师就是这样默默地为我们付出的，现在，我也是一名老师，我同样要把老师教给我的这份职业操守，这份甘为人梯的品质和立德树人的情怀传递下去。作为武汉理工大学的一分子，我们是这棵立德树人大树上的一根枝丫、一片树叶，我们只有心与心相连，手与手相握，才能让我们深爱的教育事业枝繁叶茂、茁壮成长。

来源：首届理工故事展演会 2019 年 12 月 26 日

廖红：教育之本

【故事简介】作为大学物理精品课程教学名师、校"师德标兵"，廖红将复杂的基础大课——大学物理打造成了全校一座难求的网红课程。她的课堂上，枯燥的专业术语可以表达成情意绵绵的诗句，烧脑的幂函数解能够变身八卦推演。从教32年，教过的学生都亲切地称呼她为"女神老师"。展演会现场，廖红的同事和学生全方位讲述工作生活中的"女神老师"，廖老师也现场带来一堂精彩的物理课。

讲述者　张博文：

廖老师是我们大学物理精品课程的第一位教学名师，她课讲得好，深受学生喜爱，在我们的心目中，她是我们的女神。廖老师的课非常火爆，每次选课的学生很多，第一轮选课的人数往往是正常上课人数的好几倍。她主持的人文物理课程是校级课程和省级课程，2018年还被评为国家精品在线开放课程，她指导的好几位青年教师参加讲课比赛都获了奖，还培养了好几位物理教学名师。

最开始，我只是跟风我们班的推荐课表，选择了廖老师的物理课。但第一节课就发现廖老师的课很不一样。我们班同学对廖老师的评价是"一听就懂""很朴实、很有条理、知识成体系"。说到知识体系，廖老师打过一个比方，我们学习的物理知识，就像满满一罐子的糖果，如果我们一只手直接伸进去抓，抓不了多少还会掉，但如果用小绳子把糖果串起来，一拎就全都拿出来了。

廖老师的课堂非常开放、非常包容，她提起过自己学生时代蹭课的故事，所以也支持大家按自己的节奏来学习，所以课上总是会有很多"别人家的孩子"，有跨专业的、有旁听的，教室里经常是坐得满满当当。廖老师每学期开课时都会为同学们建一个学习交流群，群里面有同学们提问题，有同学来回答，廖老师都会把他们的名字记下来，计入平时分。每年这个学习群都是特别热闹的，而且不仅仅是在学期末考试前，同学们整个学期都是非常积极地在学习。

廖老师的课堂也在一点一点地影响着我，让我后来也想成为一名物理老师，像她一样把课堂设计得这么动人，把自己的知识分享给更多的人，让更多的人能够了解物理的乐趣和思想！

讲述者　叶帆：

大家都会觉得，廖老师很厉害，有很多荣誉。但是在我看来，她就是一个很平凡很普通的老师。比如说，我见到别的老师时，我打招呼"老师好"，但我看到廖老师，我就会这样："嗨！廖老师！"然后马上冲上去抱抱她，她真的是能够走进我们内心的那种人。

我大二上学期的时候才正式成为廖老师的学生，当时我们班上的同学跟我讲，一定要听一下廖红老师的物理课，这个老师太厉害了，是一个很有人格魅力的老师！后来开学第一天去上廖老师课的时候，发现我们这个班有好多人，而且八点钟的课他们六点钟就来抢第一排的位置了！她们也帮我占了一个第一排的位置，我当时还不太习惯坐第一排，我说为什么要坐这，同学说听廖老师的课，你一定要坐在第一排，不然就是一种损失。哇，那节课上完了，我整个人就感觉受到了洗礼一样，这个老师真的太厉害了！从那以后，我不仅是把这个习惯带到了廖老师的课上，我在每一门课上都会去坐第一排，这也成为后来改变我的一个很重要的习惯。

在我们需要帮助的时候，廖老师总能给我们关怀和温暖，她就是一个活生生的、触手可及的人。课程结束后，我和廖老师仍然保持联系。廖老师不仅给我解答专业知识上的困惑，还主动关心我的近况，她经常问我："小叶子啊，你最近怎么样啊？"让我觉得真的很温暖。不管是生活、情感还是学习上，遇到任何问题，我都很喜欢跟廖老师讲，不管什么时候她都会特别乐意去倾听。我保研的时候受到了一些挫折，就给廖老师发了一段很长的消息，很快，廖老师给我回了一段更长的消息，当时我就觉得真的很感动，也是因为老师的建议，我才能够成功被录取到中国科学技术大学的多媒体技术实验室！

作为一个学生，我常想，我们所希望的老师到底是什么样子的。师者，传道、授业、解惑，廖老师不仅很好地完成了这几点，她还用她自己的那种朴实、平凡，深深地走进了我们每一个人的心里面，所以我觉得她就是一位平凡而伟大的老师，真的很想再当一次廖老师的学生！

讲述者　孙晓冬：

我和廖红老师在一起工作已经有20多年了，经过这么多年的相处，我觉得廖老师特别让我感动的是她的善良和真诚，还有她对学生一如既往的关爱。她认为"爱是教育的灵魂"，只有热爱学生，才会热爱教师工作，真正做到教书育人。多年来，廖老师通过建立平等的师生关系，以自己的言行和人格魅力影响学生、教育学生。

记得几年前，一个女生总是到廖老师班上来蹭课，也经常到廖老师办公室找她问问题。廖老师觉得这个学生挺有潜力，针对她的具体情况，在学习上对她提出了更高的要求。有一次课后，这个女生和廖老师说，她最近身体不好，可能要做手术。这个学生的家在东北，父母不在身边，手术期间无人照顾她。廖老师就问她要到哪个医院做手术，哪天做？廖老师说："那天正好没课也没别的事情，我开车送你去医院吧！"手术那天，廖老师一直在医院守着，等着学生把手术做完，医生都以为廖老师是学生的妈妈呢。学生住院期间，廖老师每天都会带着亲手做的饭菜去看望她，出院后，廖老师担心学生刚做完肠胃手术，吃食堂可能不利于身体恢复，就把学生接到她家里细心照料，每天开车接送她去医院换药。期末的时候，这个学生以满分的成绩结束了大学物理课程的学习，毕业后申请到了海外名校继续深造。每年的生日及重要的节日，廖老师都能收到来自大洋彼岸的这个学生的祝福。

廖老师接病人到家里休养身体并不是第一次。在这之前，廖老师先生单位有一个老领导，是一位没结婚的孤寡老人，有一次骑车子被撞了住在医院里。廖老师和她先生就经常去医院看望老人，他们觉得老人怪可怜的，就在老人出院的时候，把那位老人接到家里，悉心照顾了一个多月，一直到老人恢复好了才送老人回去。

讲述者　廖红：

大家好！我就是廖红，一位普通的物理教师，接下来，和大家分享一小段物理课程。

物理是一门古老的学科，它既是科学，也是文化。物理学在发展、成长的过程中，不仅对客观世界的规律做出了深刻的揭示，还形成了一整套独特而卓有成效的思想方法体系。物理思想与方法不仅对物理学本身有价值，而且对整个自然科学，乃至社会科学的发展都有着重要的贡献。据统计，自20世纪有诺贝尔奖以来，诺贝尔物理学奖自不必说，在诺贝尔化学奖、生物及医学奖，甚至经济学奖的获奖者中，有一半以上的人具有物理学的背景，这意味着他们从物理学中汲取了智能，进而在非物理领域里获得了成功。

那么物理怎么去学呢？在物理教学中，学生不只是会几个公式、做几道题那么简单。科学哲学家波普尔（Popper）有一个观点：通过试错法、理性批评去证伪，发现更好的猜想，去接近真理。德国物理学家普朗克创立量子论的过程，就可以视为这样的研究框架。

19世纪中叶，物理学家通过实验得到了黑体辐射的规律。如何用理论去解释这一规律呢？很多物理学家提出了尝试性理论。其中德国物理学家维恩（Vin）从热力学理论中得到的公式在短波范围与实验结果符合得很好，但在长波范围有较大偏差。英国物理学家瑞利（Rayleigh）和金斯（Jeans）从统计物理学理论得到的公式，在长波部分与实验结果吻合，而短波区域不吻合。物理学是一门实验学科，若实验规律无法用理论做出解释时，只能说理论是不完善的。在黑体辐射问题上，经典物理学久攻不破，这被当时的物理学家们称为"物理学晴朗天空上的一朵乌云"。

在世纪之交的1900年，普朗克（Planck）出场了，就像精通音乐的他携带管风琴在舞台上演出一样，这位多才多艺的德国人在物理舞台上展示了惊人的才艺，拉开了神秘微观世界的大幕，给出了一个与实验结果完美吻合的公式，就是普朗克公式。他是怎么得到的？他是将维恩公式的短波区域和瑞利-金斯公式的长波区域用数学上的内插法拼凑起来得到的。为解释这一公式，普朗克抛弃了经典物理学中的能量可连续变化的旧观点，提出了"能量子"假设。这一假设在物理学界掀起了轩然大波，几乎没有人接受和认同，它彻底颠覆了经典物理学的世界图景。但这一假设成功地解决了黑体辐射问题的研究，开创了物理学研究的新局面，为量子物理学的诞生奠定了基础。

即便全世界都反对你，我依然支持你——普朗克"能量子"假设招致了很多人的质疑，但仍有少数学者站在了普朗克身旁，物理学家玻尔（Bohr）就是其中之一。他从普朗克的"能量子"假设中获得灵感，成功地用于氢原子结构的分析，从而获得了1922年的诺贝尔物理学奖。

在浩瀚的大西洋东部，英国和丹麦隔海相望。对于玻尔而言，英国是他的学术圣地，这里有举世闻名的剑桥大学卡文迪许实验室，还有他崇拜追随的导师。但是当英国人向他伸出橄榄枝许以优厚研究条件时，他却义无反顾回到了海的另一端——丹麦，因为这是他的故乡。35岁的玻尔在北欧小国创立了世界级的哥本哈根物理研究所，成为当时世界三大科学研究中心之一。自建立后，哥本哈根物理研究所在几十年间陆续培养了600多名外国学者，其中不乏世界闻名的科学家，更有诺贝尔奖获得者10多位。还有大家熟悉的科学家钱学森，他在年少时怀揣梦想出国留学，学成后放弃国外优厚的条件，毅然回到百废待兴的祖国。

"科学无国界，但科学家有祖国。"期望每一位学生都能成为对社会有贡献的人、有博大胸襟的人、有爱国情怀的人。

来源：首届理工故事展演会2019年12月26日

附小教师：温暖与追梦

【故事简介】 他，是附属小学体育教师，"乒乓球金牌教练"李仁龙；她，是武汉市百优班主任、附小中队辅导员刘林立；他，是武汉理工大学师德标兵、"个体作文"理念首创者刘俊杰……三位老师用肩膀托起学生的信任、用温暖的怀抱关爱学生成长、用新理念架起学生追求梦想的桥梁。经师易求、人师难得，以他们为代表的附小教师们用行动诠释出基础教育的师者内涵。

肩　膀

讲述者　李仁龙：

我在武汉理工大学附属小学当了37年体育老师，成为乒乓球教练也有近30年的时间了。其实我在体校学的是举重专业。1994年，我到附小的那个时候，学校硬件设施还不完善，很多体育活动开展不了。当时正赶上学校办学条件验收，附小买了两个乒乓球台。我想，乒乓球是咱们国家的国球，对场地的要求也不高，何不开展乒乓球训练呢！但困难也很多，最大的困难是学校基本没有乒乓球专业教练！怎么办呢？我想到个笨办法，那就是去"偷师"。

我一有时间就去武汉体育馆的乒乓球业余体校，在操场边一站就是一天，学打法、学战术，可还是觉得不够用。2001年的时候，我参加成人高考并幸运地考上了武汉体育学院，经过六年系统学习，教球的能力还真是提高了不少。那时我自己跟自己较劲，书本上的内容学到后，实操的技术我就逼着自己一板一板地打出来。

学校1994年组建乒乓球运动队，直到第八个年头，球队才开始在市级和区级比赛中崭露头角。这八年里，我和一批批学生默默坚持着。在2002年的时候，我们拿回了第一个冠军，然后就有了第二个、第三个……荣誉越来越多。如今，附小更加重视孩子们的体育教育，软件硬件得到了巨大改善，我们也共拿到了36个团体奖牌，108个个人奖励，三次获得武汉市中小学乒乓球赛团体第一名，从2002年到现在，连续19年一直排名洪山区乒乓球赛团体第一。

我想通过这小小的球拍和乒乓球，带领孩子们在练球中克服困难、磨炼意志、学会坚持，从身体到精神都强起来。为了奖励孩子们，我自制了一个特殊的奖品，就是这个玲珑球。别看它不起眼，但非常受小队员们的欢迎。这个小球也很特别，把它拆开来，就是一堆生活废料，但组合在一起就是精品。同样的，在我眼里，没有成不了才的孩子。我们作为老师一定会用肩膀扛起每位同学的信任，这么多年，我最开心的事情就是看到孩子们懂得只要勇于拼搏，不怕苦不怕累，就一定能成为有用的人，孩子们明白这些就是我作为体育老师最大的光荣。

怀 抱

讲述者　刘林立：

大家好，我是刘林立，是附小五（3）班的班主任、语文老师，从走上工作岗位的第一天，我就告诉自己要爱每一个学生，让孩子在回忆童年的时候感到温暖。

我有一个学生，那是一个听力全失的孩子，植入的电子耳蜗只能让他模糊地听到一点儿声音。每次上课，我都站在他身边，一边用最大的声音讲课，一边示意他看我的嘴型帮助理解。同时我还会关注孩子的眼神变化，根据这个来判断他的电子耳蜗是不是功能正常。40分钟下来，我常常喊得声嘶力竭，哪怕是在冬天，也累得满身是汗。课间我还常常一遍又一遍地给他讲上课没有听清楚的内容，直到他听清楚为止。整整六年，上课我就站在这个孩子身边讲课，尽力提高音量讲课，我的嗓子哑了，孩子的胸膛挺起来了。

六年如一日的坚持，那个曾经孤僻自卑的孩子变得开朗自信、阳光上进。后来他以优异的成绩考入省实验中学，今年又以优异的成绩考入东南大学电子学院。这些年，他在学习生活中遇到挫折或取得成绩时都会跟我交流分享。我还清楚记得，今年6月25日凌晨两点钟，孩子和家长查到分后第一时间跟我分享时我的那份惊喜。前几天，又传来喜讯，他被学校的未来学院录取啦，成了东南大学2021级4000多名学生中最优秀的100名学子中的一员！一直以来，我都持续关注每一位学生的成长，不管是从小学还是到大学，我想告诉他们：老师对学生的爱会延续一生，直到他们成为国家的栋梁，直到我白发苍苍。

教育家苏霍姆林斯基说过："没有爱，就没有教育"。给予每一位学生爱的怀抱已经成为我们附小老师的闪亮名片。每学期，附小领导、老师们都会利用课余时间走访许许多多的家庭，与家长们促膝谈心，与孩子们牵起手来，带着爱去帮助他们解决困难。在我们心中，给予学生最温暖的怀抱，就是人民教师最有温度的底色。

追 梦

讲述者 刘俊杰：

我是附属小学的一名普通的语文教师，这是我的课堂，我觉得课堂应该是有趣的，因为一切知识都始于兴趣。打开了孩子的另一双眼睛，他才会在课堂上睁开眼睛；打开了孩子的心灵，他才会竖起耳朵去倾听。

一直以来，我有一个习惯，每一堂课前，都会一笔一画地把我要讲的内容书写下来，不仅如此，我还会面对着镜子一遍又一遍地演示，直到自己觉得可以了，才会带着这种最佳的状态登上讲台，因为我想把最佳的自己放在孩子们面前，把最佳的课堂交到孩子们手里。

在座所有的老师同学们，在上小学的时候，应该都有一个共同的感受或者经历：作文是一件苦差事，尤其到了高年级，写作文甚至变成了编作文。如何避免这一切？反复实践之后我得出了四个字——"个体作文"。那就是充分尊重孩子的自我抒发，充分尊重孩子个体的生活经验，引导孩子们敢于想象、敢于追梦、敢于创新。

大家看到大屏幕上这篇作文是我的一个学生写给妈妈的一封家书。当时学生读这封信的时候，我打开了手机，拨通了孩子妈妈的电话，让孩子把心里的话直接说给了妈妈听。我清楚记得，孩子的妈妈听完这篇作文之后，激动不已。之所以让孩子当着同学的面拨通妈妈的电话来读他的作文，我是想告诉孩子们，所谓的作文，就是自我表达和与人交流，就是对接自己真实的生活说出心里的话，说出心中的想法，如此交流，写作的内驱力就能被充分激发，学生也能够在作文写作中真正获得成长。

我觉得当老师太好了！现在我有点小骄傲地告诉大家，在这种理念之下，我开通了班级公众号，创办了班级作文小报《足迹》，邀请了知名作家走进学校，走进班级，和孩子们谈作文心得，谈做人心得。

我还特别开心地告诉大家，我们班还举办了作文跳蚤市场的活动，学生把自己的作文拿出来在全校进行展览和交换，这一点得到了校领导的全力支持，全校不同年级的学生把自己的作文拿出来放在跳蚤市场，个体作文也就做成了全员作文、全面作文。同学们通过作文的交流和交换，实现了自我教育、互相教育和共同教育，这是我们附小在新教改环境下的思考，也是我作为一名语文教师想做的一些尝试。从小我的梦想就是做一名老师，很幸运，我的梦想变成了现实。如果说李老师的"臂膀"展现了教育的力量，刘老师的"怀抱"体现了教育的温度，如今我们的"追梦"则是基础教育工作者应有的姿态。

在武汉理工、在附小，我们始终携手同行，永远在温暖与追梦的路上！

来源：第二届理工故事展演会 2021 年 11 月 26 日

汽车系党支部：党徽是最美的奖章

【故事简介】党支部如灯塔，指引着一批批海外学子学成归国，立志做有情怀、有担当的教育者。他们躬耕讲台，立德树人，把论文写在祖国的大地上，为建设特色鲜明的世界一流大学贡献力量。在54名党员13年的接力奋斗下，汽车系党支部成了教育部首批"全国党建工作样板支部"，成了人才培养、科技创新的坚强堡垒……在支部党员的心中，党徽是最美的奖章。

灯塔，守望着黎明前的海洋

航标，引领着航行的方向

我们，在党支部这个灯塔的照耀和指引下

在飘扬的党旗下

筑梦铸魂，立德树人

讲述者　聂琳真：

2008年，我赴美留学

从上海飞洛杉矶再到波士顿

起飞后，因为冰岛火山爆发

航班临时改变航线

在旧金山待了一晚
当时初到国外
电话也不清楚怎么打
跟家里也联系不上
我才明确意识到
我已是名副其实的游子
而当我抵达波士顿
见到迎接我的黄皮肤、黑头发、黑眼睛的中国师兄
此刻，国人即家人
"祖国"这两个字强烈地拨动了我的心弦
我对祖国的内涵有了从未有过的理解

讲述者　陈词：

我也是2008年出国留学的
也有着近似的经历
记得春节不能回家
很多中国留学生聚到一起
说中国话、吃中国美食饺子、看春节保留节目春晚、过传统中国年
我们被同一种情感、同一个信念
团聚在一起
学成回国、为祖国服务是我们共同的价值追求
我的本科就是在这里读的
对于我来说
回国的第一选择
就是回武汉，回到自己母校
回到我深爱的武汉理工大学

讲述者　汪舟：

我们之所以回来
是因为有同样的梦想

强国之路

祖国发展的伟大成就让我们欢欣鼓舞

全面建设现代化国家的宏伟事业令我们心驰神往

全球宣讲

学校建设世界一流大学的新时代蓝图呼唤着我们

全面服务

汽车系党组织无微不至的关怀温暖着我们

一个念头清晰又热烈

走，加入其中

做有情怀、有担当的教育工作者

讲述者　黄妙华：

我1984年在大学入党，至今37年了

算是一名真正的老党员，也是上一届党支部书记

我为年轻同事们留学归国的选择感到自豪

2002年在英国做访问学者的经历

让我更能体会这些海外学子内心的渴望

我希望老党员给年轻人更多的关爱和帮助，温暖与激励

为年轻人为人、为学铺好路

我希望全体党员做示范

把集体建设成为一个坚强堡垒

值得欣慰的是

54名党员经过13年不懈努力

我们成为教育部首批"全国党建工作样板支部"

也是我心目中期待的党支部模样

讲述者　韩爱国：

今天

建设这个集体的接力棒传到了我们的手上

这是一份责任，也是一份使命

作为新一任支部书记

在新时代、新起点上传承优良传统、优良作风

支部工作做好了

就是最大的生产力

把教师的热情引向立德树人使命

把教师的潜能引向攀登世界科学高峰

把教师的创造力引向创新人才培养

我们接力奋斗

集体更团结

堡垒更坚强

新时代的新辉煌正在书写

讲述者　汪怡平：

在这里

汽车轻量化、电动化、智能化、网联化

不仅仅是一个个科研方向

更是与新发展理念同向同行的立场

突破核心关键技术

推动汽车行业转型升级发展

攻克世界难题

实现高精度核心结构件的批量生产

我们把论文写在祖国的大地上

讲述者　黄妙华：

在这里

以人为本，教学相长

我们躬耕讲台，乐于实践

引领学生全面成长

激发学生成为未来汽车人的情怀

我们引导学生用心发现，用手创造
钻研每一个零件
深入每一个夹缝
成就一个个创新梦想

讲述者　陈词：

这里
时刻激励着我
也要做像他们一样甘于奉献、甘为人梯的人
2020年
我光荣地成了一名中国共产党预备党员
我的爱人，也递交了入党申请书
成了党组织的一员

合：

小时候老师对我讲
队徽是最美的奖章
做一名光荣的少先队员
社会主义接班人在努力成长
再大些青春对我讲
团徽是最美的奖章
做一名光荣的共青团员
新时代的先锋队要勇于担当
长大后旗帜对我讲
党徽是最美的奖章
做一名光荣的共产党员
初心和使命是我奋进的力量
祖国在心上
人民在心上
心上捧着美好的向往

啊，向往，向往
党徽是青春最美的奖章
信仰在心上
忠诚在心上
心上扛着复兴的梦想
啊，梦想，梦想
党徽是人生最美的奖章

来源：第二届理工故事展演会 2021 年 11 月 26 日

三、成风化人　润物无声

邓永柱：为人民服务

【故事简介】 从部队的神枪手、神炮手到岗位技术能手、全国标兵，他受邀参加国庆十周年观礼并与毛主席等国家领导人合影，为抢救学校财产差点献出生命……有人说邓永柱这一辈子做了很多事情，他却总是说，其实他只是做过一件事，就是为人民服务。

讲述者　何养实：

大屏幕上的这位年轻的小战士名叫邓永柱，那年他22岁，也是当时参加检阅和国庆宴会最年轻的一名普通战士。邓永柱出生于1937年，这对中国人来说是一个特殊的年份，震惊世界的七七事变就发生在这一年。在中华民族生死存亡之际出生的邓永柱曾在8岁那年，亲眼看到日本侵略者对中国人民的凶残行径，每每想起当年那一幕邓永柱至今都不寒而栗。

讲述者　邓永柱：

　　我当时亲眼看到日本鬼子多次进村烧杀抢掠，有一次我叔叔负责放哨，日本鬼子发现了他并开枪将他打倒在地，发现人还没死，日本鬼子就把他拉到附近的稻草堆里活活烧死了，尸体最后烧得像树根一样。日本鬼子后来多次进村，通风报信的村民也全被抓到山脚下杀死了。这些记忆里的画面至今仍然常常浮现在我眼前，我从小就对日本侵略者充满了仇恨。

讲述者　梁卢露：

　　儿时的记忆使邓永柱有了参军保家卫国的念头，1956年，19岁的邓永柱正式成为中国人民解放军的一员，他全身心投入军事训练，成长为远近闻名的神枪手、神炮手，因表现优秀被分配到湖北省军区内卫一团摩托连担任连队技工兼材料保管员。

　　1958年8月的一天，持续的暴雨引发洪水，器材被水淹没，因为只有邓永柱熟悉存放的地点，他就第一个冲了进去，从上午9点到11点半，一个人泡在3米多深的水里，把一箱箱军用物资搬出，最后累倒在水中，医生集体多次抢救无效后，准备通知他的上级领导和家属过来处理后事。

　　就在一位护士准备给邓永柱盖上白布时，突然发现他好像还有一丁点微弱的脉搏，就立即呼唤医生对邓永柱再次进行抢救，他这才起死回生。

　　邓永柱因舍命保护国家财产被授予二等功，重获新生的邓永柱满怀感恩之心工作更加兢兢业业，并于1959年受邀参加国庆10周年天安门检阅。每每提起那场盛会，邓老总是激动不已，盛典结束后，邓永柱还作为最年轻的普通战士光荣地参加合影，留下了历史性难忘的一刻。

讲述者　邓永柱：

当时合影的八百多名官兵，现在还健在的已经不多了，我是最年轻的，当年只有22岁。能够有幸见证辉煌的历史一刻，是我人生最珍贵的记忆，也是我今后的工作动力。"为人民服务"这五个字始终是中国共产党人的初心和使命。

讲述者　梁卢露：

那个时候正赶上三年严重困难时期，国家领导人日夜操劳让一穷二白的国家走向富强。当年，在1959年的观礼台上，邓永柱与其说看到人民的欢呼，不如说看到在中国共产党的领导下，全国人民像紧紧团结在一起的火炬，大家都燃着国强民富的梦想和激情！

2019年新中国成立70周年，邓老也在大屏幕前认真观看了那次天安门大检阅，时隔60年，半个多世纪，当年的梦想已尽数实现，作为一名老兵，他看到了国家的腾飞，邓老对我们说，第一个进入他脑海的就是人民的获得感、安全感和幸福感，只有国家强大人民才可能幸福。那一刻，在他8岁时候看到的那一幕再次浮现在他眼前，那个弱小的、总被欺凌被侮辱的半殖民地半封建社会性质的旧中国已不复存在，当年的噩梦已不复存在。

讲述者　邓永柱：

我们这代人总说，翻身不忘共产党，吃水不忘挖井人，共产党人是做什么的？从毛泽东主席到邓小平同志等历代领导人，再到习近平总书记，一脉相承，一个声音，一条心，一条道路，就是为中国人民谋幸福，为中华民族谋复兴，用一句最质朴的话总结，就是为人民服务！

讲述者　何养实：

1986年，邓永柱告别了工作生活了30年的绿色军营来到绿色校园。

邓爷爷曾经对我说，在部队是保家卫国为人民服务，在校园是服务师生为人民服务，办人民满意的教育也是为人民服务。邓老每每回忆起自己担任后勤总务处处长期间，为学校211建设奔忙的日日夜夜，都感慨不已。

讲述者　邓永柱：

当年，为了学校211建设，从袁润章老校长到全校的师生都在抢时间争取学校更好的发展，甚至大年三十都没有回家过年。后勤改革过程中，我作为处长也要以身作则，理工大的传统从来都是领导以身作则，我是老兵，是学校的老干部，应该挺身一线为人民服务，做好学校后勤保障，让师生有更好的环境，让学生家长放心，也算是我作为老兵的初心。

讲述者　刘子宜：

1999年，邓老光荣退休，但他退休却不褪色，依然保持一颗为人民服务的初心。今年邓老已经85岁了，已经进入耄耋之年，他是在旧中国战乱时候出生的，见证了这个国家是如何改天换地的，中年时期又见证了国家是如何翻天覆地的，如今国家比任何时候都接近中华民族伟大复兴。有人说他这一辈子做了很多事情，做过排长、做过连长、做过指导员、做过教育，他却总是说，其实他只是做过一件事，就是为人民服务。

讲述者　邓永柱：

现在的年轻人有多少人知道《为人民服务》这篇文章？在我们青年时期，这篇文章是要求全文背诵的。在这里我想和大家一起把《为人民服务》里最经典的段落朗读一下，感受一下我这个老兵老教育人的初心，感受一下我们共产党人的初心。

"只要我们为人民的利益坚持好的，为人民的利益改正错的，我们这个队伍就一定会兴旺起来。我们的同志在困难的时候，要看到成绩，要看到光明，要提高我们的勇气。我们的干部要关心每一个战士，一切革命队伍的人都要互相关心、互相爱护、互相帮助。"

  我年轻的时候有一首流行歌曲叫《革命人永远是年轻》，你们也有一首流行歌曲，叫《少年》，虽然两首歌的歌词不一样、旋律不一样，但在我看来内容都是一样的，只要这颗初心在，这个使命在，我们就是那个少年，革命人信仰不老，我还是那个少年！

来源：第二届理工故事展演会 2021 年 11 月 26 日

四、青春之光　绽放力量

黄莺：爱，看得见

【故事简介】2015年，黄莺作为宁夏首位参加普通高考的盲人学生，以高出当地理科一本线85分的成绩进入武汉理工大学。六年间，她成长为全国"最美大学生"、中国大学生年度人物、全国研究生党员标兵……黄莺和老师同学们一起探索，用坚韧和守护创造了融合教育的新高度。"除了看不见，我什么都能做。"黄莺的这句话震撼和激励无数学子燃起奋斗的勇气、鼓起前行的力量。2021年9月6日，黄莺和学校融合教育被央视《新闻联播》报道。

黄莺是全国首位参加普通高考进入211重点大学并以优异成绩保送攻读硕士研究生的盲人学生。在校期间，她先后获得全国研究生党员标兵、2019年全国"最美大学生"、中国大学生年度人物、中国大学生"自强之星标兵"、2019年度残疾人事业新闻人物、湖北省"最美新生标兵""'挑战杯'大学生课外学术科技作品竞赛"湖北省二等奖、湖北省新时代"向上向善好青年"、宁夏回族自治区"自强模范"等荣誉和奖励。一天，她接到了一个视障小女孩的求助电话，小女孩正在上小学，视力突然下降，给她的学习生活带来了极大的困扰。黄莺小时候遇到的困难,这位小女孩现在也同样经历着。

小女孩:姐姐,盲人也能上大学吗?

黄莺:能啊,姐姐就在上大学呢!

小女孩:姐姐,你怎么做到的呢?

讲述者　黄莺:

两岁那年的一次高烧,使我成了一个双目失明的女孩。生活在黑暗世界中的我,对生活依然充满好奇和希望,因为我始终坚信:除了看不见,我什么都能做。

六岁的时候,为了能够和其他小朋友一样每天背着书包去上学,我进入了宁夏唯一的一所盲人学校——宁夏特殊教育学校,开始了独自寄宿求学的生活。洗衣服、叠被子、打扫卫生这一切都要靠我自己独立完成。有时走在路上,会被迎面走来的人不小心撞倒;有时提着开水,会不小心碰在台阶上,烫出满手水泡。但为了上学,这些苦我都能忍。七岁我就开始接触针灸推拿,也就是大家所熟知的按摩。初中毕业时,大多数盲人学生都选择了直接就业,成为一名推拿师,但这并不是我的梦想。我常问自己:难道盲人就只能做按摩吗?难道我们就不可以像普通人一样多一些选择吗?不!除了看不见,我什么都能做!

高二暑假,我得知了盲人也能够像其他人一样参加普通高考并能够选择专业的消息,便全身心地备战高考。但我会经常面临一篇文言文一句话都看不懂甚至完全曲解讲述者本意的局面。最困难的是学习空间立体几何,盲文无法呈现立体图形,我就只能靠老师对 x 轴 y 轴的位置描述来想象。可是我从小就看不见,根本就没有一个清晰的空间架构,那些对于我来说真的好难。那段日子里,我无数次地感到灰心,无数次想要放弃,可每当这时,我总会想起父母的辛劳、老师的付出,想起自己的大学梦,这些都让我无法轻言放弃。2015年6月,我成了宁夏首位参加普通高考的盲人学生,被武汉理工大学录取。能够进入"211"高校读书不仅让我的人生梦想向前迈了一大步,也为盲人群体的教育之路打开了一个新的突破口。我又一次用行动证明了"除了看不见,我什么都能做。"

上大学前,其实我也有很多疑虑,从小都在盲校上学的我,一直使用盲文教材和学习资料，不知道进入大学后，教材怎么办，上课时能不能用盲文记笔记，扎盲文的声音会不会影响到其他同学听讲，不知道能不能找得到匹配的电子版教材，老师们会不会因为我的视障而降低对我的学习要求。考试时，我应该怎么办？我能独立出行吗？我的舍友、我的同学是否能够接纳一个视力障碍的我？我会不会给身边的同学带来许多麻烦？

讲述者　张冰：

　　培养一名盲人大学生，对我们学校来说是全新的课题，作为她的辅导员，我更是感到从未有过的压力。当时我刚毕业留校，她是新生，我是新兵，好在学校、学院和各职能部门领导都全力支持，我们依靠大家的力量一起面对困难、迎接挑战。首先要解决的就是教材和上课的问题，课本看不见、板书看不见、习题看不见，怎么办？我把眼睛蒙住，漆黑里，我有一丝惶恐。睁开眼，开始和同事们设想困难，制订方案。虽然眼睛看不见，但我们不是还可以听吗？我和黄莺一合计，那咱们就靠听！我组织班上同学把教材、讲义敲成电子版，把老师讲课内容录制下来，交给黄莺。但是有些文字晦涩难懂，有些地方图文并茂，还有一些知识对于我们而言上下对照一眼就可以看懂，但是对于她却需要前前后后、反反复复地理解琢磨，怎么办？于是，这些重点难点，就靠同学们耐心细致的分步讲解、靠老师们不厌其烦地"开小灶"，更靠黄莺一遍又一遍的啃和嚼！比如高等数学，志愿者需要将复杂多样的数学符号的意义讲给黄莺听，而一些高难度的数学符号在盲文中根本没有与之对应的符号，黄莺就自己用一些盲文来替代，再通过自己的逻辑体系记忆并进行计算，最后口述成规范的数学语言，单就这一门课，黄莺的笔记就整理了300多页，而最后她和同学们用一样的试卷考试，考出了第一名97.2的高分！请大家闭上眼睛想象一下在黑暗里学习的样子，黄莺用远超出常人的时间、毅力和汗水，靠着一双耳朵听完了全部的课程。

讲述者　朱文涛：

　　第一次见到黄莺，是在新生入学年级会上。她坐在第一排，安安静静的，侧着身子，认真听着辅导员讲话。听说，她是全国第一位参加普通高考进入

211重点大学的盲人学生，还高出理科一本线85分！我当时就在想，她得有多努力啊！她可真了不起！

第二次见她是在去食堂的路上，那个拿着盲杖的女生是黄莺吗？她怎么一个人走在校园里？她是要去食堂吗？进入食堂还得上一个回形台阶呢，她能不能上去啊？可别摔倒了。我放缓了脚步，慢慢跟在她的身后，想在她有需要的时候可以帮她一把。令我惊讶的是，她一步步稳稳地走上台阶，走进了食堂。我又担心了起来，她可以自己买饭吗？跟进食堂，我看着她走到打饭窗口前，熟练地点餐，顺利地端着饭菜坐到了最近的餐桌上，坐下来开始吃饭。这一刻，我悬着的一颗心终于放下了，便悄悄离开了。但仍有一个疑问一直留在我的心中：她是怎么做到如此熟练的呢？

讲述者　黄莺：

如今，大家看到我能够自信地拿着盲杖独自走在校园里，走在实习上下班的路上，走在车水马龙的陌生的大街上，走向每一个我想要去的地方，其实这背后有很多双手、很多双眼睛曾引导着我。还记得我刚入学报到时，志愿者们一遍又一遍载着我去熟悉校园和学校周边的每个角落，后来又联系公益集团声波残障社会服务中心教会我使用盲杖，直到我能独立出行，是他们让我看得见、走得稳。生活独立了，我也想在学习上能和其他同学一样完整起来。当得知身边的同学们都在报名参加英语四六级考试，我想，我也一定要参加。但全省没有盲人大学生参加英语四六级考试的先例，于是，我写了一份申请交给了我的辅导员张冰老师。

讲述者　张冰：

刚上大二的时候，黄莺就跟我说想考英语四级，我问为什么，她说希望通过四六级考试来检验自己的英语水平，希望能够和所有同学一样经历每一个学习阶段的考验，希望有一个公平的认可。看着她洋洋洒洒数千字的申请，那一刻，我被感动了。走，咱们去申请！从学院到学校，从学校到省考试院，申请层层上报，然而得到的答复是没有先例、没有试卷、没有考试规则，暂时无法组织考试。

申请一直在继续，黄莺也一直在准备，无论是黄莺还是学校的老师，我们都在锲而不舍地努力着。直到大三上学期，黄莺终于有了属于她的考试机会，厚厚的盲文试卷、单独的考场和监考、考虑摸字速度增加的1个小时答卷时间、特殊的考场、特殊的待遇，为的是公平的成长。四级考试的标准不变、难度不降，查完成绩后，黄莺遗憾地告诉我她这次四级考试没能通过，但她不会放弃，说这次考试为下一次积累了经验。大三下学期，她又一次走进了那个特殊的考场，这一次，黄莺考出的成绩是482分，完全达到国家英语四级标准。

讲述者　黄莺:

　　今天，是我来到武汉理工大学的第2233天，在这里的每一天我都记得清清楚楚。本科期间，在老师们的带领下，我积极参加各类科技创新活动，参与课题研究，发表学术论文……辛苦付出终得回报，最终我以综测专业第二的成绩获得了保研机会，成了学校2019级硕士研究生。作为一名盲人研究生，我感恩学校的悉心培养，也立志要将这份爱传递下去，以己之所能回馈他人、回馈社会。

讲述者　焦镜:

　　作为帮助过黄莺的一名志愿者，2019年，我终于和黄莺成了研究生同学。其实黄莺一直在寻找帮助别人的机会，她说她领受了大家给她的这份爱，一定要把这份爱传递出去。她曾经尝试过加入学生社团，但觉得最能发挥价值的就是用自己的声音去激励人。于是，我们一起加入了学校研究生讲师团。

　　讲师团要经常下乡宣讲，条件非常艰苦。记得有一次我们一起去云梦县宣讲基层治理，那天我们一大早就出发了，睡眼惺忪地先乘坐高铁，再转汽车，又顶着炎炎的烈日，在凹凸不平的乡间小路上行走。到了中午，我们终于到了宣讲的乡镇。没有华丽的舞台，宣讲台就在村委会的院子里；没有高大上的讲桌，有的只是村委会临时拼起来的几张桌子；也没有话筒，我们就扯着嗓子宣讲。那天，我们本想发挥自身专业优势为群众送去理论知识，但黄莺在现场讲述了自身成长的奋斗故事，结尾那句"除了看不见，我什么都能做"获得了一阵热烈的掌声。一位老大爷激动地说:"你看这个姑娘,眼睛看不到都还这么乐观、这么努力,我们有什么理由不把日子过好啊。"那一刻,我发现奋斗本身所带来的鼓舞更震撼人心。我们走访调研了好多个村庄,到田间地头体悟民情社情、传递时代声音。这样的宣讲有很多,黄莺从未缺席,她的故事为基层老百姓的精神脱贫注入了希望和力量。我想,这就是爱传递的力量。

讲述者 张冰:

生命以痛吻我,而我报之以歌。命运给了黄莺漆黑的天空,而她依旧活出了绚丽的人生。在这个充满爱的校园里,我不知道有多少位老师和同学曾经牵过黄莺的手,曾经注目过她走过的路,曾经解答过她提出的困惑,也不知道又有多少人曾受她的激励而燃起奋斗的勇气,鼓起前行的力量。教育无他,唯爱与责任,我们一起扶一把、领一步、送一程,一切刚刚好。

讲述者 黄莺:

我是12月20日回到学校的,大家肯定很好奇我这段日子去干什么了,我去参加了全国残运会的赛艇项目。在残运会的现场,我看到了很多和我一样的人。在他们背后,每个人都和我一样,都有人给了他们一双手、一双眼睛或一双脚,给了他们一个盲杖,所以他们能够从残障、自卑、彷徨中走出来,走向坚强,走向这个万众瞩目的赛场。我也一样,感谢您,我的老师;感谢你,我的同学;感谢您,我的母校;是你们成就了我!

来源:第二届理工故事展演会 2021 年 11 月 26 日

王春苗：感恩的力量

【故事简介】 来自河南邓州农村的王春苗自幼被领养，初三时养父突发脑出血不幸去世，母亲因重病基本丧失劳动能力，生活的重担全部压在了她的肩膀上。为了减轻家庭负担，已被当地最好高中录取的王春苗放弃升学外出打工。一年后，她重返校园，一边照顾患病母亲，一边完成繁重学业，最终以高出当地一本线102分的成绩考入武汉理工大学。入学后，王春苗刻苦学习的同时积极帮助他人，她希望能将成长过程中收获的爱与温暖带给更多人。

讲述者　王春苗：

大家好，我是管理学院2017级本科生王春苗。大一那年，我在优秀学子报告会上听了黄莺学姐的《除了看不见，我什么都能做》的事迹分享，她是全国第一位参加普通高考并考上211学校的盲人考生。学姐上大学以来，在学习、生活等各个方面都比普通同学困难很多，但是她的成绩却能一直保持在专业前两名，获得了很多荣誉和奖励。学姐还开了一个公众号，帮助更多的视障学生。她还参加各类巡讲团，将自己的故事讲给更多的人听，让大家更加有动力去奋斗。她的事迹我听了好几遍，每一次都有新的收获和感动，我也想像她一样。

讲述者　敬晓慧：

　　刚才讲这段黄莺故事的小姑娘叫王春苗，我是她的辅导员敬晓慧，她刚刚讲述了黄莺的那份坚强、那份自信、那份阳光，如今春苗的身上也有了那份自信和从容，我今天也想讲讲春苗的故事。

　　春苗一出生就被养父母抱养了，养母今年68岁了，春苗可能比同年级的同学都要大上两三岁，那是因为在初中时，养父突发脑出血去世了。她不忍心给60多岁的妈妈增加负担，就放弃了升学去深圳打工。那一年，她在流水线上做着繁重的工作，过得很苦，天天手是肿的、背是弯的，每天要工作十几个小时。她妈妈不断劝说她回来继续学业。孩子也认识到这种方式赚的钱远远不足以支撑她和妈妈的将来，于是她选择返校继续读书，并再次考上当地最好的高中，高中三年也是一边照顾妈妈一边学习，最终以高出当地一本线102分的成绩来到我们理工大，她说她终于完成了父亲的遗愿。

　　上大学之后，因为母亲高龄经常生病，她不得不经常请假，有一次请了两个月的假陪妈妈做一个大手术，她自己跑前跑后跑医院找医生，没有经济来源，就东拼西借，面对这所有的困难，她咬牙坚持着，有时也会在角落里哭泣，但回到母亲病床前总是乐呵呵的。我印象特别深的是2018年寒假，除夕那晚她发了一个朋友圈，说是虽然在医院过年，但是只要和妈妈在一起就很幸福，那时候我意识到她已经是一个可以笑着流泪的坚强女孩。

讲述者　王春苗：

　　我想我可以笑着流泪，是因为我一直生活在爱里。无论是父母的疼爱，还是学校老师的关爱，都给了我很大的力量。我的父母虽然都是农民，家境很一般，但他们很疼爱我，我也曾无忧无虑地快乐成长。父亲是我最好的老师，他用高粱棒子给我制作学习工具、用硬纸壳子给我剪出矩形圆形三角形、教我背毛泽东诗词、带我看《隋唐演义》……后来为了挣钱给妈妈治病，他远离家乡去深圳打工。那个时候，每次跟他通电话，我都傻傻地听他"炫耀"，他说厂里聚餐吃了很多好吃的，厂里的饭菜也很可口，放假还能出去游玩……总之，工作不累，生活有滋有味。每次回家父亲都会给我和妈妈带回新衣服、新鞋子，还有各种好吃的、好玩的，但那个时候我还太小，就只顾着兴奋和惊喜，却没注意到父亲又消瘦了许多。终于，他口中的美好生活被同村工友拆穿："你爹真抠门，过年不回家，出去吃又嫌太贵，每天自己煮点青菜面条凑合着；衣服也舍不得买，实在冻得不行了，才买了一件厚外套。"那件外套我记得太清楚了！在收拾父亲的遗物时，那件外套还几乎是崭新的。"子欲养而亲不待"，我还没长大回报父母，父亲就离我而去。于是我暗下决心：我一定要好好保护母亲。

我的母亲没上过学，除了自己的名字外识不得几个字。但在潜移默化中，她的坚强早已融入我的性格中。现在，妈妈老得像个孩子，而我唠唠叨叨变得像个母亲，我爱护着她，就像曾经她爱护着我一样。

我的父母用爱抚养我，我们的武汉理工同样用爱培育我。大一到现在，咱们学校一直给予我关怀和帮助，不仅有经济资助，还有各位领导和老师的倾心教育和引导。

讲述者　敬晓慧：

由于请假次数多、时间长，春苗落下了不少课程，但她争分夺秒，不放弃任何学习的时间和机会，往返乘车、医院陪护甚至连买饭时间都被她用来看书学习。她努力自学，奋力追赶，平均学分绩点始终保持在4.0以上，拿了很多奖学金。她喜欢阅读，初高中条件有限，没能读很多书，大学图书馆一度让她兴奋不已，每次我课下找她，她不是在图书馆，就是在去图书馆的路上。她也凭借着自己的努力获得了"湖北省新时代向上向善好青年""湖北省最美新生标兵"等荣誉，但她总认为自己受之有愧，觉得照顾母亲是子女应尽的义务，学习是一个学生的本分。她认为自己是在别人的温暖和帮助下长大的，她想帮助更多的人。大一时春苗就经常问我："老师我想参加志愿服务，我们学校有没有一些机会和平台？我想用自己的力量去回馈社会。"

后来，她加入郎坤志愿服务队，一直坚持做各类志愿服务，今年暑假她报名了支教。作为带队老师的我，当时有点犹豫，这次可能要去山里待一个月左右，她告诉我，妈妈非常支持她去支教，并且告诉她一定要去，要抓住机会回报社会。在秭归县陈家坝村我们开展了为期20天的"筑梦课堂"。在那里，她用一颗真心和诚心想把孩子们教好，她根据当地的情况还自己开了一门课程，叫认识武汉、走进大学，希望给孩子们种下一个"大学梦"，这可能就是一种收获爱和传递爱、收获温暖又传递温暖的过程,这也是教育的意义吧!

来源:首届理工故事展演会 2019 年 12 月 26 日

支教团：爱的接力

【故事简介】 学校教育引导青年学生到基层和人民中去建功立业，让青春之花绽放在祖国最需要的地方。14年来，227名优秀应届毕业生参与了研究生支教团（支教团成员数量位居全国第一），为贫困地区的孩子打开一扇通往外面世界的窗户，用爱的接力架起教育帮扶的桥梁，在奉献社会的进程中书写无愧于时代的篇章，在融入中国梦的实践中创造精彩人生。

讲述者　龙丽：

大家好，我是龙丽，来自贵州龙里，现在是一名高中音乐老师。大家看到的这张照片拍摄于2008年六一儿童节，照片里的小女孩是我，旁边是我的老师孙明，来自武汉理工大学研究生支教团。

这张合影我珍藏了11年，它见证了县里的第一次儿童节，也见证了我的追梦历程。

孙老师来之前，城关三小老师很少，别说文体活动，我们连英语老师都没有。是孙老师给我们带来了第一节英语课、第一次运动会、第一个儿童节，他带我们拔河、唱歌、跳舞、画画、打乒乓球……从那以后，我们上学的日子不再是白天黑夜的简单交替，而是欢声笑语里的多姿多彩。

对于山里娃来说，山外边的世界是一个遥不可及的梦。孙老师给我们讲大城市的精彩与繁华，告诉我们大学是什么样子。透过他，我看见了大山外的世界，看见了未来的另一种可能，我想走出大山，我想上大学，我想亲眼去外面看看。

有了大学梦，我的学习成绩在孙老师的帮助下也日渐提高，可我却依然觉得大学很遥远，阻隔着我的不仅是大山，更是贫困带来的不自信。生日的时候，孙老师送给我一本励志传记，并亲笔寄语："小小的你也可以成就大大的梦想"。这句话让我内心变得无比坚定，带着这份信念，终于，我考进了贵州大学音乐学院，实现了我的大学梦。

讲述者　孙明：

龙丽，看到你的成长我很开心，当初那个小小的你终于成就了大大的梦想。想起支教那年，初次到贵州，我也收获了好多我个人之"最"：一年内吃过最多的土豆、一天内走过最多的山路、一年中见过最少的太阳、一年中最长时间没洗澡、一生中最艰难的坐火车经历，但那也是笑脸最多、感动最多的一年。

小时候对家乡的记忆是那么深刻，教学条件差，家庭贫困，缺米少油，作业本写完正面再写反面，一身衣服穿了四个季节，每次回想时心里总是酸酸的。可是，当我到了贵州，看到十几年后还有那么多的家庭如此贫困，那么多的孩子缺吃少穿。孩子们脸脏兮兮的像从煤堆里刚爬出来，脚趾从破旧得分不清颜色的鞋子里漏出来，用稚嫩的肩膀扛麻袋、搬重物，只为了补贴家用，让自己能够念书。每每看到这些，我都忍不住想流泪。

摆省乡是龙里县比较偏远的一个乡镇，去那里走访贫困生时，要上下颠簸走四个多小时的山路，再步行走一个小时的小路才能到达。看到村寨的景象，走近贫困生的家庭，我内心的感触真的无法用言语来表达，实在是太穷、太苦了。黝黑瘦弱的小女孩，穿着两件薄薄的、补了很多次的衣服，光着脚跑在满是石头的山路上。她弟弟的右眼在小学二年级时被同学打伤失明，可四年间都没钱去检查。家中仅有的一床棉被脏得油光可鉴，她妈妈告诉我们是怕洗坏了棉絮不敢洗。

我还记得小学的围墙上写的一句标语：读完初中，再去打工。难道我们贵州的贫困孩子就不能用知识改变命运吗？难道他们就没有体会幸福生活的权利吗？贫困这个恶魔，吞噬了多少孩子的梦想。我们作为志愿者，要尽自己最大的努力去帮助每一个孩子。一年的时间很短，我的陪伴也有限，但我坚信只要支教一届届坚持下去，努力为大山的孩子贡献自己的力量，就可以将这份爱传递下去。

讲述者　龙丽：

"小小的你们，可以成就大大的梦想"，这句话时刻激励着我。现在我接过了您的接力棒，成为龙里一名敢于有梦、勇于圆梦、勤于追梦的教师，正像您一样，为更多大山的孩子开一扇梦想的窗！

讲述者　陈会林：

大家好！我叫陈会林，我是武汉理工大学第十六届研究生支教团志愿者，也是刚才视频中孩子们喊的陈老师。2014年，我在贵州省黔南布依族苗族自治州三都水族自治县支教，是七个聋哑小学生的班主任，同时也是这个临时家庭的大家长。

每天，我做得最多的一件事就是帮他们练习发声。我在教室黑板上贴了八个字"花开无声，依然美丽"，因为我有一个小想法，就是能够让孩子们开口说简单的话，哪怕是简单的几个词也可以。于是一有时间，我就矫正他们的发声，像这样摸着喉咙感觉声带震动，观察舌形口型，渐渐地，他们也从以前的磕磕巴巴，变得有节奏了，发音也越来越像回事儿了。

我还记得，应该是十一月底，学校放假的时候，韦同学的爸爸来接他。对，就是照片里的这个小男孩，他爸爸在浙江打工，已经一年多没回家了。我记得特别清楚，小韦跑过去，用力地喊了一声并不是特别清楚的"爸爸"，小韦爸爸一下子就愣住了，紧接着把孩子一把搂在怀里，眼泪也一下子就流了下来，嘴里还一直念叨着："我的仔会叫爸爸咯，我仔会说话咯，会叫爸爸咯，会说话咯……"站在一旁的我也被感染了。是啊，哪个孩子的爸妈不想自己的孩子能叫他们爸妈呢，更别说这些聋哑孩子的爸妈，这声爸妈对他们来说，有时是一种奢求，是不敢想的事。能为这些家庭带去希望之声，是作为志愿者的我备感自豪的事。

一年陪伴，一生牵挂。从2014年到现在，我们支教团已经连续5届每届选派8名志愿者到特校支教了，我们用坚持传递着这份特别的陪伴。

讲述者　研究生支教团志愿者代表：

大家好，我是第十八届研究生支教团志愿者邓粲。2016年，我到保康后坪镇支教，支教一年，牵挂一生，将青春和热情挥洒到需要我们的地方，是我一生无悔的决定。

大家好，我是第十九届研究生支教团志愿者路鹏。2017年，我到黔南州三都水族自治县支教，以青春的名义，以志愿的精神，用一年不长的时间，架起理工与西部山区爱的桥梁，为贫困儿童描绘充满希望的未来！

大家好，我是第二十届研究生支教团志愿者李仙乐。2018年，我在三都水族自治县支教。只问初心，不问西东。怀感恩与热血，一年黔行，终身无悔。

我们是第二十二届研究生支教团志愿者，我们即将接过学长学姐们爱的接力棒，开启新的征程。我们相信，通过前期的努力、专业的培训，我们一定会为山里的孩子们打开一扇认识自己、认识世界、认识未来的窗，我们愿意用真心陪伴孩子们，让孩子们健康茁壮成长！用不长的一年时间，去做一件终生难忘的事，这就是我们爱的接力！

来源：首届理工故事展演会2019年12月26日

五、行业翘楚　时代楷模

张国良：根情

【故事简介】 国家科技进步奖一等奖获得者、十大军工风云人物、"碳痴"校友张国良是恢复高考后的第一届考生，在他的心中，学校不仅是求知的场所，更是心灵的港湾。他讲述了自己在学校成长时以及走上工作岗位后学校对他的帮助，"无论离开多久，走的多远，无论顺境逆境，我都是母校的孩子，母校一直都在帮助我"，这种万水千山也无法阻断的根情是激励他前进的精神力量。

讲述者　张国良

我叫张国良，大家都叫我"碳痴"。我是恢复高考后的第一届考生，如今已毕业很多年了，母校对我来说就是最温暖、最踏实的家，有时间就想着回来，每一次回来我都有不一样的心境和感触。

毕业后第一次回母校，是在我毕业后的第7年，当时我被分配到江苏连云港的一个机械厂，厂子不大，效益也不好，自己还要成家，工作负担很重，思想压力很重，家庭负担也很重。想起当年在学校读书的时候，以为自己毕业后能做很大的事情，对比之下，感觉到凄凉、孤独、前途渺茫。当时正好来武汉出差，我来到母校，但我没有告诉任何人，谁也不知道我回来了。现在想来，当时是想寻找一种根情和力量吧！那是一个深秋的晚上，我来到自己曾经住过的宿舍楼，看到曾经老师们住过的宿舍楼还有灯光，满满都是过去幸福、快乐学习生活的回忆。

我在操场上转了一圈，深夜里的操场已经不见夜跑的学生了，却让我想起了上学时那场有趣的体育考试。那天体育考试的项目是扔手榴弹，"扔过34米就算及格过关了啊"，老师一声令下之后，同学们一个个都顺利完成了考试，而我怎么扔都扔不过34米。慢慢地，体育考试就变成了全班同学围观我扔手榴弹，我当时的心情不言而喻，没有办法，我趁体育老师转身不注意的时候急忙将手榴弹扔了出去，实际上距离及格线还差两三米，手榴弹是滚过去的。滚过去之后，体育老师转身问："到底怎么过去的啊？"同学们打着圆场齐声说道："张国良的手榴弹是扔过去的，不是滚过去的。"我自己想起来都觉得好笑又感动。

不知不觉我走到了当年上课的教室，月光下依稀还能看见黑板上老师留下的粉笔字。我记得上学的时候有个女老师的粉笔字特别好，教的是机件制图、微分几何，我当时对这个特别感兴趣。正是因为学校里有许多这样的老师，求学时才得以在原理上深刻掌握技术。

走着走着就到了校门口，我又想起我们当年毕业时的情景。我们作为第一届恢复高考的大学生，大家依依惜别时唱着时代的青春歌谣，豪言壮语着要走向国家需要的地方。这一切让我反观当时一事无成的自己，心里特别难受！于是暗暗发誓，下次再回来，一定要让母校看到我高高兴兴、自信满满的样子。

毕业这些年，我一直在搞机械设备，搞防治机件。2002年，企业改制之后便做得比较好，那时候国家碳纤维高新技术材料一直被国外封锁，从技术到产品都被封锁。当时我们国家情况很危急，没有碳纤维可用，都是靠"第三国"倒手，从巴基斯坦倒手进来，到最后倒都倒不进来了。我们国家在碳纤维研究上花费了很大精力，也做了几十年，虽然取得了很多进步，但是产品供应和军工方面远远跟不上。

那个时候我觉得自己有这个能力去做，因为国外在封锁设备，而我就是做设备的，要做碳纤维首先就是要设备，买不到就自己直接做。

我在2005年的时候下决心开始做碳纤维，在做碳纤维的这条科研道路上，母校不但给我们奠定了坚实的理论基础知识，在关键时刻也给了我们重大的帮助。在技术难题上母校的支持非常及时给力，企业的很多优化设计都是由母校老师做的。科研重要技术资料都是重大机密，交给别人我不放心，交给母校的老师我才放心。母校的师生们对我来说就是诚心诚意帮助我的自己人，我们一回到学校什么都找校长要，不管是老校长还是新校长，对待我们都是"还需要什么"这种无条件的支持。

这些年来，我非常感谢母校，正是有了母校的支持，我才能在失败中克服困难，才能带领团队取得一个又一个突破，彻底打破发达国家对国内碳纤维市场的长期垄断地位，扭转我国碳纤维完全依赖进口的局面，为国家经济发展和国家安全做出应有的贡献。

这些年来，我去了很多的学校，但母校给我的感觉是完全不一样的，每过一段时间，我就想回母校看看，母校对我来说永远是一个无法替代的存在。无论离开多久，走了多远，无论顺境逆境，我都是母校的孩子，母校都一直在帮助我，母校给予我最大的力量就是校训中的"卓越"两个字。

我对"卓越"这两个字的理解，就是一定要追求它的高度、深度和广度，一定要锲而不舍。这也是我在做企业的时候一直激励我的精神和力量，我希望学弟学妹们能秉持"卓越"的精神，勇往直前，不断进取，成为"卓越"之才！

来源：首届理工故事展演会2019年12月26日

张连钢：要为中国争口气

【故事简介】全国道德模范、时代楷模张连钢是武汉理工大学1979级校友，他带着"建设世界一流的全自动化集装箱码头，为中国争口气"的初心和使命，带领团队从一张白纸起步，建成了全国领先、亚洲首个全自动化集装箱码头，书写了港口发展的传奇，为全球智慧港口的建设运营提供了"中国经验"和"中国方案"。家国情怀、工匠精神和责任担当，是张连钢校友带给我们的精神财富，也是激励师生不懈奋进的力量源泉。

讲述者　张连钢

大家好！我是张连钢，是武汉理工大学（原武汉水运工程学院）电工系船舶港口电气化专业1979级学生，1983年毕业。我离开母校已经38年了，但几十年来，我跟母校、母校跟我从未远离，感情从未淡漠。反而随着时间的延长，愈加浓烈、深沉。

今年1月4日，我收到了母校祝贺我们团队获得"时代楷模"荣誉称号的贺信，这让身处1000多公里外的我再次感受到母校的关怀和关注。说心里话，我能够在工作中做成一些事情、取得一点成绩，都是靠在学校学到的道理和知识。

想用学到的真本领去建设现代化

我们那个年代百废待兴，在此之前，大学十多年不能正常招生，能够进入大学学习先进科学知识，大家感觉格外神圣，都无比珍惜这宝贵的人生机遇。同学们在学习上如饥似渴，利用一切可以利用的时间争分夺秒学习，除了适当的运动，我们把所有的时间都用在了学习上，大家都想用学到的真本领去建设现代化，去迎接科学的春天。

我最喜欢上的课是电机学、自动控制原理等四门课。朱曙老师是我们的电机学老师，更是我们德智体全面发展的榜样。专业上，她是许实章教授的得意门生，电机学的高才生；体育上，她是运动健将，1959年创造的湖北高校女子100米纪录，直到1982年才被打破；文艺上，她作为湖北高校学生代表参加了国庆十周年庆祝活动。我一直有个愿望，就是要成为一个她那样的人！朱老师在课堂上总是鼓励大家畅所欲言，为了辩赢对方，我们都会提前查找资料，课堂上也常常争得面红耳赤。我想那种刨根究底的钻研精神应该就是从那个时候萌芽的。

但可惜的是，电机学这门我平时学得挺好的课程，期末考试只考了85分，离自己预想的九十七八分差了太多。我感觉很挫败，没脸见朱老师。过了几天，朱老师在讲解考卷后说："真正学得好的学生，就是应该考80多分。"她说这句话，就是为了保护我的自信心！朱老师的关爱之情溢于言表，让我每每想起来都备受感动。

还有，为生病学生煮鸡蛋面并送到学生宿舍的班主任彭先斌老师、同学们有什么大事解决不了就会去找的系主任黎明森老师、带着同学们在医院轮流陪护我的指导员宋玉枝老师……他们心里时刻记挂着同学们的学习和生活，随时向遇到困难的同学主动伸出援手。每次回想起老师们尽心的帮助和无微不至的照顾，我心里总是感到暖暖的。我也忘不了，同学们从每月十几块的生活费里挤出钱给生病的我买营养品，而他们却吃最便宜的菜。这种互相帮助、共渡难关的同学深情让我们当时比较艰苦的生活充满温暖。

我们不忘老师的恩情，回报的最好方式就是做出成绩，报效国家！几十年来我始终坚守一个底线，就是不能辱没了自己的母校，不能给老师丢脸！不论在顺境还是逆境中都是如此。

扎根港口，建设海港

1983年大学毕业后，我被分到了青岛港的局机关工作。那时候的港口还很落后，机械化水平很低，劳动强度大、工作环境差。局机关是大家比较羡慕、向往的岗位，但是我觉得整天待在机关里，对下边工作情况不了解，学的东西也用不上，心里很不踏实。1984年，青岛港要筹建第一个集装箱码头，我就去报了名。办理调动手续时，当时的处长还不高兴："为什么要走？处里哪里不好？"我说："处里哪里都好，我只是想到基层把学到的知识用上。"

从那以后，我就开始了在集装箱码头的职业生涯。一晃30多年过去了，我见证了港口的发展，特别是集装箱码头的腾飞。港口从半人工半机械化到自动化、智能化，从弱小到强大，从跟在国外码头后面学到与国外并驾齐驱，再到现在全面超越国外港口。

回顾我的工作经历，我想给大家分享几个感想和体会。

第一个是要坚持科技自立自强。20世纪90年代，自动化码头技术还被瑞典ABB、荷兰TBA、德国高华和美国NAVIS等几家西方公司垄断。我们起初也想引进国外技术，但他们开出的条件是"四不"，即工期不商量、价格不商量、建设方案不商量（不理睬用户的个性化需求）、应用程序不开放（永远只能使用原始交付状态）。这样的条件谁能接受？怎么接受？而我们在这个垄断联盟形成的对外技术壁垒面前，完全没有主动权和话语权。我们去国外考察，也都只能远远地看一眼，取不到真经。这件事情对我们的触动太大了，没有关键核心技术，就只能任人摆布，没有平等，没有尊严！

于是摆在我们面前的只有两条路，一条路是等死，另一条路是拼死。经过非常激烈的争论，最终我们横下一条心，那就是拼死。哪怕拼死了也甘心，况且拼死还有活的可能！

消息传出，质疑嘲讽之声不绝于耳。有人当着我们的面就讲："没有我们的技术，靠你们自己建设自动化码头，成功的概率就是个零！"但这些质疑和嘲讽没有动摇我们的决心，反而激发了我们的斗志，关键核心技术是要不来、买不来、讨不来的！自动化码头欧美人有专利，但绝不是他们专属的。他们能建，我们也能建，我们就是要给中国人争口气！

但是，创新之路的艰难超乎想象，因为我们连自动化码头长什么样都没有见过，码头总平面怎么布局？自动化生产流程怎么设计？生产管理软件、设备调度软件怎么开发？这些，我们都要从一点一滴做起。

自动化码头的突出特点就是系统性和细节性相统一，随着研究的深入，我们遇到了一个令人恐惧的现象，就是问题越讨论越研究越多。本来要研究解决一个问题，后来发现它又带出一些问题，这些问题又各自带出其他问题，就像一棵树的树根一样，越往下枝节越多、越细，并且相互关联、盘根错节，这让我们感到非常惶恐，不知道什么时候能抄到问题的底。更加惶恐的是还有多少问题我们没有发现？将来造成系统性、颠覆性的缺陷怎么办？为了解决这些问题，我们决定自主创新，从零做起。我们累计召开了3000多次技术讨论分析会，对码头的每个单元、每个细节、每个数据都反复论证、不断优化，每项设计和每个数据都必须做到"问不倒、难不住、说得清"。

自主创新中，我们遇到的最大技术难题就是自动导引车调度管理系统的研发。当时能开发这个软件的全世界只有一家公司，就是荷兰的 TBA 公司。起初，我们本来只想买 TBA 的这个软件，但他们要捆绑销售德国高华公司生产的自动导引车。德国高华采用铅酸电池作为储能单元，一台车要配11.5吨铅酸电池，按照我们120台自动导引车的配置数量，要配的铅酸电池总重量达到1380吨，加上30%的周转电池，总量接近1800吨。铅酸电池的平均寿命只有两年，也就是说我们每年要报废690吨电池，平均一个星期要报废13吨电池，这将造成巨大的资源浪费和潜在的环境污染风险。我们想采用锂电池，但德国高华公司不同意，多次协商无果后，我们决定自主开发。原本自动导引车控制软件的核心就是如何解开车辆在运行过程中出现的"死锁"问题，就像我们常见的十字路口拥堵现象。TBA 是研究如何解死锁的方法，我们转换思路，研究如何防死锁的策略，恰如"治病不如防病"，如果不形成"死锁"，问题不就解决了吗？按照这个思路，我们与浙江大学联合攻关，十几个人在封闭环境下，连续奋战了121个日夜，经历了无数次失败，甚至是近乎崩溃性的失败，最终研发成功了这个调度软件，打破了 TBA 的垄断。这个软件投入运行5年来，没有发生一起"死锁"问题。欧洲自动化码头的人来参观后评价：这是目前全球最先进、最流畅、最高效的调度软件。

通过自主创新，我们还创造出了一批领先的技术成果，如自动导引车锂电池循环充电技术，无须设置换电站，可让车重减轻12吨，可使电池寿命从2年延长到10年以上，可实现续航时间无限制；"一键锚定"系统可以在2分钟以内完成上百台大型机械防风锚定，安全高效；此外还有机器人拆装旋锁技术成果等。我们总算没有辜负使命，更为中国争了口气。码头开港运营后，经常有外国船员三五成群地站在船舶舵楼上，拿着相机对着码头拍照、录像。以前的"中国人爱看西洋景"，变成了今天的"西洋人来看中国景"。

第二个是要有工匠精神。集装箱堆场建设规范要求箱角梁高低差控制在15毫米以内，堆场越平整，设备运行越稳定，扫描定位越精准，后期维护成本也越低。为了将效果做到最好、提高堆场效率，我们把误差降低到1.5毫米，业内都认为"不可能"，但我们对模板和施工工艺进行了创新，在不增加成本和工期的前提下实现了这一精度，实测精度只有1毫米。

第三个是要有家国情怀。家是最小国，国是千万家。没有国的护佑，家不可能安宁。1840年往后的近代，我们中国人时常处在被压制、被人轻视瞧不起的境地。这些年，西方对中国的科技围堵以及污化、抹黑中国，无所不用其极。我深刻认识到：从来没有独立于国家尊严之外的个体尊严。

我们能建成全球领先的全自动化码头，我觉得还是有一些精神层面的东西，"要为中国争口气"的信念支撑着我们团队的每个人。从2013年方案开始设计起，我们办公室的灯从没在晚上10点前熄灭过。流程组的同事们负责7000多个自动化流程的测试工作，这些流程需要在17套环境中并行测试，累计达十几万次。测试群里通宵达旦地讨论问题，很多人怕去食堂吃饭中断了思路，就自己带饭用微波炉加热，吃完接着干。为了加快测试进度，许多同事从家里搬来被褥铺在地上，24小时在岗，以便随时加入测试。

码头建设期间，所有的团队成员都一门心思扑在工作上，顾不上家庭与亲人，多多少少都有些遗憾。操作组的管廷敬进入项目组以后，很少有时间去探望老母亲，他一直盘算着，等项目结束后有时间了，一定带母亲出去旅旅游、散散心。然而，就在首船测试前不久的一天夜里，他母亲在家中突发心脏病去世，而那时的管廷敬还在深夜加班后回家的路上，没能见上最后一面。徐永宁是码头数据中心建设调试的"顶梁柱"，在项目的关键阶段，妻子确诊了癌症。一年多的时间，他带妻子看病陪床，工作也硬是没半点耽误。尽管尽了最大的努力，但妻子最终还是离开了他。码头投产的那天，他的眼中噙满了泪水。这样的故事，在项目组中还有很多。

新时代，青年大有可为

回忆这些求学工作的经历，其实主要是在和同学们交流怎样做人、成才和学习。

在我心里，做人永远是第一位的。年轻人要以德立志，有才并不一定就是人才。德是一个人最根本的支撑和保护，人生和事业如果没有德作为先导，就走不了多高、走不了多远。没有忠诚的才干，其实一文不值。忠于职守、恪守底线是我们安身立命的基础，我宁可领着一帮有德但是才干没那么突出的人做事，也不愿领着一帮才华横溢但道德有缺陷的人做事。

做人不要讨巧、做事也不要讨巧，要脚踏实地、埋头苦干。我没有见过不努力的天才干成事，我觉得这个世界上原本没有巧，是因为功利心太重了，误把投机以为是巧，这样是不会长久的。因此讨巧不行，下笨功夫更好。我个人也不认同弯道超车这个说法。从物理学来讲，弯道超车也有因为离心力翻车的风险。

我还想建议同学们要注意建立工程概念而不是纯专业或学科概念。因为我们将来面临的工作大多会是一个工程而不是一个很单一的问题，因此要从解决工程问题的角度和需求来培养自己，其实也就是综合能力。从工程应用来讲，博比专更能解决问题。比如，一个技术、设备上面临的难题，可以通过生产流程上的改进开发得到解决。甚至电控系统遇到的难题，用机械的方式就能得到解决（比如集装箱吊具箱外关锁）。因此，同学们在读书时就应该加强多学科渗透，通过知识交融碰撞出新的思维。我以前一直很纠结专与博的选择和准确性，把自己形容成是个开杂货铺的，通过自动化码头建设的实践，证明很管用。

当年我们读书时，怕的是所学知识没有用武之地，才华得不到施展。而现在有很多机会等着你们去施展。就拿我们的港口来说，从当年破败不堪、陈旧落后的小码头到今天世界一流的海洋港口，从过去人拉肩扛到全自动导引装卸，这为工程人才提供了广阔的舞台。以前，港口给人的印象是出大力流大汗，靠拼体力。造成这种局面的原因不在港口，在科技！因为那个时候，科技没有能力解决港口所面临的困难，人工智能还没有出现或达到工业应用的水平。这是科技亏欠港口的，是需要我们通过艰苦努力来改变的。

未来的港口，是科技发展的重要阵地，它需要最先进的技术来解决随机、离散、各种不确定因素带来的问题。在这里，你的才华和能力可以多方位得到锻炼与提升，你的人生梦想和道路可以最大限度地得到实现与拓展。所以说，港口工作大有可为！我相信，我国自动化集装箱码头不会止步于此，还有更多惊喜等待挖掘。每一名有理想、有信念、有奋斗的青年，都能在新时代百炼成钢，成长成才！

正如习近平总书记说的那样："新时代的中国青年要以实现中华民族伟大复兴为己任，增强做中国人的志气、骨气、底气，不负时代，不负韶华，不负党和人民的殷切期望！"[1] 同学们与时代同行，肩负历史使命，坚定前进信心，一定能让青春在为祖国、为民族、为人民、为人类的不懈奋斗中绽放绚丽之花！

来源：第二届理工故事展演会 2021 年 11 月 26 日

---

[1] 习近平.在庆祝中国共产党成立100周年大会上的讲话［EB/OL］.中国政府网，2021-07-01.

精品故事

六、如磐初心　砥砺前行

李清：原交通部部长和他的理工情缘

中华人民共和国交通运输部第七任部长、党组书记李清曾任武汉水运工程学院（后并入武汉理工大学）党委书记（1957—1960），三年多的工作经历让他结下了为之牵挂一生的"理工情缘"。李清生于1920年2月，1937年10月弃学赴延安参加革命，1938年3月加入中国共产党，在延安抗日军政大学、马列学院、中央党校学习工作七年，1944年1月，参加359旅南下支队随军南征。新中国成立后，先后担任交通运输部河运总局副局长，交通部部长、党组书记等职，为中国交通运输事业的发展奉献了一生。今年，适逢李清同志100周年诞辰，本文是从《李清——生平纪实与论交通改革》一书中节选部分章节整理而成，让我们通过追忆这段历史、细数李老的"理工情缘"，来纪念为学校建设发展做出重大历史贡献的诸位先辈。

原交通部部长、党组书记李清与武汉水运工程学院缘起于1957年，他在担任学院党委书记的三年间，重视调查研究，落实党对知识分子的政策，关心爱护知识分子，狠抓"三才"（人才、教材、器材）建设，领导师生参加武昌东西湖围垦和汉丹铁路建设，规划兴建余家头新校区，为学校师资队伍建

设、学校发展壮大打下了坚实基础，为我国水运事业、港航建设的人才培养做出了重要贡献。

开启交通生涯

1957年夏秋之际，中共中央决定从中央一级的党政机关中，抽调100名高、中级党员干部，派往大、中学校及其他科学和文教单位工作，以加强党对文教战线的领导。交通运输部党组接到中央的通知后，决定推荐李清前往文教战线工作，不久后，李清被任命为武汉水运工程学院党委书记兼副院长。

1957年11月4日，李清乘火车来到汉口，随后换乘汽车通过刚建成通车的武汉长江大桥，来到武汉水运工程学院赴任。"水工学院在武昌新河洲，紧挨着（武昌）一纱厂、振（震）寰纱厂和师专。背靠长江，前面是一条小街，有公共汽车经过。"李清在日记里记下了他对学校的第一印象。

来到学校后，李清很快与师生和各级干部进行座谈交流，摸清学校的基本状况。"贯彻党的知识分子政策，调动教师们的积极性，为他们发挥各自的专长提供良好的工作氛围和平台，是办好大学的基础"，明确工作思路后，李清在向全院师生做报告时多次就知识分子的地位与作用做了阐明。他说："无论是新中国成立前的知识分子，还是新中国成立后的知识分子，都是党的知识分子，是人民民主专政队伍中的成员。在我们学校，广大教师和知识分子是人民的劳动者。学术上的争论不能扣帽子，学术上的争论会越争越鸣。只有坚持争论，才能追求真理。"他的话语让师生们感受到了理解与尊重，更维护了学校良好的学术风气。

李清对知识分子怀有真挚的感情，经常深入教师学生中解答大家关心的时事政治问题。很快，师生员工都知道学校来了一位曾在延安马列学院当过教员的"年轻的老干部"，大家对这位身材瘦弱、作风朴实、办事干练、有着出众演讲水平的党委书记非常钦佩。每当学校贴出李书记要做报告的通知，师生们都十分兴奋，很多人甚至会提前到场占座。李清的演讲既有很强的原则性和政策性，又深入浅出、生动有趣，报告会场场火爆，连过道也站满了人，有时几小时下来，大家依旧聚精会神地聆听。当时有学生形容，听李书记的报告，有一种暑热天吃冰激凌的舒服感觉，能让人开阔思路，学到做人做事的智慧。

新中国成立初期，武汉市委、市政府为解决民生问题，将治理东西湖水患和消灭血吸虫病提上议事日程，制订了东西湖蓄洪垦殖方案，并得到了党和国家领导人的重视和支持。李清任职不久就投入组建武汉水运工程学院围垦队伍的工作中，与师生共同参加了这次义务劳动。

隆冬的武汉，天寒地冻，工地生活、施工条件非常艰苦。白天，李清和师生们卷起裤腿在工地上挖塘修堤；晚上就住工棚睡地铺，地势低洼的湖区寒冷透骨。当年担任李清联络员的邱杰回忆："当时条件很差，千余师生在简易帐篷的地上铺些稻草就地而卧，我和李书记睡在一起。李书记特别讲究劳动规则和安全，提倡'提前早知道'的领导方法，使每个劳动者都能事先明确自己的任务和责任。辛苦工作一天后，每天晚上指挥部都要开会，在工地平面图上标明第二天的劳动地点和指挥部、宣传部、医务处、饮水处、进餐处、工具修理站等所在地，布置下属各大队的任务，工作开展得有条不紊。"由于领导有方、指挥得力，师生们劳动情绪高涨，勇挑重担，经过两周的艰苦奋战，保质保量超额完成了湖北省委下达的任务，荣获武汉市东西湖围垦工程指挥部的嘉奖，被授予锦旗一面。

1958年9月，湖北省委为了从根本上改变鄂西北地区的落后面貌，支援丹江口南水北调水利工程建设，决定修建从汉口到丹江口的地方铁路。武汉水运工程学院按军队编制编入了湖北省文教战线筑路大军，李清与学院师生共同参加了汉丹铁路的筑路工程。

作为总指挥之一，李清从施工安排到工程质量、从工程安全到学生的精神面貌，事无巨细、处处操心，与师生同吃同住同劳动。筑路期间，正值"三年困难时期"，物资匮乏，粮食供应不足，更鲜有新鲜蔬菜和肉类，筑路师生几乎每顿饭都在吃咸菜。在学校领导们以身作则的带动下，大家常常一边唱着革命歌曲一边开展劳动竞赛，始终保持高昂的斗志、积极向上的精神状态。经过半个月的艰苦奋战，学院圆满地完成了任务，得到了湖北省汉丹铁路指挥部的嘉奖，150余人受到省里表彰。

在武汉水运工程学院任职期间，李清除了领导并参加东西湖围垦、汉丹铁路义务劳动外，还组织学生参加"大炼钢铁""农场垦荒"、修京广复线等义务劳动。他经常鼓励师生利用走出校门的机会，接触了解社会、提高社会责任感，与此同时，积极投身科研、钻研学问，始终保持高涨的学习热情，做到劳动和科研两不误。

狠抓"三才"建设

武汉水运工程学院的前身——国立海事职业学校，在1949年被武汉市军管会交通接管部接收时仅设有驾驶、轮机和造船三个专业。李清到任时，学院的师资力量和招生人数虽较以前有了很大发展，但从规模、学科设置、课程安排等各方面来看，更像一个中专而非大学，无法满足国家交通事业对人才的需求。

基于这种情况，李清感到学院工作"如何在现有基础上提高一步，任务艰巨""十个指头都要弹，但抓师资队伍是关键"。在调查研究和思考中，李清逐渐形成了对学校的远景设想。他提出，教学始终是学校的主要工作，处理各项工作的一个基本准则是提高教学质量，要抓住"三才"（人才、教材、器材）建设，提高教学质量，进行教学改革。

抓"三才"，人才是关键，建设一支高水平的教师队伍是搞好教学、提高科研水平、办好大学的基础。李清说我们不能向中央要干部、要师资，人才培养要靠自己，"必须提高原有师资干部的水平和大力培养新生力量""培养干部要有计划，既要看到今天的需要，又要从发展上看问题，照顾到明天"。学院采用了定向培养和在职培训等方法，先后选拔了80名在职教师及1958—1960级的155名优秀学生，分别送到清华大学、中国人民大学、上海交通大学、同济大学等国内著名学府进行定向培养，学成后回校任教。这批人员后来成为学院发展壮大的骨干力量，更有不少人成为学科领军人物。1959年的毕业生黎德扬，被选派到中国人民大学学习哲学，后来成为武汉水运工程学院教授、党委书记，中国哲学社会科学领域的知名学者。

李清非常重视学院的科学研究和技术革新工作，在院党委的鼓励支持下，学院学术气氛浓厚，科研热情空前高涨，一年内设立研究项目118项，比较大的成功项目24项，超过建校以来科研成果的总和。时任电工教研室主任胡行定带领部分高年级同学，查阅了大量国内外科技书刊，研制出模拟电子计算机，轰动全国。李清对胡行定老师的科研工作十分关心，多次询问和了解情况，还到现场观看制作过程。模拟电子计算机在武汉展出后，又被选送到北京参加全国科技展览会，胡行定老师也被选派出席全国高等学校科学技术先进代表大会。李清在分析总结1958年科研工作时谈到，学校的科研成果，要有既对专业有用又能提高基础课水平的，也要有对交通建设有重大意义的，还有要对一般工业有普遍意义的，学校一定要加强基础理论方面的研究。

规划兴建现代化校区

武汉水运工程学院在下新河的校区地处闹市，与工厂和商店紧邻，规模小、条件十分简陋，已无发展空间，必须另建新址。1956年下半年，市政府批准学院在武昌区和青山区交界处的余家头建设新校区。

李清来校不久，就组织成立了新校区规划设计委员会，聘请中南建筑设计院的专家负责规划设计工作。关于新校区的建设规划思路，李清认为，要充分利用自然环境，从有利于教学、科研和生产三方面合理布局，搞好整体规划；工厂、实验室、实验设备和图书资料的建设，事关学校百年大计，必须向高、精、尖努力；在搞好工程质量以外，还要注意环境卫生和庭院绿化，使之赏心悦目，有益身心健康。

他定期听取汇报，经常到工地检查施工质量，并看望参加劳动的学生，多次和学生们一起到新校区参加植树活动。1960年年底，李清调离武汉水运工程学院时，一座外观崭新、环境优美的新校园已见雏形：占地1.5万平方米的七层水运教学大楼是典型的俄式建筑，这座古朴、典雅、恢宏的楼宇既是学院的标志性建筑，也成了武汉市的俄罗斯风情建筑物之一，给学校带来了静穆安详的气氛，营造出浓厚的学习氛围。校区东北角几十亩水塘被整治一新并命名为水运湖，成为学生和教职员工学习、休闲和锻炼的好去处。校园内终年绿树成荫，四季百花盛开，是一处环境优美的读书治学乐园。

栽下梧桐树，引得凤凰来。余家头新校区的建立，为武汉水运工程学院开拓了全新的发展空间，学院逐渐建成了一系列重要的大型实验室，拥有全国唯一的深浅两用大型船模拖曳试验水池、全国最先进的检测动力机械磨损铁谱实验室等，为学院快速发展奠定了坚实的基础。

与师生共度经济困难时期

1959—1961年,国家处于"三年困难时期",粮食供应严重不足,物资极度匮乏,学校实行"五定"(定人数、定油、定粮、定菜和定成本)制度。李清带领党员干部勒紧腰带,以身作则做表率,想方设法搞生产自救,带领师生渡过难关。

李清常对身边的干部说,毛主席带头节衣缩食,口粮定量低标准,我们吃点瓜菜算得了什么。他对自己、对家人要求都很严格,多次谢绝总务科送来的一些副食品。有次,学校总务科送来十个鸭蛋,李清让家里人退了回去,总务科第二次送来时,孩子难忍诱惑,吃了一个,受到李清严厉的批评,事后让家人买了下来。在粮食限量、副食严重不足的困境下,李清非常关心在教学第一线奋战的老师们。港机系教授毕华林是从苏联留学回来的副博士(相当于我国的博士学位),年轻食量大,经常吃不饱,健康状况每况愈下,几次出现体力严重不支的情况。李清知道后,安排学院总务科给毕教授送去一筐萝卜和几个食品罐头。多年以后毕教授在蛇口遇见李清,还对这件往事感念不已。

1958年,余家头新校区的家属区已基本建成。由于配套设施还不完善,虽有班车来往于余家头和下新河校区,但交通仍然不方便,有些老师不愿搬过去,李清主动让出学校分配给自己位于老校区的房子带头搬入余家头校区。为便于工作,学校要给他配备轿车供上下班使用,被他婉言谢绝,他和普通教工一样,乘坐班车往来于两个校区,只有去省委开会或到汉口长航局办事,才会使用学校的轿车。在乘车回校的路上,只要看到本校师生,他都会让司机停车,招呼他们乘车一同返校。水运系主任李寿季(著名地质学家李四光的弟弟)多次谈到,李书记几次在去学校的路上看到他,就把车停下来,邀请他上车同往,他由衷称赞李书记:"非常好地执行了党的知识分子政策,是党培养出来的好干部,武汉水运工程学院的好书记。"

因为在高等院校做教育工作,李清对自己也提出了学习的要求。到学院履职的第三天,他在日记里写道:"我是在高等学校做党委工作,离开延安后理论书籍读得很少,如何加强自己的理论知识、提高水平,真是紧迫得很。"李清平日重视学习,勤于思考和动笔,尤其在写讲话稿或工作报告时,他沉下心学习理论、调查研究、梳理思路,将实践进行系统归纳,并在理论层面加以提升,最终用自己的语言阐明观点。

当年的年轻教师、后来曾任武汉水运工程学院党委书记的黎德扬回忆:"李书记经常到马列教研室和教师们交谈,在马克思主义三个组成部分中,李书记对政治经济学颇有兴趣和研究,他和我们讲述亚当·史密斯(Adam Smith)的《国富论》、凯恩斯主义经济学和马克思(Karl Heinrich Marx)的《资本论》等著作及他的理解体会,从他能熟练地引用这些著作中的论述阐明自己的观点中,我们感知到他下过苦功夫,在我遇见的职业革命家中,像他这样具有深厚理论修养的高级干部实属罕见,令人十分尊敬,可奉为榜样。"

1961年1月,交通运输部党组调任李清回交通运输部工作,他不舍地告别了为之辛苦付出三年多的武汉水运工程学院。调回交通运输部后,无论在何处任何职,李清都十分关心武汉水运工程学院的发展。离休后,他还多次回到武汉水运工程学院看望老师学生。有一次,他来到教师宿舍楼,挨门挨户看望老教授,老教授们拉着他的手,有说不完的话。李清曾说,一生最喜欢的还是做教育和研究工作。

志士惜日短,奋斗路正长。历史或许可以尘封往事,却掩不住代代流传的奋斗精神,这段珍贵的"理工情缘"穿越时光隧道而历久弥新,永远激荡着我们的心,相信也必将激励每一位理工大人在感念先辈们筚路蓝缕、开基创业、求索奉献的同时奋力书写新时代的光荣与梦想,铸就理工大新的精彩与辉煌!

来源:武汉理工大学新闻网 2020 年 11 月 7 日

张振山：两次赴朝　一生传承

作为赴朝参加志愿军解释代表团的翻译人员，张振山老人收到"中国人民志愿军抗美援朝出国作战70周年"纪念章。这枚纪念章，见证着那段战火纷飞、感天动地的光荣岁月，铭刻着伟大的抗美援朝精神。今年99岁的张振山老人身体硬朗，精神矍铄。面对采访，老人十分高兴，小心翼翼地把纪念章捧在手里给记者观看，他说自己有义务让更多的后辈了解那段不平凡的历史，更有义务弘扬抗美援朝精神。

动荡年代，风起云涌。张振山1921年出生在贫民家庭，勤奋好学的他于1937年考入山东第四乡村师范学校，七七事变爆发后，张振山跟学校和同学一起逃亡，辗转到四川国立第六中学。在艰难求学的过程中，爱国进步的火苗始终在他心中升腾。

张振山是典型的爱国学生，中学时代就积极参加学生爱国运动。高中三年级时，张振山因为为共产党仗义执言被误认为是中共地下党小组长，同6名同学一起被捕关押达半年之久。

1944年，张振山考入国立武汉大学外文系，在校期间他担任《武大新闻》总编辑，活跃在学生爱国运动中。在同不利于国家、不利于民族发展的人做斗争的过程中，张振山的3位同窗被国民党枪杀，他也被国民党视为"重点人物"，一度有传言："新闻总编被国民党扔到了长江里！"1949年毕业后，张振山到中南青委《新青年报》编辑部工作，他和同事一起，将该报刊建设成了爱国青年知识分子的精神家园。

爱国青年两次赴抗美援朝前线

1950年6月25日，朝鲜内战爆发。美国政府做出武装干涉朝鲜内战的决定，并派遣第七舰队侵入台湾海峡。1950年10月初，美军不顾中国政府的一再警告，悍然越过三八线，把战火烧到中朝边境。侵朝美军飞机多次轰炸中国东北边境地区，给人民生命财产造成了严重损失，我国安全面临严重威胁。"为祖国贡献自己的力量，我时刻准备着。"爱国情绪高涨的张振山在街头看到征集抗美援朝志愿军的告示，他第一时间主动报名申请到一线战场抗美援朝、保家卫国。

一年后，张振山以中南地区青年代表和《新青年报》记者的身份，成为中国人民第一届赴朝慰问团成员，被组织派往朝鲜看望慰问志愿军。战地生活很艰苦，到朝鲜后，他深入前沿阵地，采访多位志愿军，慰问了许多英雄连队和战斗英雄。回忆中，张振山谈到自己采访了一位志愿军小护士，小护士给他讲述了很多战场上感人的故事，这些波澜壮阔的壮烈场面及志愿军们为了祖国和民族的尊严奋不顾身、英勇顽强、舍生忘死的精神深深印在了他的脑海里。

回国后，强烈的使命感驱使张振山写下一篇篇宣讲志愿军事迹的文章，在《新青年报》等刊物发表，同时他还在广西义务宣讲抗美援朝志愿军事迹。张振山说："我希望能把志愿军战士们的爱国主义精神和革命英雄主义精神传给下一代，这是十分必要的爱国主义教育。"

1953年，志愿军选派翻译人员赴朝开展翻译工作。凭借过硬的专业本领，张振山通过层层选拔，加入了志愿军解释代表团，随队来到朝鲜的开城。在志愿军解释代表团，张振山的工作职责是在战俘谈判中做好双方的翻译。长达八个月的翻译工作任务重、难度大，张振山所在的翻译团队精心准备、强化学习、反复演练，都是为了在谈判中让更多的志愿军被俘战士更快地回到祖国。

伟大抗美援朝精神薪火相传

"国家需要建三峡大坝,我愿意出一份力。"1958年,张振山主动选择下放到作为三峡大坝建设一线的宜昌支援文教。20多年来,张振山在自己的岗位上投身于火热的社会主义建设,在宜昌的教育和新闻事业中发光发热,将伟大抗美援朝精神不断延续。他全心扑在工作上,还主动申请到最艰苦的地方去。张振山在宜昌的同事说:"振兴教育,功如泰山。他是对党忠诚的人,组织让上哪儿就上哪儿,从来没有向党组织伸过手,没有一丝怨言。"

1979年,张振山调入我校工作,六年矢志不渝、专心致力于世界建筑材料科研成果的翻译汇编工作。他创办了学校第一本译文刊物《译丛》,翻译汇编世界前沿的研究成果。那个年代,国际前沿科研成果翻译成中文的资料极少,国内的科研工作者们亟待了解国外科研动态,张振山创办的《译丛》杂志拓宽了材料学科的研究视野,为学校国际化发展做出了贡献。

10月21日,校党委书记信思金专程来到张振山老人家里,向张老献上鲜花并诚挚慰问,他为老人佩戴好"中国人民志愿军抗美援朝出国作战70周年"纪念章,认真聆听张老讲述抗美援朝经历,仔细观看张老提供的当年在朝鲜的珍贵照片。"张老为抗美援朝战争做了大贡献!"信书记高度赞扬老一辈共产党员为抗美援朝保家卫国所做的艰苦奋斗与重要贡献。回顾至此,张振山再度重复在采访中多次提到的那句话:"我没有做什么了不起的事情,只是做了我应该做的很平常的事。我心向党,哪里需要我就去哪里!"

今天,以国之名,致敬英雄。伟大抗美援朝精神跨越时空,历久弥新。习近平总书记在纪念中国人民志愿军抗美援朝出国作战70周年大会上指出,抗美援朝战争伟大胜利,是中国人民站起来后屹立于世界东方的宣言书,是中华民族走向伟大复兴的重要里程碑,对中国和世界都有着重大而深远的意义。70年弹指一挥间,抗美援朝精神从未远去,回望70年前伟大的抗美援朝战争,我们铭记民族风骨、民族力量、民族血性和民族智慧;瞻望中华民族伟大复兴的光明前景,我们无比坚定、无比自信。全体武汉理工人将永续传承、接力发扬伟大抗美援朝精神,向着全面建设社会主义现代化国家新征程,向着实现中华民族伟大复兴的中国梦,向着"建设让人民满意让世人仰慕的优秀大学"的理想,继续奋勇前进!

来源:武汉理工大学新闻网 2020 年 10 月 23 日

余永富：矿石中取"真金"

一走进中国工程院院士、著名选矿专家余永富的家中，首先映入眼帘的就是各色原矿石：湖北十堰绿松石、山东招远金矿石、辽宁抚顺硬煤煤雕、肯尼亚孔雀石、美国盐矿颗粒……余永富笑称，选矿是自己唯一的爱好。

"麓山巍峨，湘水清扬；选矿之王，山高水长""提铁降硅利用资源，十年实践成效斐然"，墙上挂着的两幅贺词，分别来自王淀佐院士和徐匡迪院士，这是当年他们给余永富八十华诞的贺词。贺词虽短，却足以凝练余永富在选矿领域的杰出成就。

"个人理想与国家发展融合，科研团队攻关方向与国家发展需要融合，才能成功。"如今年近90岁高龄的余永富，满头银发，精神矍铄。

与选矿研究打交道60余年，余永富一直紧跟国家需求，专啃选矿"硬骨头"，在成分复杂的矿石中提炼可利用的"真金"，在看似废弃的碎石里淘出惊人宝藏，被人们称为"点石成金"的"选矿王"。

"高中时看电影，当看到苏联勘探队在干旱的沙漠里准确找到水源，清澈的泉水哗哗地从地下涌出时，我深切体会到知识的力量，对地下开采与经营有了感性认识。"

1956年，从中南矿冶学院选矿系毕业的余永富，被分配到中国科学院长沙矿冶研究所工作，接到的第一个任务就是包钢白云鄂博多金属矿选矿项目。

余永富说:"白云鄂博有多种金属的大型混合性矿体,富含稀土和铌等稀缺元素,这些都是国家发展建设急需的资源,开发利用好这个矿山,对新中国建设意义重大。"

为了把有用矿物分选出来、把其他杂质排除出去,特别是把珍贵的铁和稀土矿物分选成优质的铁精矿和高品位稀土精矿,余永富带领科研团队,开始了长达30年的艰难攻关。

中间有若干年,余永富因工作需要离开了包头,但他却时刻心系着白云鄂博矿。"包头矿石资源不能充分为国家所用,是我们选矿人没有本事、没有才华、没有解决好,心中有愧!"至今提及,余永富仍难掩激动。

1980年,余永富和团队再次全身心投入白云鄂博多金属矿选矿研究。1992年,他研发的"弱磁—强磁—浮选"新工艺,基本解决了困扰包钢钢铁生产近30年的氧化矿选矿技术难题。这项世界领先的选矿新工艺项目,被列入1992年全国十大科技成果之一,1993年获国家科技进步二等奖,该工艺沿用至今。

包头白云鄂博、湖北武钢大冶、河南舞阳、福建钟山、鞍山、本钢、首钢秘鲁铁矿(南美洲)等,余永富的选矿研究足迹遍布国内外,取得了10余项处于世界先进水平的重大成果,创造性地解决了选矿生产关键技术难题。其中,大冶铁矿弱磁—强磁选流程改写了我国赤铁矿、菱铁矿等弱磁性氧化铁矿石不焙烧就无法大规模回收利用的历史,1985年获国家科技进步一等奖。

"我国的矿藏资源丰富,但以共生矿居多。包头问题解决了,但国家选矿问题还有很多。"提到曾经的选矿故事,余永富打开了话匣子。

2000年前后,余永富发现有国内炼铁企业宁可高价购买进口铁矿石,也不愿使用国产铁精矿,主要原因是国产铁精矿铁品位低,二氧化硅含量高,影响高炉炼铁效益。针对这一状况,余永富率先提出"提铁降硅""铁前生产成本一起核算"的新理念和"以铁、硅、铝三元素评价铁精矿质量"的评价体系。这一学术思想在鞍钢实施后,过去被公司当作包袱的自有铁矿山,摇身变成了公司的"香饽饽"。其他钢铁公司和矿山企业纷纷效仿,掀起了一场提铁降硅的"黑色风暴"。

"鞍山贫赤(磁)铁矿选矿新工艺新药剂新设备研究及工程应用"项目获2003年度冶金科技进步特等奖及2004年度国家科技进步二等奖。2007年"鞍钢磁选铁精矿浮选柱反浮选提纯"获冶金科技进步一等奖。

"刚毕业时，我国的选矿工艺、设备和药剂各方面都比较落后且单一。现在我们国家的选矿处于世界领先水平，工艺和装备都发生了巨大变化。我们的部分关键分选设备都是自己研发制造的，我们的选矿技术走出国门，我们的磁选、浮选机出口海外。"余永富话语间难掩自豪。

科研之余，他还经常给本科生讲课，分享学习和科研经历。他说支撑他一路走来的信念，就是对党的事业的坚定信心，以及对国家发展的强烈责任感和对本职岗位的满腔热忱。他每次讲课时，总不忘叮嘱同学们：要勤于学习，学习最先进的技术；要怀有感恩报国之心，将个人理想与国家发展相融合。

"好好读书，在岗位上扎扎实实把工作做好。"在谈及对青年一代的寄语时，余永富语重心长，"如果每个人都能很好地完成本职工作，国家才会强盛，人民就能幸福。"

来源：《光明日报》2020年8月2日

姜德生：不懈的追"光"者

姜德生，1949年3月出生于湖北武汉。武汉理工大学战略科学家、教授、博士生导师，2007年当选中国工程院院士。

姜德生一直从事光纤传感新技术的研究，在光纤传感敏感材料制备、光纤传感器的精密加工、工业化生产关键技术与装备等方面取得突破，在全国率先实现了光纤传感技术的产业化；打破国外技术封锁，形成了具有我国自主知识产权的成套生产技术与装备；为我国大型桥梁、油库、大坝、隧道、电力等众多行业的大型工程及重大装备提供了安全监测的新一代传感技术。他先后获得国家科技进步二等奖2项、国家技术发明二等奖1项、国家科技进步三等奖1项。

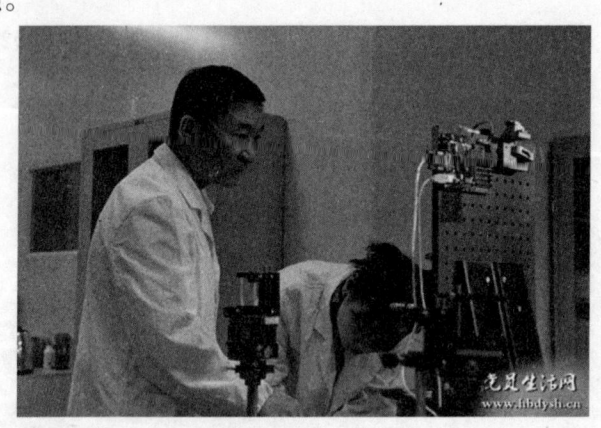

70岁的姜德生，眼神仍然透彻。当他与你对视的时候，你能感受到他眼睛里坚毅的光芒。

此刻，他眼睛里的光芒射在了纵横交错、黑白分明的棋盘上。

姜德生爱下围棋。他说围棋可以让自己有一种全局观。

围棋是黑白两色棋子的博弈游戏。姜德生在黑色和白色棋子间筹谋、布局，就像他在黑夜与白天里为他那追"光"的事业而博弈。

姜德生是中国工程院院士、武汉理工大学教授。这个"光"，就是光纤传感，通过光的相位、波长等参量来感知这个世界的物理信息并传输出去，实现实时在线监测。

不过，这位院士的最高学历只是本科，令人难以置信。他认为一切很好解释——这辈子最大的兴趣就是动手动脑，动手做东西，动脑琢磨技术，在实践中不断获得新知。

1949年3月出生于湖北武汉的姜德生，是从鼓捣木工、机械、电子中成长起来的。在武汉建筑材料工业学院（武汉理工大学前身）读书时，他从物理书上琢磨电视机的原理，去武汉电视机厂收购旧显示屏、显像管，花了一年时间，组装出一台黑白电视机。

本科毕业留校后，爱动手动脑的姜德生渴望做科研、琢磨技术。他的科研起点是一座石棉瓦盖的库房，这就是他的实验室。1979年，他在这座石棉瓦房里动手做出了我国第一台光纤风压计，一鸣惊人。因为"光纤传感器"这个名词刚从国外传入中国不久。

很多人对光纤的印象来自光纤通信，即用光纤来传输语音、图像等信息。在进行光纤通信时，我们希望传输信号尽量不受到影响。但是，当时的光纤容易受外在环境的影响，比如当温度很低时，传输的信号会发生衰减。于是，有美国科学家提出一个概念：光纤在通信中拥有的所有缺陷，都可以用于传感。

姜德生第一次听到这个描述时便被打动了，他觉得很美、很有艺术感。光纤既然受温度的影响，那就可以把它做成温度传感器；受力的影响，那就可以做成应力的传感器。

爱动手的他，跃跃欲试。光纤传感凭借的是光学信号，而非传统的电信号，具有本质安全、抗电磁干扰、精度高等优势，适合对石油、化工等易燃易爆场所的大型工程和装备实行安全监测。但彼时的中国，要想享受新技术带来的福利，只能依靠进口，一些国家在关键技术上对我国实行封锁。

此后40年，姜德生及其团队在新型光敏材料的研发、光纤传感器的精密加工以及光纤传感技术产业化等方面不断取得突破，打破了国外技术垄断，形成了具有我国自主知识产权的成套生产技术与装备。当年的石棉瓦房，变成了国内光纤传感技术领域唯一的国家工程实验室。

国家六大石油战略储备油库、武汉天兴洲长江大桥、湖北清江水布垭大坝、陕西终南山公路隧道、上海崇明长江隧道、宜万铁路、沪蓉高速公路……姜德生的研究成果在石化、交通、大型土木工程、水利、水电、桥梁等领域得到广泛应用。

贫寒出身的姜德生，性格里有一种坚毅和不服输的劲儿。他每天都要坚持一小时的健步走，即使是下大雪的大年三十，也不爽约。他跟自己较劲，跟别人较劲，把自己的科研工作推向极致。

光纤光栅是一种高精度、高可靠性的数字型光纤传感器，但光栅波长信号解调的一个核心器件长期被一家国外企业垄断。这个器件大约2万美元一只，"只有小指头这么大，比黄金都贵"。

当时正从事光纤传感技术产业化研究的姜德生，与这家企业商谈："如果大批量购买，价格上能否降低？"

"不可能。"他们的拒绝，有一股傲气，买一只是2万美元，买一万只单价还是2万美元。

被人卡住脖子的感觉不好受。其实，在跟这家企业接触前，姜德生已开始自主研发该器件。经过三年技术攻关，他用自主知识产权做出来了同类产品。而且，技术工艺比那家企业更简单、更先进，价格更是比他们低出一个数量级。这时，这家企业主动对姜德生提出若再买它的器件，可以按优惠价格出售。

"谢谢。"姜德生的拒绝，有十足的底气。

从跟跑到并跑，如今已是领跑。姜德生打破了人们的观念，在一根光纤上做出几十万个传感器，形成传感器的网络，即光纤传感网络，这项技术在物联网时代大放异彩，这是他迄今为止最满意的成果。在他看来，之前的研究很多是"跟着做"，"但我们处于大容量光纤传感网络领跑地位，技术国际领先"。澳大利亚、意大利、美国等许多国家的企业找上门来谈合作。

"在光纤传感技术的工程应用和产业化方面，我们是世界上做得最好的国家之一。"姜德生很自信，这位与新中国同龄的科研工作者，要感谢我们的国家，因为中国在基础设施方面的建设，为光纤传感技术的发展提供了巨大需求。有需求，就有科技研发与转化的动力。

70岁的姜德生，有一个新目标——做全时全域的结构安全监测，即通过大容量光纤传感网络，实现任何时候任何地点都能实时在线监测。他正在努力，计划将其用在高铁、地铁、煤矿的结构安全监测上，让我们的生活多一份安全保障。

"但由于年纪原因,不确定自己还有没有那么多精力能够做出来。"姜德生仿佛有点英雄迟暮之感,他知道谁也无法对抗衰老,但他无法接受脑力的衰退。他几乎每天要下一盘围棋,在驾驭全局中让自己的脑子多动动,希望衰退可以慢一点。

只要多慢一点,只要有一天可以动手和动脑,他就会尽力去做。

来源:《光明日报》2019 年 11 月 17 日

张联盟：我的"梯度"人生

"对职责负责，这是我们的工作准则！"63岁的中国工程院院士、武汉理工大学材料学科首席教授张联盟说话掷地有声。他是我国功能梯度材料领域的著名专家，30多年来，率领团队针对我国多个重大、重点工程对功能梯度材料的迫切需求，进行了常年不懈的攻关，为我国动高压、特殊减振、特殊防隔热等领域做出了突出贡献。

初见张联盟，便感觉他与我想象中的院士举止大不相同——平易健谈、热情爽朗。通过了解，发现他的经历也与一般学者不同，当过小学和中学教师、生产大队长、大队书记，从一个"泥腿子"到走出国门深造，最终成长为尖端科技领域的学术带头人。而他的研究团队也与众不同，30余年如一日，坚守一个研究方向，坚持做好一件事，不偏移、不跟风，把冷板凳坐热，风雨兼程一步一步走向世界最前列。

谈起张联盟院士的研究领域，也颇令人迷惑。什么是梯度材料？目前主要应用于哪些领域？

张联盟介绍，功能梯度材料是一大类通过组成、结构的渐变，带来材料性能梯度变化，进而实现多种特殊功能（如热应力缓和、准等熵加载、能量传递与调控、原位防/隔热、生物相容等）的先进材料。目前，这类材料已经在热核新能源、船舶、航空航天、兵器、生物医学等多个国防、民用高新领域得到了广泛、重要的应用。

简单地说，有了这种新的材料，能使"兵器更利、潜得更静、飞得更快、生活更加美好"。这背后，抹不去的是张联盟院士及其团队和"材料"密不可分的科研与奋斗之路。

没有"金刚钻"，揽不了瓷器活

他主持并高质量完成了包括我国首个"863"高技术项目在内的数十项梯度材料的基础研究与工程应用项目；建成了我国唯一的梯度飞片材料的生产、供货基地，为建立我国相关工程领域提供了关键材料与支撑技术；以第一完成人身份获国家技术发明二等奖1项、国家科技进步二等奖1项、省部级科技一等奖4项；发表SCI收录论文近260篇，授权国家发明专利50余项；被授予"国家高校教学名师"和"全国优秀科技工作者荣誉称号"。

"盖有非常之功，必待非常之人。"人，是科技创新最关键的因素。

1978年，张联盟从武汉理工大学复合材料专业毕业，1986年获武汉理工大学材料学工学硕士学位，1997年获日本东北大学材料物性学工学博士学位。当时，张联盟被导师强烈挽留留日，但他毅然选择回国。

刚回武汉理工大学时，条件艰苦，人手不够，技术上又遭遇国际封锁。张联盟选定梯度材料作为研究方向，开始了白手起家的科研路。这一路走来，很多研究机构选择热门方向或新兴领域，但张联盟在30余年的科研生涯中，目标却从来没有动摇过，始终瞄准国防科工应用领域。而这个领域难度大，要求高，克终者寡。

"做研究不能畏难，有难度才有价值。"回国后不久，张联盟就来到中国某研究院，调研、沟通国家需求与合作事宜。经过整整两天两夜的不眠不休，张联盟凭借扎实的研究成果和走在国际前沿的科技水平，以出色的演讲和讨论发言，赢得了中国科学院院士经福谦的赏识，由此进入国防工程研究领域，双方在一个全新的领域开始了研究，并以此为契机拓展了与该院其他研究所的合作，良好的协作关系一直持续到今天，成为相关领域的一支重要支撑力量。

"只有把核心技术掌握在自己手中，才能真正掌握竞争和发展的主动权，才能从根本上保障国家经济安全、国防安全和其他安全。"这是习近平总书记的殷殷嘱托。2017年年底，张联盟当选中国工程院院士。他说："为建设社会主义强国而奋斗,是每一位中国工程院院士的使命。"

"历经千辛万苦,张院士始终初心不改,建成了世界一流的国家级重点实验室。"现在已经成长为武汉理工大学新材料研究所所长、材料复合新技术国家重点实验室常务副主任、博士生导师的沈强教授感慨万千。

"我们的研究有重大价值,是不能让外国人卡中国人脖子的。"张联盟这一句朴实的话,激励着每一位团队的成员以责任感与使命感不断克难攻坚。

愿做一颗永不生锈的螺丝钉

翻开张联盟的履历,生产队长、教师、材料学院院长、学科带头人、校长助理、副校长、院士等多重身份,奇异而和谐地贯穿了他几十年的人生。

"建校难、科研难,但把我安排在任何位置,我都必须完成党和国家给我的任务。"这是张联盟性格中的"螺丝钉"精神。而这种性格的养成,与张联盟年轻时在农村的磨炼分不开。

1955年,张联盟出生于天门市张港镇的普通农家,天资聪颖的他学习成绩一直名列前茅。1973年,他从张港高中毕业,当过老师、做过搬运工。村里人看这个"年轻娃"有文化、靠得住,很多困难的事情都交给他办。1974年,年仅19岁的张联盟被推举为村里的水利大队长,带着200多名青年前往汉川挖堤修坝。面对艰苦的环境、充满个性的"农村娃们",张联盟一时无从下手,所带领的小队经常受到公开批评,要强的张联盟躲在被子里流了好几次眼泪。

"三天拉一头猪来改善伙食;早上可以睡会儿懒觉,但必须完成当天的定额任务;早完工的可以提前回驻地打扑克。"经过几天的观察琢磨,张联盟想出了这三条"妙招",得到了队员们的一致"拥护",很快,这个大队成了工地上每天完成任务最快、收工最早的队伍。

也就是在那一年,张联盟加入了中国共产党。随后,他作为工农兵大学生进入武汉理工大学学习,开启了人生新征程。

完成学业后,张联盟留校任教,并逐渐成了武汉理工大学材料学科的带头人。在精钻科研的同时,1997年3月,他出任武汉理工大学材料学院院长,并先后任职校长助理、副校长。

从求学、任教、科研到管理，张联盟笑着说："我在马房山这块土地上耕耘了40多年。"在管理岗位上的16年里，张联盟还参与了新校园扩建、博士点申报、211申请等一批大事、难事。作为一名党员干部，他总是冲锋在前，无条件服从组织"哪里困难就让张联盟去哪里"的安排。

实验室党委书记李明忠回忆说，1998年抗洪的一天，武汉理工防汛小队所负责的区域随时可能决堤，在最危险的时候，张联盟冲上去扛沙袋，还因此落下了伤病。

据李明忠介绍，目前实验室党总支有6个支部，张联盟院士团队培养了2名支部书记。"以张联盟院士为代表的双带头人，为年轻教师、党员树立了榜样。"

如同磁铁一般，吸引着身边的人

"最终选择回到母校，是张老师的人格吸引了我。"湖北省百人计划、楚天学者教授涂溶说道。涂溶是日本东北大学的工学博士，旅日16年后，他应张联盟院士的召唤回到祖国，加入材料复合新技术国家重点实验室，成为团队的骨干力量。他最看重的是这里尊师重道的传统精神、和谐融洽的团队氛围。

目前，实验室拥有数十名教师骨干，50余名研究生成员，其中90%以上的成员是党员。李明忠说："这与张联盟院士的政治意识分不开。"多年来，张联盟严格要求自己的一言一行，并感染和带动着身边的人。

"年轻人接触到核心科技，面对的外界诱惑很多。我们的所学，必须应用到自己的国家，国家利益永远要摆在首位。"张联盟这几句语重心长的话，博士研究生孙一铭记在心。

在张联盟的带领下，团队成员发挥党员模范作用，以投入少、产出高的科研成果，多次在国家综合考核中名列前茅。这种成绩，每年吸引着国内外近300名学者专家来实验室交流访问。

"这是一片包容的、开放的、国际化的科研沃土。"美国麻省理工学院访问学者、博士生导师陈斐说。

2011年7月，墨西哥留学生加乐（Jarler）慕名来到这里攻读博士后。2014年他学成回国后很快晋升为教授，成为科研骨干。"其间，他在中国结婚生子，很多事情都是张老师在操心张罗。"陈斐说，"指导研究、出国交流、推荐就业，一切利于学生发展的，张院士都大力支持，这就是他在实验室倡导的以学生为中心的理念。"

"当年我做学生的时候，我的恩师就是这样关心我的。"时至今日，张联盟仍对自己的两位恩师袁润章、平井敏雄充满了感激与敬意，并将这种"爱生如子"的情怀延续了下来。

"倾心聚力做事，至诚至信做人"是张联盟的信条。而在团队成员们的眼中，张联盟也是"最有亲和力的师长"。每每攻克一个重大难题，与成员们轻松地聚一聚、聊聊天，张联盟称之为人生最快乐的事。

国之重器，举重若轻，这背后离不开千锤百炼，永不言弃。一生倾注"材料"，冶炼出国之栋梁，这就是张联盟院士的"梯度"人生。

来源：《党员生活》杂志 2018 年 5 月

严新平：坚守初心"献智"水运

冬日，武汉理工大学余家头校区，阳光惬意。

在航海大楼的旁边，矗立着一块"扬帆启航"的石碑和一个船锚的雕塑，仿佛把乘风破浪、不畏艰难、勇往直前、默默奉献的精神，扎根在这座美丽的校园，延续在师生心中。

12月5日上午，在武汉理工大学智能交通系统研究中心实验室里，中国工程院院士、国家水运安全工程技术研究中心主任、武汉理工大学首席教授严新平接受了采访。

41年如一日 水运梦想从未歇

1978年，通过恢复高考后的第一次全国统考，严新平走进了武汉水运工程学院（现武汉理工大学），水运梦想从此扎根生长，到如今已有41年。从船机制造及修理专业学生起步，到武汉理工大学首席教授、智能交通系统研究中心和能源与动力工程学院博士生导师、交通运输工程和船舶与海洋工程学科带头人，再到今年11月22日当选中国工程院院士，41年前的青年，如今已生华发。

"我老家在江西省莲花县，那是一个革命老区，当时也是贫困县。我小时候就有个梦想，到大江大海去看看，所以高考后就填报武汉水运工程学院船舶机械专业为第一志愿，从此进入了水路交通工程领域。"严新平回忆说。

1982年7月，严新平本科毕业留校，是所在专业留校担任专业教师的两人之一。当时正值我国改革开放之初，百废待兴，高等教育需要大力发展，教师队伍建设成为当务之急。

1984年9月，严新平考取了本校的硕士研究生，开启了漫漫科研之路。

1994年9月，严新平考取了西安交通大学博士研究生，奠定了从事科技创新的基础。

20世纪90年代，严新平带领团队开展磨损监测技术在船舶动力设备的状态监测和故障诊断研究，牵头成立了可靠性工程研究所。

2000年，严新平在学校牵头组建智能交通系统研究中心，这是国内最早的智能交通系统研究机构之一，并开始了水路运输系统的智能化研究工作，同时开展了内河通航运行系统的研制。

2006年，严新平牵头申报并获批成立了教育部水路交通安全控制与装备工程研究中心。

2013年，严新平牵头组建交通运输部内河智能航运交通运输业协同创新平台。

2014年，随着人工智能技术的发展，研究船舶的智能应用系统成为严新平和团队的重要方向，"航行脑系统"计划随之提出，并在当年成功申报成立了科技部国家水运安全工程技术研究中心。

2016年，严新平牵头组建科技部智能航运与海事安全国际合作示范基地。

"我经常跟我的学生讲，人生有三个词特别重要。第一个是'规划'，每个人都要有理想，有家国情怀，要立志为祖国为民族的发展去努力，去做贡献。一个人的规划如果无法跟集体、行业、国家的需要结合在一起，是很难真正实现的。第二个是'勤奋'，只有通过自己的辛勤劳动，才能取得工作的成果，获得社会的尊重。第三个是'坚守'，要耐得住寂寞，不要随波逐流，我觉得这个很重要。"严新平感慨道。

推动船舶动力设备的运行管理向视情维修发展

船舶动力设备的安全可靠运行，是保证船舶航行的基础。船舶动力如发生故障，会导致船舶无法正常航行，甚至有可能发生灾难事故。

有统计数据表明，船舶动力设备故障占船舶机械故障的80%以上，其中船舶动力系统的主、辅机因磨损引起的故障占45%以上。船舶机械设备传统上是按照时间周期来安排维修计划，这不仅消耗了备件，增加了维修成本，而且有时还会产生维修不当而意外停机的损失。

如何在线检测磨损信息、及时发现异常磨损，是困扰船舶动力设备运行安全和船舶在航率的重大难题。

"我们团队还先后在大连港、上海港、南京港、南通港等多家港航企业建立油液监测中心，推动了我国航运企业由经验管理、定期维修向实时检测、视情维修模式的发展，为船舶动力设备的磨损状态监测和故障诊断提供了技术保障。"严新平介绍道。

从线下到线上，从定期取样到实时监测，场景、手段的变化背后，却是严新平和团队攻克的数不清的难关。

集成现场能够直接获取磨粒图像的新型检测传感器；针对不同的动力设备特点，积极与设备厂家和船东进行讨论；开展大量的实验室和现场监测，采集多工况的监测数据……终于，严新平团队实现了船舶动力设备磨损故障在线监测，并可与岸基的实验室分析同步进行。这种远程的故障诊断，可以直接把故障的实时提取信息通过通信的方式传递到岸基的航运公司管理部门，为设备的维修决策提供依据和指导。

推动内河通航状态向动态感知变革

内河水运是世界公认的绿色运输方式，具有运能大、运距长、占地少、能耗低的比较优势。

随着《关于加快长江等内河水运发展的意见》《长江经济带发展规划纲要》的先后发布，发展内河水运上升为国家战略。"十五"以来，长江、西江及京杭运河国家高等级航道建设逐年加强，我国内河高等级航道主干网已基本形成。

然而，国外经验表明，仅仅保障航道的通航尺度等"硬件"是不够的。建设与航道基础设施配套的"软件"系统，更是保障安全、高效通航与提升内河运能的重要技术支撑。

在国家"863"计划、交通运输部西部交通建设科技项目等政策的支持下，严新平带领团队与中国交通通信信息中心、交通运输部水运科学研究院、长江海事局、长江航道局、长江三峡通航管理局等单位开展产学研合作，提出综合应用水运管理、信息工程、通航工程等多学科技术，建立通航运行各要素的实时感知、交互、分析与管理的软硬件平台体系，构建"一图两网四平台"的国家内河高等级航道通航运行系统，实现通航运行状态的监控与服务。

严新平告诉记者，该系统是以电子航道图为载体，以在航船舶、航道要素感知网为依托，以航道在线服务、多级船闸调度、船舶位置服务、海事实时监管等服务平台为支撑的一个工程化的应用系统。

推动人工智能技术在船舶工程领域应用

近年来，人工智能技术在交通系统的应用上掀起了一阵热潮。统计显示，人为因素导致的船舶航行事故达60%。船舶智能化技术发展的总体趋势是船舶技术与现代信息技术和新一代人工智能技术进一步深度融合，通过智能化的设备、技术、方法减少当前航运体系中、船舶航行过程中、设备维护中的人员负担和人因事故，实现船舶系统安全、绿色、高效、经济的发展目标。

"我提出的'航行脑系统'，是服务于智能船舶的人工智能系统，由感知、认知、决策和执行等功能空间组成。"严新平说。

据介绍，"感知空间"获取船舶在航环境和自身状态信息；"认知空间"根据感知的信息抽象出航行态势，实现自身状态辨识，最终基于人工驾驶记录和深度学习建立智能船舶航行行为谱；"决策空间"利用"感知空间"反馈的信息修正"认知空间"的态势认知，并通过"执行空间"在航行行为谱的支持下实现对船舶的智能控制，实现船舶的智能航行和自主航行，达到减少配员、降低排放和提高船舶航行安全性的目的。

他也毫不讳言："人工智能技术本身还有不少难题需要攻克。'航行脑系统'要想达到替代船员的水平，还需要大样本数据、高质量知识和长时间训练，而现行深度学习等人工智能算法的适用性，也有待验证。"

"况且，船舶一旦发生事故，不仅涉及人命和财产安全，而且水域污染控制和应急救助面临的问题也非常突出，这与其他交通方式有很大的不同。所以，我们研究船舶智能系统首先要确保安全、可靠。"严新平严肃地说。

他预测，船舶智能化技术将重塑全行业生态，从设计、制造、检验、保险、运营、保养、维护、回收等全周期提升航运业的智能化水平。随着船舶智能化技术发展，岸基船舶远程操控人员将成为船员从事的新型职业模式，编队航行的自主式水路运输系统将成为船舶的新型航行模式，数字航运企业将成为积极发展的新型航运业态。

潜心开展人才培养和技术创新

严新平作为一名从事高等教育事业37年的教师，始终将教书育人和科技创新作为扎根于心的内在使命和责任担当。

他是交通运输部科技创新团队、教育部轮机工程教学团队负责人，曾被评为教育部"万千骨干教师计划"优秀教师，并以第一完成人获国家教学成果二等奖1项。"得天下英才而育之"是他潜藏于心的愿望。

"人才培养始终是教师的第一任务，我与我的团队一直秉承'治学求新、育人唯实'的宗旨，开展我们的教书育人、科学研究、社会服务、文化传承等工作。"严新平说。

令他感到欣慰的是，他培养的学生在高校、研究院所、企业、部队等岗位上，积极开拓创新，发挥了骨干作用，为国家发展和民族振兴贡献了他们的力量。

他认为，建设交通强国，特别要重视人才建设。人才是核心竞争力，拥有一大批交通运输系统的规划、设计、建设、运营、维护等方面的人才，才能为交通强国建设提供智力保障。"我们是以航海等专业特色为重点建设的高校，随着水运行业智能化的发展，我们也在考虑完善专业设置和调整人才培养方向，使之与行业对人才的需求更紧密，如航海技术专业，将逐步培养岸基操控船舶人才、远程驾驶船舶人才等。"

严新平深知，当选院士是国家给予的最高学术荣誉，这份荣誉属于大家，但也赋予了大家重要责任。"今年中共中央、国务院印发了《交通强国建设纲要》，为我国当前到21世纪中叶的交通发展描绘了蓝图，明确了目标，为水运业未来发展指明了方向。我觉得要特别注重绿色和智能技术，在保障绿水青山和生态友好的前提下，提高水路运输的效率和安全性。"

严新平怀着他的初心，似飞鹰展翅，朝着更高更阔的水路交通运输的天际翱翔。

来源：《中国水运报》2019年12月11日

黎德扬：矢志追求真理之光

虽已年至杖朝、头发花白，但在与我们的两次见面中，黎德扬教授始终满面春风、精神矍铄地与我们分享自己的哲学人生。作为半个多世纪哲学的探索者，2002年退休至今，黎德扬仍密切关注学术前沿，在哲学领域坚持不懈地探索着；饱含爱校情怀，对青年教师和学生慷慨无私地关怀着；始终怀着对新事物的开放态度，笔耕不辍地耕耘着……他说："退休只是退出职场，人生还在继续，还要生活其中，追逐人生之上。"

探索哲学　追求真理

"人生是要有追求的。"这不仅是黎德扬对生命的要求，更是他多年来孜孜不倦、从未停止探索的重要原因。

"做学问、写文章切不可过于抽象、用空洞的文字堆积。社会科学和理工科学问一样，要进行实际调研，社会科学离不开社会调查。""脚踏实地做学问"，黎德扬退休后仍全力投入学术研究，一如既往地坚持将哲学研究与现实生活紧密结合，在科技文化、生态文明和交通社会学的研究中为当代中国哲学的发展不断开拓。

20世纪90年代，黎德扬率先开始对科技文化哲学的探索。他提出，科学文化是社会文化的基石，科技文化与人文文化协同创制当代新文化。2004年，他发起组织并主持中国自然辩证法研究会与我校人文社会科学学院联合召开的全国"科技文化与社会现代化"首届学术研讨会。"每一场学术研讨会相当于一个哲学问题解疑课题,大家将难以理解的哲学问题拿到会上讨论,共同进步。"在他的主持下,连续15年,研讨会每年召开并出版《科技文化与社会现代化研究》论文集,有效地推进了我国的科技文化研究。

宋代杨万里诗云:"闭门觅句非诗法,只是征行自有诗。"哲学研究不应仅停留于抽象的思辨和书斋,而要扎根于现实社会,要"接地气"。为宣讲"生态文明",黎德扬游走于全国各地,在许多高校、企业和政府部门举行生态文明讲座达50次,听众有数万人。2010年5月更是应柯布(Cobb)博士的邀请参加在美国举行的"马克思主义与生态文明国际论坛"并发表演讲,交流中美生态文明建设。

长期在交通高校工作的经历,使黎德扬形成了浓厚的"交通人"情怀,继而产生了结合信息论、控制论原理建构交通社会学的灵感。2001年,黎德扬所著的《社会交通与社会发展》出版,成为我国交通社会学领域奠基之作。其于2012年出版的《社会交通学》,建构了比较完整的交通社会学学科体系。同年,他在《武汉理工大学学报》(社会科学版)发表论文《论当代交通》,从哲学意蕴、交通过程、交通发展根源和生产力的视角对当代交通做了分析。

"黎教授60多年投身哲学'百花园',汲取其中的汁液和营养,回到学科源头追根溯源,不断充实、丰富自己,奔驰到哲学'高原'。作为哲学领域工作者,我也当以此精神自勉、继承发扬。"政治与行政学院孙德忠教授说。

心系校园 诲人不倦

"退休,是一个新起点,有了自由的时间和空间,可以继续做一些自己愿意做的事,做一些对社会有益的事。"退休之后,黎德扬教授一直保持着从教时的热情,关心着学生与青年教师。

2017年9月9日,余家头校园的迎新现场,一位鹤发童颜、平易近人的老者,时而闹中取静,坐在迎新点的凉棚下,和蔼地看着朝气蓬勃的新生,时而到处走走,关切询问。学生注意到气度不凡的黎教授,问道:"这位老爷爷也是迎新的工作人员吗?"当得知他是来迎新的退休老教授,学生和家长都赞叹不已。"黎教授跟我谈他大学时代和现在大学生活的对比，他的话对我触动很大，让我更珍惜现在的学习生活。"交通学院王天伟同学对迎新当天与黎教授的谈话记忆犹新。当天，在政治与行政学院办公楼下，黎德扬还偶遇了一位学生，注意到其面色不佳，询问之后得知其中暑，便立即联系工作人员把学生送去了校医院。

每年新生报到日，他都在现场迎接；每年政治与行政学院的开学与毕业典礼，他都表达对学生的殷切期望；每年给学生做讲座——"如何上好大学""如何做学问""如何做人""如何写论文查资料"……他细致入微地关心学生成长。去年11月，校马克思主义研究学会举办学习十九大专题讲座，他与学生畅谈交流自己对十九大以来社会变化趋势的看法。今年3月春暖花开时，他组织研究生到学校"百花园"赏樱，吟咏与樱花有关的诗词。

为鼓励学生发奋学习、成长成才，2015年，由黎德扬牵头，曾受教于他的校友捐资设立了政治与行政学院第一个社会奖学金"谷雨奖学金"，总金额十万元，分两年发放给需要帮助的优秀学生。每年奖学金颁发时，黎德扬都会到现场，去年还写了幅字送给学生，表达对青年学子的殷切希望和鼓励。

黎德扬也时刻关心着青年教师的成长，青年教师配偶工作没着落，他帮忙找；青年教师科研难，他帮着想办法。他说："我要拜托他们把哲学学科发扬光大。"

"黎老师平时与学校师生相处时，如同父辈一般和蔼可亲。"政治与行政学院高建明教授说道。在学校工作学习了61年，黎德扬对校园的情感，可以说是一种"乡愁"，学校已然成为他的家。目睹校园的发展变化，他备感欣慰："学校就好比是秋天丰收的田野，教师和学生们就像在田地上劳动的青壮年，而我不过就是一个在田埂边拾稻穗的老农罢了。"

笔耕不辍　与时俱进

"虽然我退休了，但作为一个学者，我是将学术研究作为终身事业来看待的。学者的使命感让我无法放下手中的笔杆，始终关注社会问题，不断进行学术的研究与探讨，找出社会活动的关联。"退休至今，近20年的时间，黎德扬教授已完成了上百万字的创作，出版了《谷雨沉思》《哲原追梦》两本专著，现在正进行第三本书的撰写,"再留些印记"。

黎德扬教授的作息十分规律,上午到下午三点看书、浏览网页、写作,任何活动一律都安排在其他时间,我们与教授的两次见面也都安排在了下午,在教授完成了一天的写作之后。

黎德扬教授是一个与时俱进的"fashion(时尚)"老人,20世纪80年代开始就用电脑写作,他不仅定期更新博客、发微博,还使用智能手机,他退休后的两本著作中部分内容就来自他的博客和微博。每天通过智能手机浏览各大门户网站是黎德扬的必修课。2017年5月,当人工智能AlphaGo击败围棋世界冠军柯洁的新闻引起社会讨论时,黎教授更是注意到大数据科技对时代和哲学发展的影响。他主动思考,提出"大数据阶段不过是信息时代的一个组成部分"的观点,他认为,将大数据阶段定义为大数据时代,是将信息时代碎片化了。黎教授这一观点得到了国内很多学者的赞同与认可。

面对他人对自己退休之后仍笔耕不辍的赞誉,黎德扬十分淡然,"名利皆为烟云事",他所想的只是与时俱进,追求真理。正如他的作品《哲原追梦》的副标题"哲学工匠手记"所描述的那样,黎德扬教授将自己视为一个在哲学领域探索的平凡匠人,希望自己能为哲学的发展添砖加瓦。他自称和普通老人一样,有时也会感到疲倦与劳累,唯独比普通人多的是对学术始终不变的一腔热情。对他而言,哲学家、社会活动家这些名衔都不重要,都是"高帽子",他所在乎的,不是名誉和地位,而是探索哲学的内涵与真意。

谈及自己的初心和使命,黎德扬说:"我的初心就是追求正义和真理,这一点在我的书中也有提及,我一直保持着对人类真理的认知欲和对知识本来意义的探求心,希望能够在学术和生活方面达到自己的境界。其实,人的生活本身就是对公平正义和自由的追求。"

"春蚕到死丝方尽,人至期颐亦不休。一息尚存须努力,留作青年好范畴。"作为半个多世纪在哲学旅程中不辞辛劳的追逐者和探索者,黎德扬紧跟时代步伐,退而不休,在生命的长度之外不断增加生命的厚度,不忘初心、追求真理,将"哲学梦"与"中国梦"结合,为哲学的发展添砖加瓦,堪称"哲学工匠"。

来源:《武汉理工大学报》2018年4月20日

七、深耕杏坛　育人为本

材料科学与工程教师团队：一切为了人才培养质量的提高

　　武汉理工大学"材料科学与工程教师团队"由国家教学名师谢峻林教授牵头，王发洲教授等15名无机非金属材料工程专业教学与科研的一线教师组成。"一切为了人才培养质量的提高"，这是谢峻林教授及其团队的工作目标；"作为教师，第一要务是教书育人"，这是谢峻林教授的职业理念。

　　谢峻林教授是"材料科学与工程教师团队"负责人，也是首任无机非金属材料专业责任教授、材料科学与工程国家级实验教学示范中心主任、材料研究与测试中心主任、中国工程教育专业认证协会认证结论审议委员会委员、国家教学名师奖获得者，具有较高学术造诣和创新思想、很强的组织能力和合作精神。团队骨干成员15人，其中教授10人、年轻教师7人、9人有国外

学习交流经历。团队以硅酸盐建筑材料国家重点实验室为依托，以建材行业技术创新和人才培养为目标，以无机非金属材料工程专业建设为抓手，老中青结合，同心协力营造育人环境，并成效显著。

团队中70%的人员担任了班主任，以首届卓越班班主任何峰、文进为代表的教师，密切联系学生，深入了解学生思想动态，引导学生成为品学兼优的有用人才。团队所在系党支部与学生支部共建，谋划育人文化，在教书育人和科学研究中积极发挥战斗堡垒示范作用，践行"两学一做"。五年来，团队中蹇守卫、冯小平、赵青林3人获得了"校师德先进个人"称号，文进被评为校先进工作者，何峰被评为校优秀班主任，党支部荣获学校2014年"优秀基层党支部"称号，师生结对共建支部案例被《湖北日报》2017年5月2日报道。

不忘初心　致力建材行业卓越人才培养

谢峻林及其团队全面贯彻党的教育方针，始终不忘学校肩负为建材行业培养高层次人才、提供重大科技支撑的历史使命，紧紧依托建材行业，以培养学生支撑引领建材行业转型升级发展为己任，坚持科教协同、行业协同和国际协同的创新育人方法，既推动了行业发展，也成就了国家级教学名师和国家级教学团队的成长。

他们坚守人才培养阵地，潜心问道，引导学生关注社会，植根建材热土开展创新研究，紧跟国内外教育发展动态，率先实施卓越人才培养和工程教育实践，组织完成高校《无机非金属材料工程专业规范》等指导性文件，引领全国高校专业教学改革，先后获国家教学成果奖4项。团队中的陈潇、何永佳先后于2015年、2017年分别获得全国无机非金属材料专业青年教师讲课比赛特等奖和一等奖。2017年谢峻林团队被湖北省委组织部授予"湖北名师工作室"称号，并获得湖北省教学成果奖一等奖1项。

随着"一带一路"倡议的提出和建材工业"创新提升、超越引领"的战略转型，谢峻林教学团队正在锐意改革，力争培养引领世界建材发展的卓越创新人才。

勤研教学　提高人才培养质量

谢峻林及其团队锐意教学改革，她致力于学生能力培养。注重材料专业的时代性、先进性与创新性，探索多元化教学方法，建成国家级实验教学示范中心和无机非金属材料实验国家级教学团队；重视教学资源信息化建设，建成2门"国家精品课程"和2门"国家资源共享课程"；密切关注材料学科对工程人才的需求动向，积极将科研成果转化为教学资源，凝练新案例，研制新教学设备百余台/套，出版教材和专著4本。

近5年，团队承担教学工作量年平均2000学时，指导本科生375名、硕士生179名、博士生39名，获得湖北省优秀学位论文16本、校优秀学位论文9本。

党的十八大以来，作为全国工程教育认证培训专家，谢峻林教授又在为推进高校材料类工程专业认证呕心沥血，为全面提升我国材料工程人才质量添砖加瓦。

聚焦前沿　为传统行业技术升级攻坚克难

谢峻林及其教学团队长期奋战在我国建材建工科研第一线，有幸成为建材行业由大变强这一发展关键历史阶段的重要一员和主要参与者。

谢峻林与企业一道潜心研究，掌握了大型水泥分解炉中煤粉、RDF燃烧及物料分解耦合作用关键技术，为水泥行业的低品位原燃料资源化利用、节能减排奠定了理论基础。团队成员丁庆军教授知难而上，攻克大跨度钢管混凝土拱桥施工中的关键技术难题，成果成功在世界第一跨度的"合江长江大桥"钢管混凝土拱桥上应用，对行业创新发展发挥了重要作用。

5年来，团队承担了国家自然科学基金、"973"计划、"863"计划、国家科技支撑计划、国家重点研发计划等国家级重要课题20项。获得省部级以上科技成果奖励26项，其中国家科技进步二等奖1项以及省部级一、二等奖15项，对传统行业技术升级贡献巨大。

服务社会 砥砺奋进服务国家经济建设

谢峻林及其团队成员努力推进科技成果转化，以高度的社会责任感服务于社会。5年来，团队承担的社会重大需求及产学研合作项目100余项，带动相关产业实现经济效益超过30亿元，业内反响强烈。

国家多项工程凝结着团队成员的智慧、创造与汗水。在号称亚洲第一高墩的"腊八斤沟特大桥"施工现场，丁庆军教授带病奋战在第一线，现场指导高难度泵送混凝土作业；在高峡平湖之畔，谢峻林教授冒着严寒酷暑，与企业一道调试国内最大吨位水泥窑协同处置RDF和分级燃烧减排NO_x生产线；在烈日炎炎中，王发洲教授以高度的责任心和紧迫感，奔波在世界标准最高的京沪高铁线建设现场。

来源：教育部网站2018年2月8日

翁建军：树师道楷模　育航海英才

翁建军，航运学院教授、硕士研究生导师、精品课程教学名师、师德标兵，海船无限航区一等大副。

言传身教　教研相长

"翁老师以自己的独特方式讲授专业知识，课堂气氛好。"航海学院2013级辅导员姜菲菲如实评价。

翁建军主授的"船舶值班与避碰"是航海技术专业的重要专业课，课程内容集法律理论性和实践性于一身。针对课程特点，翁建军将教学经验与航海实践经验相结合，采用启发式教学方法，通过船舶碰撞案例分析等启发并引导学生，举一反三，深入浅出。将船舶避碰安全理念与道路交通、日常出行安全相比较，将复杂问题化解为简单的日常问题做类比解释，用简单的、学生所熟悉的道路交通问题解析复杂的船舶避碰问题，使学生能快速掌握课程知识。

"学翁老师的船舶避碰，以后开车也会更安全。"学生们因此送给他一个雅号"翁避碰","想要船不碰,紧跟翁避碰"。由此,翁建军的课堂风格可见一斑。

经过多年的教学实践和探索,翁建军在教学上取得了可喜的成绩。5年来,督导评分和学生评教每门课程均在90分以上;5年中主讲本科生课程12门,均获校"优质优酬"奖励。

专注教学工作的同时,翁建军还积极开展教学研究,探索创新教学改革方法。他主持并参与多项省级和学校教研项目,其研究成果为课程教学方法和手段的创新及航海人才培养提供了有力的理论支撑。

航海专业是应用型专业,对教师科研能力的要求较高。除教学和教研工作外,翁建军将产学研紧密结合,坚持协同创新,带领团队在科研上取得了较好的成绩。近5年来,他主持并参与纵向项目10余项,横向项目40余项;近3年以第一作者或通信作者身份发表论文12篇,其中教研论文2篇,交通领域国际顶尖学术会议论文1篇(第94届美国TRB年会)。

精益求精　培养人才

他是一名教师,也是一名航海人。翁建军始终把培养卓越航海人才当成自己的使命,致力于课程和学科建设,为航海学科和专业发展出一份力。

2014年至2015年,翁建军积极开展精品课程建设,开设"网络教学平台"讲授"船舶值班与避碰"课程,致力于让这个教学平台成为重要的教学课堂。

翁建军笑称自己有追求完美的"强迫症"。"网络教学平台"中"讨论答疑"模块成为他与学生交流、互动的有效渠道,每天晚上无论多忙,他都会在睡前上网为学生答疑。面对学生反复问的问题,他在耐心解答之余,将这些问题定期总结,形成文档,供学生统一参考。使用网络教学平台的学生说:"翁老师的网络教学平台让我们能预习、能复习,交流互动、进步提高,真的是为我们学生量身设计的好平台。"在学校2015年教师节表彰大会暨"15551"人才聘任仪式上,翁建军凭借"船舶值班与避碰"一课,被学校聘任为精品课程教学名师。

多年来,翁建军依托自己编写的讲义材料,取其精华,并结合个人教学和海上实践经验，不断完善课程内容。翁建军主编的《船舶值班与避碰》《雷达观测与标绘》《航道与引航》，参编的《信号与VHF》《个人安全与社会责任》（2008版、2011版），合著的《引航学》等多部教材，为航海专业本科教学提供了良好的教学条件。

为使我校航海技术专业建设达到国内领先水平，翁建军在专业建设上倾注了大量的心血。他负责实施了交通运输部"十二五"专项建设项目——"卓越航海人才实验实训平台建设"子项目航海天象馆建设，并主要参与了湖北省综合改革试点专业的申报及航海专业培养计划、教学大纲和卓越工程师班人才培养计划的制订。

细心呵护　点滴关怀

不论是作为系支部书记、班主任、研究生导师，还是任课教师，翁建军始终秉承"一切为了学生，为了学生的一切"的理念，从细节做起，关心学生学习和生活的点点滴滴，给独自在外求学的学生们慈父般的关怀。

航海专业的学生毕业前都要考取全国海船船员适任证书，考证前，学院会对学生进行考前培训辅导。每年统考前，翁建军几乎每天都到航海楼复习备考专用教室进行辅导答疑。2014年冬天，为了使网络教学平台尽快用于海证备考，翁建军已经在办公室连续加班10多天。一天，他加班到晚上11点还没吃晚餐，当他启动汽车准备回家时，抬头看到两个教室依然明亮的灯光，放心不下备考学生的他赶忙熄火，快步走进教室，顾不上疲惫和饥饿，立刻投入辅导答疑中。学生们看到老师满眼的血丝，连声感谢，翁建军只是淡淡地回答："你们通过海证考试，是我最大的心愿，老师愿意陪伴你们。"老师的坚持极大地鼓舞了学生，学生的海证考试通过率达到全国领先水平。

90后新生思想活跃，他们对航海充满憧憬和好奇，但对航海职业有一定的彷徨心理。翁建军从新生入学开始，通过学生班会、"两访两创"等，以一个航海人的身份，介绍专业背景、行业现状和就业去向，讲述杰出校友事迹，回答学生关注的热点问题，同时，将自己多年的航海经历与学生分享。经过翁建军的引导，学生们全面了解了航海专业和航海职业，激发了航海热情，不再对航海职业犹豫观望。

研究生生病住院、节假日回家，翁建军亲自开车接送；研究生出国留学要担保，翁建军二话不说当了第一担保人；研究生评优评先要上交材料，翁建军第一个报送……

作为一名老师，翁建军给每一届学生第一次授课时都会将个人的电话、邮箱、QQ等联系方式告诉学生。从1996年至今，翁建军的手机号码从未改变，他说："联系方式一旦更改，学生想联系我就难了"。20年来，他一直用这个手机号码守候学生的来电。曾经有一位毕业10多年的学生——长江高级引航员，在航行时遇到了一个船舶避碰疑难问题，随即在驾驶台拨打翁建军的电话进行咨询，在得到老师肯定的回答后，该学生果断发出了操纵命令。

31年，三尺讲台，见证了翁建军的执着与坚守；31年，翁建军恪守"严"字、坚持"慈"字，为我国的海洋强国战略培养了众多卓越航海人才。

来源：《武汉理工大学报》2016年5月10日

吴小红：用航海梦浸润学生心田的远洋船长

"外表有着航海人的坚毅，内心却如兄长般温暖"，这是航海1707班学生们对吴小红老师的一致评价。他是航运学院实验中心副主任、实验师，兼航海技术专业1707、1902班班主任，也曾是一名在大型货船上工作了13年的远洋船长，并获甲类一等船长证书。2015年4月，他告别航运一线，回归母校成为一名航海教育工作者。岗位变了，环境变了，但他仍旧秉持着船长的责任担当、海员的坚毅执着，以全身心培育航运人才的方式诠释无憾无悔的航海情怀。

轮船甲板上，他是爱生如友的"船长"前辈

回母校任教后，吴小红除了承担校内实验实践教学外，还负责学校两艘实习船的管理调度和对学生航行实习的质量把控。十余年远洋海运的工作经历，让吴小红深知实践的重要性，他希望带着学生一起去航海，用自己丰富的实践经验来影响航海学子，使每一位同学在远洋航行的艰辛历练中成长为一名坚毅果敢、重责担当的优秀海员。

物有甘苦，尝之者识。带着学生去航海，这个看似简单浪漫的工作，却有着超乎想象的繁杂琐碎和责任压力。每批航海实习的学生有30多名，由1名老师带队并与他们在船上朝夕相处3至4周。在此期间，带队老师要确保学生的人身安全，随时处理突发状况和不可控因素；要与船东、实习船运营团队协调，与港口管理方沟通处理学生进出港事宜；要保障在有限的时间内让学生将理论知识与船上实践相结合，切实学到航海本领……这不光是对老师业务能力和管理能力的考验，更是对责任心、爱心的考验。

"师者为师亦为范，学高为师、德高为范，老师是学生道德修养的镜子"，这是吴小红写在轮船甲板上的自勉话语，也是激励他不断锤炼师德的座右铭。在海上带实习学生时，他尤其注意对学生生活细节的严格要求，从与航行安全直接相关的驾驶台值班到日常作息穿戴，他都制定了相应的规范并要求学生严格遵守。与此同时，他对学生生活上的关心和照顾也始终无微不至。一次，一名学生感冒发烧严重，吴小红十分担心夜里学生病情持续加重、在船上得不到专业的治疗，因此他几乎一夜没睡，亲自照看学生用药和饮食，定时查看学生身体状况，直至学生病情好转才放下心来。

带队实习的烦琐与辛苦没有吓退吴小红，他每年都会抽时间主动担任航海实习带队老师。自2015年入校以来，吴小红共带领和指导10批次约350名航海技术专业学生上船完成航行认知实习和毕业航海实习，在船总时间超过230天。在每一次出发前，他都会做好充分的准备，把家庭、个人事务处理安排好，确保自己有最好的状态、充沛的精力投入实习指导工作中，确保每一批学生都能顺利地完成既定目标。

航行教学中，他是认真严谨的指导教师

航行教学的过程中，吴小红总是将自己多年积累的航海技能倾囊相授，他最喜欢做的事就是琢磨实习指导方法，研究怎么样能够提高学生学习兴趣，提升教学效果。

经过不断的实践，吴小红摸准了船上实习指导的基本规律，做到了对教学环节的精准把控。他周密安排分组任务，确保实习目标任务能合理有效分配到每一组，每组学生之间互相衔接，配合实习船运营顺畅作业。在教学方式上，吴小红采取多元化的授课模式，或组织学生进行情景演练，让学生分别承担驾驶台各个角色来完成真实的航行任务，或带领大家专题演讲，选题由老师分配或学生自选，老师讲评指导……新颖的模式总能吸引学生快速进入船员角色，主动深入思考问题，有效提升了实习教学效果。与此同时，他

还注重言传身教，亲自陪伴不同组的学生参加航行值班、甲板工作锻炼和厨房帮厨等，通过针对性教学、手把手指导，第一时间纠正学生理论理解和实际操作中的问题，提升学生的动手能力。繁忙的一天结束后，吴小红还利用晚自习时间，讲评当天的实习情况，及时批阅并反馈实习报告，指导学生高质量完成航行实习报告。

在吴小红的带领和指导下，一批批学生顺利完成了海上航行实习。吴小红身上那种航海人的认真、严谨、专业深深感染着学生们，大家都说从吴老师身上学到了很多做人做事的道理。吴小红也充分体会到了教学相长的乐趣，觉得每带一次航海实习，自己教书育人的"功力"、技艺又精进了一层。

抉择路口，他是亦师亦友的人生导师

航运学院推进本科生"名师名导班主任计划"，吸纳像吴小红这样的具有丰富实践经验的行业人才担任航海技术专业的班主任，给予学生更全面的指导。2017年，吴小红主动报名担任航海技术专业1707班的班主任，对待兼任的班主任工作，他如同对待本职岗位一样倾情投入：参加班会活动，经常与学生面对面交流；与班委分析班级成员状况，研讨班级建设；深入宿舍，从生活和学习各方面给予学生关心关爱，提供针对性帮助帮扶。

与学生相处时，吴小红尤其注重从思想方面给予学生积极正面的引导。当一些学生因为缺乏对航海全面的了解，对毕业后是否要从事这一行业感到迷茫，吴小红通过讲述自己从事远洋航运的鲜活经历来打动学生，让学生感受航海的魅力，领略航海职业的挑战性与成就感。作为一名航海人和高校老师，他传递出的航海精神特别有说服力，有效地提升了学生对航海专业的认同感和荣誉感。

2021年，吴小红担任班主任的学生毕业了。师生间四年亦师亦友的相处和陪伴，影响和引领了一批学生在择业时果断选择了从事航运事业。招聘会上，吴小红还亲自为学生做推介，其中有6名学生在他的引荐下直接签约了国际航运公司，学生林文康就是其中一位。谈及自己的选择，林文康说："我之所以憧憬航海，选择航海职业，吴老师对我影响和帮助很大，他让我对航海坚定了信心。"吴小红欣慰又感动："航海事业后继有人是我们作为航海教育工作者最值得自豪的事，今后我将继续用自己的努力让航海梦浸润学生心田，引领更多的学生勇敢地走向大海，为建设海洋强国贡献力量！"

2022年，吴小红又接过1902班班主任的接力棒，引领学生走向蔚蓝。前不久，他还接受航海数字天象馆科普教育基地和航运学院团委邀请，担任"心向大海筑梦想 跟着船长去远航"系列讲座的主讲嘉宾，用心用情为航海技术专业一年级学生讲述远洋经历和航海精神，点燃新生代航海学子的远航梦想。

"教师的人格力量是一种无穷的榜样力量。"航运学院党委书记赵娟娟说，"航运学院通过师德讲坛、荣休仪式等活动不断加强师德师风建设，在专题网站、文化专栏中多层面、立体化宣传教职工的育人故事、经验、心得，营造薪火传承的文化氛围，先后涌现出了湖北省高校优秀共产党员翁建军，学校师德先进个人邹春明、张进峰，精品课程教学名师郝勇，'船长'教师吴小红，学生信赖的'小马哥'马全党等一批优秀师德典型，学院像这样尊重职业、敬畏讲台的老师还有许许多多，他们都值得我们尊重和学习。"

正如校党委书记信思金在《锤炼新时代人民教师高尚师德》一文中所讲："在学生眼里，老师是'吐辞为经，举足为法'的，一言一行都给学生以极大影响。"感悟教书育人事业的崇高与辉煌，体悟立德树人使命的伟大与神圣，以此内化为新时代高校教师的高尚师德，进而通过言传身教在学生心灵播下真善美的种子，这不仅是锤炼高尚师德的方法论，更是学校"双一流"建设和高质量发展的力量源泉！

来源：武汉理工大学新闻网2022年4月1日

罗莹：潜心讲坛 美育育人

近日，我校艺术与设计学院设计学类的40名学生在合美术馆上了一堂别开生面的实践课，指导老师罗莹带着他们探索艺术的发展过程，在参观中感受艺术的魅力，在互动中领悟创作的神奇，在体验中激发创作的灵感……而这堂实践课只是罗莹日常教学以美育人的一幕。

互动教学 让课堂活起来

"大学应该培养学生艺术的识别能力、创造性思维的形成能力、准确的专业语言表达能力，全面提升综合能力，而不仅仅是培养学生的专业技能。"如何进行课程设计、如何让学生对课程感兴趣并掌握知识、如何因材施教，是艺术与设计学院罗莹教授一直思考的问题。

2009年至2010年，罗莹在美国内华达大学访学一年。教师鼓励学生大胆突破自我、独立思考、发表主观见解的教学方法让罗莹深受启发。

为了锻炼学生的思维和表达能力，引发其学习兴趣和自觉性，罗莹采用学生们熟悉的题材进行命题作业训练，要求学生先构思再在课堂上讨论。为了传授学生专业思想和创作方法，每次课前，她都要搜集归纳整理大量的图片素材，用于课程中的理论讲解。课堂上讨论问题、通过鉴赏和分析经典作品交流学习、在学生写生或创作中进行示范讲解、评价并分析学生习作……学生在潜移默化中就掌握了知识。

"在课堂上，罗老师与我们的从理论到实践、从谈话到示范等方式的互动对我们的学习帮助非常大。"罗莹的2006级研究生林洪说。

"罗老师课上以详细的指导为主，观察我们的画面绘制，发散我们的艺术思维，解答我们专业上的问题。"2003级本科生朱宏上过罗莹的公共艺术设计、中国画等课程，他对罗莹的课印象深刻。

15年来，罗莹教授给学生上过专业绘画基础、中国人物画技法、花鸟画技法、美术学基础研究等十多门课程。很多学生慕名选修她的课程，现为湖北大学艺术学院副教授的彭茹娜就是其中之一，研究生期间她选修了罗莹的传统中国工笔花鸟画。

"罗老师教学的最大特点就是针对每位同学的作品进行调整、修改、拔高的现场示范。不论哪种风格的学生习作，不论最初作品如何，经罗老师的一点、一染、一勾、一扫，就如脱胎换骨般变得或灵动、或典雅、或深邃。"

科研创新　让教学专起来

打铁还需自身硬，深化课堂内涵，提升教学效果，必须在学术上下功夫。

从本科到硕士，再到博士，罗莹的专业都是中国画。多年来，她一直执着于中国画本源问题的探索和研究。经过绘画实践与专业理论知识的长期磨砺，罗莹创造性地提出"线形象"概念，从"线"的角度对传统中国画进行新的梳理与诠释，探索中国绘画艺术的发展之路。

《纽约时报》报道称罗莹"用'线'改变传统中国画"，《人民日报》（海外版）报道称罗莹"线形象"为"连接传统与当代的一个文化密码"。罗莹的绘画作品先后被中国国家博物馆、美国未来学家约翰·耐斯比特（John Naisbitt）夫妇等专业机构和名家收藏。

罗莹的专著《线形象——中国绘画的起源与形成》获第九届"屈原文艺奖",是当年唯一一部获评论奖的美术理论评论著作,被中国国家图书馆、美国国会图书馆、牛津大学图书馆等国家和世界知名大学图书馆收藏。湖北省文联电影家协会秘书长胡瑛评价此书:"对普及中国绘画知识,提高学生审美,认识中国传统艺术和中国文化等有重要的美育价值。"

在罗莹的影响下,学生们除了认真学习专业技法,从不放松对理论的学习。

"罗老师教会我,要做一名中国工笔花鸟画家,不光要有扎实的手上功夫,还必须有深厚的理论功底和文化积淀,因此我一直坚持中国画论学习。"主修中国工笔花鸟画的林洪说罗莹的教导对他的专业发展影响巨大。

"老师学术严谨,我学到了很多专业的基本技法,也学习了中国画理论,在专业上的满足感很强烈。"学生朱宏深有感悟。

实践锻炼　让成长丰富起来

艺术源于生活,回归于生活。在罗莹看来,艺术是门感受学,大学课程要提高学生的感受能力。罗莹带学生去美术馆参观画展,解析古今中外大师的名作,提高学生眼界;去植物园写生,训练学生的观察能力和感受能力。

"多读书,看懂大师作品,提高眼界;勤于专业练习,勤于思考,学会感受生活。"这是罗莹对学生的要求。

2016年法国梅斯"线形象——罗莹作品展"、2015年北京恭王府"线形象——罗莹作品展"、2013年北京798圣之空间艺术中心"罗莹/线形象"当代艺术展、2011年北京中国国家画院美术馆"中国工笔画学术联盟名家邀请展"……近年来,罗莹通过在法国、美国、北京、武汉等地的画展和学术活动在与同行交流、与社会沟通的同时,也为学生搭建了课外实践育人平台。

罗莹的研究生们几乎参加了罗莹在国内的所有展览和研讨会。在历次活动中,学生们承担了画展前期海报、请柬设计,协助画册的资料整理、画展布展,展览过程中的英文翻译、资料拍摄、作品整理,研讨会的发言记录与文字整理等任务。作为罗莹的专业助理,学生们开阔了眼界,锻炼了专业展览的协助策划与组织能力,学到了课堂中缺乏的社会实践经验。

在罗莹的悉心指导和艺术熏陶下，学生们屡屡获奖。研究生付红的中国画作品获"第四届全国青年美术作品展"优秀奖等多个国家奖项，入选"第六届中国美术家协会会员中国画精品展"等诸多画展，现为湖南省画院专职画家、湖南省画院青年画院副院长；研究生朱明艳的作品《北川的声音》、彭茹娜的版画作品分别获"教育部全国第一届大学生艺术展演艺术作品类"一等奖和二等奖；研究生林洪作品《青鸟》《蝶想》获"第八届中国艺术节全国大学美术与艺术设计作品展览"入选奖；研究生史安华的服装设计作品获"第一届全国高校美术设计大奖赛"一等奖；学生朱宏多次获冶金行业优秀设计奖……

"习近平总书记给中央美术学院老教授回信强调，做好美育工作，弘扬中华美育精神，让祖国青年一代身心都健康成长。"艺术与设计学院党委书记余峰谈道，"作为美育重要组成部分的美术教育，对于培养学生审美、创造美的能力、塑造美好心灵具有重要作用。肩负着神圣使命的美术和美术教育工作者，是推进美育事业不可或缺的重要力量。他们'以大爱之心育莘莘学子，以大美之艺绘传世之作'。罗莹老师正是这支队伍中的典型代表。"

罗莹以其别开生面的教学方法、精益求精的艺术造诣、匠心独具的艺术魅力让学生感知美、欣赏美、理解美、表达美和创造美，成长为厚德博学、追求卓越的新时代接班人。

来源：《武汉理工大学报》2018年10月30日

向剑文：在科教兴国的征程上书写奋斗篇章

6月28日，在学校庆祝中国共产党成立98周年暨七一表彰大会上，向剑文被授予"武汉理工大学优秀共产党员"称号，并作为教职工优秀党员代表在表彰大会上交流发言。他简洁朴实的话语感染着现场每一位师生，传递着信念、奉献、坚守的精神力量。

让我们更深入地走近这位优秀共产党员。向剑文是计算机科学与技术学院计算机新技术研究中心教授，一名具有23年党龄的党员。家国情怀、科学精神和为师之道，让他像一台不知疲倦的永动机，奋斗在科教兴国的征程上，书写着教学科研工作者的动人华章。

持家国情怀，做伟大复兴的生力军

"希望广大海外学子秉持崇高理想，在中国人民实现中国梦的伟大奋斗中实现自身价值，努力书写无愧于时代的华彩篇章。"2014年年初，习近平总书记给全体留德学子的一封回信从中南海传遍全球。

"走，回中国！"怀着爱国之情和强国之志，向剑文积极响应党的号召，不做旁观者，要做伟大复兴"生力军"，投身于伟大的民族复兴洪流中去。他辞去了日本电气株式会社中央研究所主任一职，携家人一同回到祖国，正式加入了武汉理工大学计算机科学与技术学院，为学院学科发展与人才培养贡献了自己的力量。

"五年前，熊盛武院长带队前往机场接机的惊喜、吴铸新书记与我深入的谈话，都深深触动了我。校院对于人才的重视、对于创新的探索、对于行业的支撑、对于建设的担当，都令我深信这里必将是我实现家国情怀和建设使命的沃土。"谈及五年前的初见，向剑文至今历历在目。

把爱国之情、强国之志、报国之行统一起来，就能把自己的梦想融入实现中国梦的壮阔奋斗之中。五年来，向剑文积极投身于重大工程建设中，持续开展可信计算与网络安全研究，主持和承担国家自然科学基金、国家科技支撑计划子课题、湖北省创新群体等项目10余项，出版编著1本、译著3本，在 IEEE Transactions on Reliability 与 ISSRE 等国际权威期刊和会议上发表学术论文约70篇，三次获国际会议最佳论文奖。

承科学家精神，做科技人才培养的助跑者

谈及自己的责任和使命，向剑文坚定地说道："传承科学家精神，坚守学术操守和道德理念，把学问和人格相融合，和学院科研团队一道不断实现科学家精神的有机统一。"

爱国、创新、求实、奉献、协同、育人是新时代科学家精神，也是向剑文不断前进的奋斗指南。作为学院教授会主任和软件工程专业负责人，向剑文和团队成员同吃同住、以实验室为家，攻克技术难关，该团队在2017年获评湖北省创新群体。向剑文还联合国家计算机网络与信息安全中心积极筹建"网络安全应急技术国家工程实验室湖北分中心"，致力于国家网络安全应急技术提升。

在追求真理、独立思辨、集智攻关、团结协作的同时，向剑文还积极提携后学、甘当人梯。他连续两届担任武汉理工大学国际青年论坛计算机学科分论坛召集人，积极参与高端人才引进工作，协助学院成功引进海外博士和学者10余人。此外，向剑文还积极推进国际合作，促进了包括意大利佛罗伦萨大学、美国北卡罗来纳州立大学夏洛特分校等国际知名大学与武汉理工大

学的正式合作关系，邀请德国海德堡大学著名教授来校举办学术讲座并探讨合作。

守为师之道，做青年学生的引路人

亲其师才能信其道。作为人民教师，向剑文始终坚持立德树人，既做知识的传授者，又做塑造学生品格、品行、品位的"大先生"。

向剑文非常注重培养学生的科技创新素质和服务国家战略意识，带领学生聚焦科技前沿。其课题组团队指导学生科技创新团队荣获湖北省网络空间安全实践能力竞赛一等奖、全国大学生信息安全竞赛二等奖、第四届可信系统及其应用国际会议（DSA 2017）最佳研究论文奖、第三届全国密码技术竞赛三等奖、第二届全国研究生移动终端应用设计创新大赛三等奖、湖北省大学生信息技术创新大赛本科及研究生云计算创意方案一等奖。在参与第三届湖北省网络安全事件能力竞赛备赛过程中，面对168支参赛队伍的比拼压力，面对华科、武大团队均有网络空间安全学院和专业的优势，团队师生夜以继日地在实验室调试参数、编写程序，最终以总分领先第二名50多分的好成绩独占鳌头。

在指导硕士研究生学习的过程中，向剑文特意将自己办公室用隔间的方式放在了学生的实验室中，方便随时解决学生各类问题。除了对学生的课业指导外，他还非常关注学生的情绪压力和心理健康，在新生入学以及毕业生论文答辩等关键节点，定期与学生谈心谈话，深入了解他们的所思、所忧、所盼，做学生成长路上的知心人、热心人和引路人。"向老师不仅是我们传道授业解惑的良师，更是我们可以讲真话、交真心、诉真情的知心朋友。"软件工程专业2016级硕士生方舒说道。

向剑文不仅在教学科研中兢兢业业，还身体力行地传播向上向善精神。在学校"颂师德·诵经典"活动中，他携家人和学院师生一同参与录制的视频故事荣获网络人气作品第一名。向剑文还作为"计算机人的故事"首场报告的讲述人，分享自己的故事。"向教授没有一点架子，十分亲切，故事里的'细节决定成败、读万卷书、行万里路、学会提问、勇于质疑'的精神给了我们很大的触动和启迪。"软件工程专业2017级硕士刘浪说。

功成不必在我，功成必定有我。出"功成"之力，而不求"功成"之誉。优秀共产党员向剑文用行动诠释了我校教学科研工作者的精神品格与责任担当。他们潜心耕耘、忘我奋斗，以丰硕的科研创新成果和卓著的教书育人成效融入科教兴国伟业，书写了心有大我、至诚报国的动人篇章，折射出武汉理工科教工作者的品质之美、优秀共产党员的精神之美！

来源：武汉理工大学新闻网 2019 年 6 月 30 日

邹斌：传知识，教做人

在第十一届"恩智浦"杯（原"飞思卡尔"杯）全国大学生智能汽车竞赛总决赛上，我校汽车工程学院"武汉理工信标一队"以25.7秒的优异成绩将全国一等奖收入囊中，在此次比赛学校4支获全国一等奖队伍中，3支队伍的指导老师是我校汽车工程学院硕士生导师——邹斌副教授。

十年执着　攻坚克难

邹斌对智能小车比赛有着本能的热爱，一直从事汽车电控方向的研究。2006年，邹斌带着胡杰等三名学生参加第二届"飞思卡尔"杯全国大学生智能汽车竞赛，那是我校第一次参加此类智能车大赛。此后，邹斌便带着一届又一届的学生参加比赛，在指导学生科技创新的道路上一走就是十年。

"其实智能小车很有意思，就像小时候玩的玩具一样。很多同学学习工科也是为了圆儿时的一个梦。"对于智能小车，邹斌有说不完的喜爱。

参赛最初的几年，由于经验不足，取得的成绩平平，只是进入了地区赛。

邹斌动摇了，但是经过几番思想斗争他还是坚持了下来。作为指导老师，他很明白，比赛不仅可以帮助同学们实现儿时的梦想，更是一个将课堂知识运用到实践中的平台。而给越来越多的同学提供一个研究智能车的平台，是他一直以来指导学生参赛的动力。

在指导学生比赛时，有一个难题困扰了邹斌很多年。多年下来，他发现很多学生在单片机等硬件基础应用的掌握上花费了大量时间精力，而学生们设计的程序都比较简单，不能适应比赛多变的环境，也不能切实地解决问题。其实，在准备比赛的过程中，同学们应该把更多精力放在控制算法的研发而不是工具性软硬件的应用上。在他看来，"解决问题的能力比硬件使用能力更加重要"。结合每年的参赛经验，经过几年的思考和调整，他借鉴汽车工业中车用控制器软件架构AUTOSAR的思路，指导同学进行开发平台建设，减少重复劳动。这样，硬件使用不熟练就不会成为学生设计算法程序的绊脚石，学生有更多的时间和精力去解决实际问题。就像一群不会"打字"的同学在"写文章"，邹斌带他们跳过"练习打字"的环节，直接进入"有纸笔写文章"的步骤，最后再处理"打字"，就不会因为不会"打字"而耽误"写文章"了。

2006年到2016年，从参加第二届智能车大赛时三个人的队伍和只进地区赛的成绩，到今年四支队伍共12人获得三个国家一等奖、一个华南赛区一等奖，邹斌付出了很多，也得到了很多。

"那年为了准备比赛，除了上课，老师都陪着我们在学院七楼写程序、做实验、准备比赛，每天都到晚上11点，有时候，吃和睡都在那儿，就这样持续了几个月。"邹斌所带的第一届参赛学生胡杰（现汽车工程学院副教授）至今记忆犹新。

2016年年初，邹斌的二女儿刚出生，但当时学生团队正进行"数据采集"，时间很紧，邹斌中午也不休息，晚上很晚才回家，对工作的认真态度让学生刘康很是感动。

十年的坚持，邹斌指导的队伍共获得八次全国一等奖、两次国家二等奖、两次省级一等奖、两次省级二等奖的"丰厚战绩"。

教研相长 传承创新

"授人以鱼不如授人以渔。"邹斌从事高等教育十余年，总结出一套教学方法：启发互动，学生为主。

在指导学生做科研的时候，邹斌总是根据学生的特点、兴趣、项目的发展前景等帮学生定好大框架，并充分尊重学生的意见，他说："学生有兴趣，做起来才有动力。"邹斌从不用自己的思想左右学生们的研究，但会帮助学生分析他们所研究的项目，用他的话说就是"是什么、为什么、做什么"。在这种教学方法下，他所指导的学生能明确科研方向，充分发挥主观能动性，自主探索未知领域。

除了尊重学生的意见，他也时刻关注科技发展，帮助学生运用前沿科技解决实际问题。随着时代的发展，科技创新日新月异，邹斌带领的学生团队多年来从参加校赛到参加省赛，再到国赛，获得了越来越多的荣誉，除了历年经验的积累，还离不开科技创新的帮助。指导学生参加智能汽车大赛的过程中，邹斌发现同学们大多将赛车所有部件做好后才进行测试，这不利于整个赛车系统的并行开发。而基于模型的设计开发流程，其开发过程分解为若干个可以并行开展的环节，并且各个环节都可进行验证，效率高、可靠性强。邹斌将其应用到自己无人驾驶汽车的研究中，并向智能汽车团队推广，同时在课堂上也向同学们介绍这种开发流程的优势，让同学们充分了解高效的开发方法。

邹斌在指导学生科技创新的同时也不忘传承，在他指导下参加智能汽车大赛的学生对此深有体会。除了亲自指导，邹斌经常让参加过比赛的上一届学生指导下一届的学弟学妹们，传授比赛经验。在十一届智能车大赛中获得电轨组和节能组国赛一等奖的张艳松，至今对指导过他的陈贵宾学长心怀感激。"当时学长就跟我说，要设置更多的速度档位，防止比赛时小车不适应赛道。"不光是经验，很多之前比赛的材料、物资都完好地保存在实验室里供日后参赛使用，如电流源、电钻、曾经参赛的小车等。张艳松、李伟、冯松等参加过智能汽车大赛的学生每次提到保留的代码等资料时，都引以为傲并打趣，"邹教授祖传代码"非常珍贵。

亦师亦友　引领成才

在学生们的眼里，邹斌没有一点架子，圆圆的脸，一笑就眯起来的双眼让人觉得分外亲切。车辆工程1307班刘召栋回忆道："当我们遇到比赛失利或者面试不顺等情况时他都会安慰我们，让我们平静下来继续努力，也时常教我们做人的道理。"

在第十届"飞思卡尔"智能汽车大赛校赛中，陈贵宾组的成绩不理想，邹斌安慰他们："压线也是有希望嘛，不要放弃，放松心态等通知就好。"在第十一届的比赛中，得知对手与自己实力相当，参赛队员们压力很大，蜂鸟队成员在实验室连续几天熬夜改善小车，邹斌劝他们注意休息："参加比赛一定要放平心态，不要太在意结果，不然会适得其反。"一直以来，邹斌都把关心学生当作老师的基本责任。"我是他们的指导老师，我的责任不仅仅是要指导学生参加比赛，更要关心学生的心理健康，帮助学生培养面对得失成败的正确态度。如果学生因为比赛而产生心理阴影，那就得不偿失了。"曾经获得第十一届国赛一等奖的刘召栋对邹老师教他们尊重对手的话语记忆犹新。在比赛中经常有一些细节可以压制对手，然而邹斌不允许学生这么做，他跟学生们强调，通过细小处妨碍对手，"那是对其他队伍的不尊重，也违背了比赛的初衷"。

在带领学生做项目时，邹斌不仅仅局限于项目的进度以及成果，更注重对学生综合能力的培养。他时常教育学生要锻炼自己同时处理多种事情的能力，并形象地打比方："知道 windows 系统为什么会取代 dos 系统吗？因为它可以同时处理多个任务。"在指导学生做项目或写论文时，他教学生要分阶段努力，设定小目标，这样不仅能提高成就感，还不容易感到疲惫厌烦。

邹斌"传知识，教做人"的成才教育，培养了一大批汽车人才。他带领的科技创新团队学生，90%都获得了保研资格。他的研究生杨虎更是在全球领先的汽车市场电子与技术供应商德尔福公司参与电控系统的研发，他的工作能力和为人处世深得领导好评。他带的第一届参赛三人组成员之一——胡杰，现为我校汽车工程学院副教授，主要研究方向也是电控相关。

来源：《武汉理工大学报》2016 年 11 月 10 日

杨姗姗：用爱心播种大山深处的希望

在石榴花盛开的5月的一天，记者随同调研小组驱车近一小时来到了丹江口市习家店镇，据说现在这条路是不久前才开通的。此前，从丹江口市到习家店镇要两个多小时的路程。来到学校，见到了此行的主人翁——习家店镇中学英语教师杨姗姗。她给记者的第一印象是声音悦耳动听，举手投足间充满着朝气与活力，脸上总洋溢着微笑。

"只要学生喜欢就行了，到哪儿都是教书"

杨姗姗出生在荆州一个普通的农村家庭，父亲是当地村支书。从小她就对农村有一种特别的情怀，这也养成了她纯朴踏实的性格。2011年一个风清气爽的秋日，一个极平常的日子，从武汉理工大学外国语学院研究生毕业的杨姗姗却面临着一个重大的人生抉择，是到边远的山区农村工作，还是到省会武汉上班。面对这一难题，耳边有两个声音在反复回响。爸爸说："待在大城市吧！有高工资又清闲，你到底是咋想的，就是想当老师也不一定非得选择那么远的乡下啊……"已在武汉工作的男朋友说:"确实有点远,但不管你怎么决定,我都没意见。"在杨姗姗心里,她从小就觉得教师是一份很光荣的职业,也盼望自己能有一天站在三尺讲台上教书育人。就这样,为了追求自己的梦想,也为了实现自身的价值,她义无反顾地选择了离家300多里的贫困山区——鄂西北边陲丹江口市习家店镇中学,当上了一名普通的山村教师。她身边的人对她的这个选择多数不理解,而她却说:"只要学生喜欢就行了,到哪儿都是教书。"

"决不当逃兵,在这儿跌倒就从这儿爬起来"

从小在江汉平原长大的她来到山区面临着各种不适应,晕车、水土不服、听不懂当地方言等诸多考验,她都一一咬牙坚持下来了,因为她知道,既然选择了来到这偏远山区,就要做好吃苦的准备。

作为丹江口市义务教育阶段的唯一一位研究生,市教师招聘且以免笔试、面试第一的骄人成绩来到丹江口市习家店镇中学的杨姗姗却怎么也没想到,初来乍到现实就给了她当头一棒。至今她还清楚地记得自己上的第一节英语课。课堂上,她小心翼翼,用最慢的英语口语和最简单的肢体语言开始讲授新课,没人应声。她用普通话提问,没有学生举手。她让学生自学,更没有学生动起来,就这样上完一节课。面对此景,教研室组长尚长波安慰她说:"你不了解这里的学生,他们对教材理解还不透彻。"听到这些,她泪如泉涌,哭了个稀里哗啦。哭完,她对自己说:"我会是个好老师,决不当逃兵,在这儿跌倒就从这儿爬起来。"

从此在教学上,杨姗姗谦虚多问,每个教学丰富的老教师都是她学习取经的对象。"这里的老师很好,虽然他们的学历不高,但教学经验却让我非常佩服。我向他们请教,他们都倾囊相授。"她回忆自己的学习历程时这样说道。

针对山区学生英语基础较差的特点,杨姗姗逐步形成了自己的一套教学管理方法。在她的办公桌上有一个杯子,那是专门为被她请进办公室的学生准备的。一杯暖心的开水便在心里拉近了她与学生的距离,六年间她已记不清为学生倒过多少杯开水了。渐渐地"开水老师""水杯老师"的戏称也在学生和同事间流传开来。

担任班主任后,她每天清晨带领学生晨练,午饭后到班辅导,晚自习后到宿舍查看学生的就寝情况。为摸清孩子在家里的学习生活情况,家访更是她必修的课程。她说她喜欢和学生在一起,只要跟学生在一起,心里就有满满的激情,就有说不完的话。

    在学生家长眼中,这位杨老师是孩子们心目中最喜爱的老师,因为他们听到孩子们说得最多的一句话就是:"我最喜欢的老师就是杨老师,她最好!"简短而质朴的语言是学生对杨姗姗任教6年来最好的肯定。

"学校发展很快,学生的素质一年比一年好,我对未来充满了信心"

    经过六年的成长与蜕变,她已经从一位刚走出校门的学生成长为校学科带头人,2016年成为学校最年轻的中学一级教师;她所带的第一届学生在当年中考中取得了英语单科年级第一的好成绩;先后两次获得丹江口教研室举办的课改展示课和优质课竞赛一等奖;2016年12月被习家店镇政府推举为丹江口市人大代表并出席第十八届人民代表大会;2017年4月被习家店镇政府推举为十堰市道德模范敬业奉献模范……面对取得的成绩和获得的荣誉,她觉得这一切都是自己应该做的,与学校领导和同事,还有她的学生对她的支持与鼓励分不开。看着自己带出的两届学生,大部分考上了高中,还有一部分考入了重点高中,她感到满足与高兴。同时她对家人也心怀愧疚,尤其是对4岁多的儿子。为了全心全意投入工作,儿子不到4个月就被留在丹江口市的爷爷奶奶家,每周只能等到双休日时才能尽两天当母亲的责任;孩子第一天上幼儿园是爷爷奶奶送的,幼儿园组织的活动也总是缺席;孩子生病时更不能在身边照顾他……好在她所带的班上的孩子们都很懂事,让她感到一切付出都是值得的,自己的选择是正确的。

    转眼间,杨姗姗来习家店镇中学已经六年了,按照规定,她可以返回丹江口市城区任教,家人也劝她早点离开。可杨姗姗却说:"不,我喜欢这个地方,喜欢这里的孩子!"这里的一山一水、一草一木都早已融入了她的生命,就这样,她选择了继续留在山村。她开心地告诉记者:"这几年由于国家对山区教育的支持,学校发展很快,学生的素质一年比一年好,我对未来充满了信心。"

因为生活的艰辛,她曾犹豫过是否离开;因为孩子们的渴望,她坚定了留下的信念。杨姗姗用自己辛勤的付出托起了孩子们的希望,用自己的情怀感染着每一位学生,培育了一批又一批的学子走出大山。

来源:《武汉理工大学报》2017 年 7 月 10 日

八、潜心科研　服务社会

交通学院、航运学院：港珠澳大桥背后的"理工力量"

10月23日上午，全球最长跨海大桥——港珠澳大桥全线贯通。历时8年建设，创造7项世界之最，拥有400多项新专利，被誉为"21世纪第八大奇迹"，举世瞩目的大国工程背后，凝聚了无数科研工作者的智慧与劳动者的汗水。值得所有武汉理工人骄傲的是，从隧道线路选址，到隧道的控制性工程隧道沉管关键技术，再到隧道通车后的航运安全，我校科研团队全程参与，为国家工程的建成贡献了"理工力量"。

航运学院科研团队：
提出线路选址建议方案　为工程建设保驾护航

港珠澳大桥位于我国"四区一线"的珠江口水域，该水域船舶流量大、种类多，高速客船航线多、航路错综复杂，台风、雷雨、寒潮、大雾等恶劣天气频发，通航环境极其复杂。工程论证启动伊始，面临的首要问题便是选址。

早在2008年年初，我校航运学院便接受了港珠澳隧道工程的选址、建桥期间乃至运营后的船舶通航安全管控等工作的研究。此次工程所在海域是世界上航运最繁忙的海湾之一，工程的施工及建成后势必对航运造成一定影响，因此在选址阶段就需要考虑怎样才能尽量减少甚至避免海湾内诸多港口的损失。为解决这个难题，我校航运学院甘浪雄教授团队成立专题研究小组，与设计师们积极沟通，并屡次前往实地考察。通过大量的模拟实验、数据分析、理论计算，甘浪雄教授团队在2008年3月提出了港珠澳大桥的具体线路选址建议方案，并通过了专家学者的专业评审。

港珠澳大桥工程建设周期长、工程量大、施工船舶多，且横跨珠江口香港侧航道、龙鼓西航道、伶仃航道等多条重要航道，大桥建设水域海事监管涉及粤港澳三地四方海事机构，协调事项多，工作量大，水上交通安全监管工作尤为特殊且艰巨，大桥建设水上交通安全管理工作面临严峻的形势和挑战。受中交公路规划设计院有限公司、广东海事局、港珠澳大桥管理局以及大桥主体工程单位的委托，航运学院郭国平教授团队参加了一系列专题的研究，分析大桥建设对通航环境及通航安全的影响，提出制定通航安全保障措施，为大桥建设期间通航安全管理提供了科学的参考依据。

研究过程中，我校航运学院师生不畏辛苦，逐一解决大桥建设期和运营期水上交通安全、施工安全和大桥自身安全难题，维护珠江口水域水上交通安全形势持续稳定、解决海事监管难题，提高工程建设通航安全管理水平等难题，为国家级超级工程建设保驾护航。

交通学院科研团队：解决沉管难题　为通车奠定坚实基础

为了给珠江口这条世界上最繁忙的航道让出通道，港珠澳大桥主体工程中有6.7公里采用海底隧道。这是迄今为止世界最长、埋入海底最深（最深处近50米）、单个沉管体量最大、使用寿命最长、隧道车道最多、综合技术难度最高的沉管隧道。该隧道与东西两个人工岛一起，被称为港珠澳大桥核心控制性工程，也被称为交通工程中的"珠穆朗玛峰"。港珠澳隧道总工程师林鸣最初考虑与国外公司进行技术合作，2011年，在与荷兰一家公司进行技术合作商谈时，对方提出了1.5亿欧元（折合人民币15亿元左右）的天价，远远超出了工程预算。我方选择与技术公司进一步协商，在谈判的最后对方给出了9亿元的最低价格，但这仅仅是咨询服务费，不包括技术转让、不负责安装。天价技术指导费让林鸣总工程师选择自己率领团队攻关国内零基础的相关技术难题。荷兰人曾当面断言："我不相信你们做得了这件事。"

我校交通学院吴卫国教授团队师生勇攀高峰，承担了该项国家科技计划课题的研究工作。为保证沉放过程中管节的结构安全以及沉放驳上人员的生命安全，需对整个沉放过程进行模拟试验。我校为此项目专门搭建了沉管实验室，首次采用大型拖曳水池进行1∶40的沉管管节安装过程的物理模型试验，实现了"沉放驳—管节—基槽（假底）"一体化模拟试验。为在拖曳水池中准确模拟风、浪、流载荷作用下管节在复杂海床结构中的寄放、沉放试验，研究团队还创造性地提出了基于相对运动概念的拖曳试验方案，虽然这一方案加大了试验的难度和强度，但提高了试验的可靠性和精度。

经过夜以继日地反复测量，交通学院研究团队在实验数据的误差中发现了一个致命的漏洞：由于水面下可能存在涡流，一旦涡流产生，缆绳之间的作用力就可能变得非常大，极有可能发生绷断事故，对船员生命安全及国家财产都会造成极大的威胁。为了解决这个难题，课题主持人吴卫国教授精心安排，将交通学院不同专业的教授、博士、硕士分成各研究小组，分工明确又互相配合，定期组织交流会进行研究讨论。但经过交流会上数小时的分析讨论后，工作有时原地踏步甚至是倒退，师生们常常觉得受挫又茫然。然而，服务国家重大战略需求的责任感和使命感激励着他们不断试错、不断前进。一次次讨论与思想碰撞，一次次修正观点与思路，最终，经过几个星期的辛苦鏖战，施工难题终于取得突破性进展。

考虑到种种限制条件，研究团队将工程分为三个部分：第一为沉管的浮运工作，由一艘预警船、两艘备用船、五艘拖拽船共八艘船只合力完成，两艘备用船为可能发生的意外做准备，预警船航行在前为前方安全做保障；第二为沉管的等待工作，沉管在静止的槽底水面区域保持稳定以等待校准；第三为此次工作的核心即沉管的沉放，经过反复试验，团队将误差保持在了2.6mm之内，为工程的顺利实施做了最全面的保障。最终，我校交通学院师生团队出色完成了这项世界级难题，为港珠澳大桥顺利通车奠定了坚实的基础。

港珠澳大桥正式通车运营后，我校刘敬贤教授又组织航运学院、交通学院、能源与动力工程学院相关科研团队积极参与了桥隧安全保障的国家重点研发计划工作。"大国重器必须掌握在自己手里"，港珠澳大桥的顺利建成离不开我校科研团队的努力，他们根据工程建设的需求开展多项技术难题攻关，为大桥建设提供了强有力的技术支撑。他们以刻苦钻研的科学精神、兢兢业业的工作态度，勇攀科学高峰，助力国家前行。

来源：武汉理工大学新闻网 2019 年 1 月 3 日

麦立强：纳米世界逐梦人

麦立强，材料学院学科首席教授，博士生导师。在瞄准纳米材料，推进新能源创新发展，在实现梦想的道路上，麦立强教授从未止步，从2001年到2016年，15年不断追寻。他说："既然选择了，就要坚持不懈地走下去，我要尽自己最大的努力攻克难关。"

追求卓越　坚定报国志向

近年来，随着新能源研究的不断深入，纳米技术在提高能源利用率、节能环保、新能源开发，特别是在可再生能源利用中的作用逐渐显现出来。对纳米能源材料与器件领域的研究，不仅带来科学上的创新，同时也对能源高效利用和节能减排有着重要意义。

麦立强教授长期从事新能源纳米材料与器件研究，开创性地发展了一系列性能优化技术，有效推动了世界范围内纳米储能材料与器件的发展及应用。他被誉为纳米能源材料研究的新秀，也是国内纳米能源材料与器件研究领域的代表人物之一。

2001年，麦立强在我校攻读博士学位，其间他的课程成绩优秀，综合测评全校第一。博士毕业时，麦立强陆续收到美国、澳大利亚等著名大学和研究所给予的奖学金和高薪聘请他做学术研究的邀请函，面对众多机会，他毅然选择了为母校效力。

2006年，31岁的材料学院副教授麦立强受邀前往美国佐治亚理工学院纳米科学和技术中心做访问学者。访学期间，他与合作者成功完成纳米器件组装和电池性能测试，并从本质上揭示了材料优化的机理和规律，为纳米线电极材料及纳米器件的应用开发奠定了基础。该成果刊登在国际《先进材料》上，这是我校首次在该刊物上发表论文。

2008年，经王中林院士推荐，麦立强到美国哈佛大学化学与化学生物系做高级研究学者，师从世界纳米材料的先驱、美国科学院院士查尔斯·李波（Charles Lieber）教授。在这期间，针对电化学能源领域容量衰减快的问题，麦立强率先提出了设计组装单根纳米线电化学器件原位研究容量衰减机制，得到了查尔斯·李波教授的肯定和赞赏。

经过1000多个日夜的不懈努力，实验终于取得重大突破，他设计和制备出了国际上第一个最小的、仅用单根纳米线作为工作电极的全固态电化学器件，刷新了世界纪录。

2010年9月，他的研究论文发表在国际著名期刊《纳米快报》上，并被Nature亚洲材料网站和德国Nanowerk网站专题报道。很多世界500强企业和一流的科研院所向他伸出了橄榄枝，他们开出诱人的年薪，并许诺配备完备的实验室和高额的科研经费，但是都被他婉拒了。在服务国家和个人利益的天平上，他毅然选择把所学知识贡献给祖国和母校，在中国的舞台上逐步实现自己的科学抱负。

求实创新　坚持科研梦想

在麦立强的积极推动和中美双方协商下，2009年，武汉理工大学与哈佛大学合作成立武汉理工大学—哈佛大学纳米联合重点实验室，查尔斯·李波院士受邀担任实验室主任，麦立强教授担任执行主任，这是全国高校中仅有的一个与哈佛大学共建的纳米实验室。

实验室成立后，麦立强和他的团队开展了大量研究，取得了突破性的成果。他在《自然·通讯》《美国国家科学院院刊》等国际著名刊物上发表SCI

收录论文150余篇，影响因子9.0以上论文54篇，30余篇论文被选为期刊封面，承担国家杰出青年基金、"973"课题等项目20余项，获发明专利40项，得到多位国际权威学者的高度评价。据统计，麦立强在钒系纳米线领域的论文数及被引数均居世界首位，其中15篇论文入选ESI近10年前1%高引用论文，1篇论文被选为ESI热点论文。他是国家杰出青年基金获得者，入选国家百千万人才工程、科技部中青年领军人才计划，并被授予"有突出贡献中青年专家"荣誉称号，获中国青年科技奖、第十一届光华工程科技奖、湖北省自然科学一等奖。他还获得了湖北省青年五四奖章及"湖北省优秀归国留学人员""科学中国人年度人物"等荣誉称号。

　　实验室现有学生70余名，其中来自法国、巴基斯坦等国家的留学生5名，已指导研究生60余名。2009年成立至今，成功举办了第十届中美华人纳米论坛、第一届中法先进材料研讨会等重要会议。今年6月，还将与Nature、Nature Materials、Nature Energy等期刊共同举办"自然"能源材料国际会议。

　　科研之路没有捷径可走。一系列成果的取得，离不开坚韧不拔的毅力和通宵达旦、呕心沥血的付出。在实验的关键时期，麦立强在实验室里一待就是几个月，他放弃了所有节假日休息，年加班时间近千小时。麦立强说："是我的祖国、我的母校培养了我，我只有努力做得更好，才对得起一直关心与帮助我的人。"

　　为了紧追国际高水平能源器件的步伐，麦立强带着实验室的科研团队对钒系纳米线动力电池的放量生产进行深入探索，建立了产业研发基地。2012年，麦立强作为创始人，推动成立武汉理工力强能源有限公司，建成单次百公斤级钒系纳米线正极材料中试线，率先实现了新型高性能钒系纳米线动力电池的批量组装，有效推进了钒系纳米线动力电池产业化进程，使我国在纳米新能源产业中的国际地位大幅提升。

以身作则　坚守育人使命

　　麦立强教授始终把"站好讲台"作为立身之本，以培养人才为己任。对麦立强的学生们而言，麦教授既是科研路上的导师，更是人生路上的导师。实验室里的不少学生都是在大一的专业材料导论课上与麦教授结识的。"他的课从不照本宣科，在讲授中融入了很多最前沿、最权威的纳米知识和自身的科研经历。"

麦立强说，自己选拔成员的第一原则是人品。人格健康发展，业务学习扎实，这样的学生，不管以后走到哪里，都能撑起一片天。作为教师，他要求自己的学生在科研上要有独到的见解，要诚实、坚持原创；在科研之外，他注重学生的全面发展，组织开展各种文体活动，鼓励学生劳逸结合。

对教学科研的严谨态度以及宽容谦逊的人格魅力，吸引了一批又一批优秀学生加入。袁润章奖学金获得者、哈佛大学联合培养博士生徐林，牛津大学博士生吴一民，袁润章奖学金获得者、日本东北大学博士生韩久慧，中国青少年科技创新奖获得者郭万里，2012年大学生年度人物赵云龙等，都是从他的团队走出去的学生。学生们说："任何时候我们找麦老师，他都不会说自己忙。他不仅是我们的老师，也是我们敬重的好大哥。"

巴基斯坦籍留学生阿米尔可汗（Khan Mair）在一次国际学术会议上听了麦立强的报告后，当即表示要跟着麦教授攻读博士学位。他从美国一直追到武汉，在麦立强的推荐和学校的帮助下，阿米尔拿到国家留学基金委的留学生奖学金，如愿考入我校。去年年底，国际著名期刊《自然—通讯》发表了以阿米尔可汗为主要完成人的论文，几位国际审稿人对文章做出了高度评价。

在纳米这个微观世界里，麦立强教授正带领着他的科研团队继续攻关，努力将纳米技术发展到极致。他坚信：在未来的科学领域，中国学者一定能成为最前沿的专家，引领时代。他正迎着这曙光，奔向更远的目标！

来源：《武汉理工大学报》2016年5月20日

潘牧：科学研究与科技成果转化之路的坚守和热爱

小小一片膜，改变大世界。这片膜叫"膜电极"，好比计算机的CPU（中央处理器），是燃料电池产生电化学反应离不开的核心部件，是武汉理工大学潘牧教授团队开发的具有自主知识产权的燃料电池膜电极产品。

潘牧，武汉理工大学首席教授、湖北省燃料电池重点实验室主任、材料复合新技术国家重点实验室副主任，从教33年，做燃料电池科技成果转化19年。从"跟跑者"到"同行者"再到"领跑者"，经过19年的不懈努力，潘牧带领团队开发的具有自主知识产权的燃料电池核心组件膜电极（CCM/MEA）制备技术享誉国际，成为武汉理工大学科技成果转化的成功典范。

从开设第一门燃料电池基础课到膜电极研发成功的先行者

氢能以其他能源无法比拟的清洁环保特点，以及可以完全替代石油、煤炭等传统石化能源的优点，被越来越多的国家看好。随着丰田的"未来"燃料电池车的横空出世，全球各大汽车厂商纷纷推出燃料电池汽车的量产车型，我国各大汽车厂家和大型国家能源骨干企业也开始介入氢能燃料电池领域。

2000年，基于学校材料与汽车学科优势，新能源研究成为学校材料复合新技术国家重点实验室的重大任务，老校长袁润章率先垂范，带领潘牧等一批实验室科研人员启动燃料电池研究项目。

要做好，就得研究这方面的核心技术；要研究，就要培育这方面的学科基础。当时学校没有涉及燃料电池基础学科电化学方面的研究，潘牧便开启了先自学再教授的模式，自学的教材是新中国成立后电化学的主要奠基人、第一届"中国电化学成就奖"的获得者、中国科学院院士、武汉大学教授查全性老先生编著的《电极过程动力学导论》。起初，对全靠自学的潘牧来说是有难度的，"越有难度的东西，就越得花力气去学，你会发现最后的收获比你想象的多得多"，潘牧就是凭着这一股子执着，把教材慢慢吃透、弄通之后，在研究生中开设电化学课程，学生用的教材是在《电极过程动力学导论》的基础上结合学生需求进行注解之后的版本，至今电化学这门课程都是学校的热门必修课。

具备扎实的理论基础后，武汉理工大学"燃料电池"项目组正式成立。2004年，在科技部"863"计划支持下，潘牧团队开展"CCM"型膜电极的研发。2005年年初，由查全性老先生牵头，中国工程院院士衣宝廉、清华大学教授欧阳明高、同济大学教授余卓平、中国汽车技术中心教授级高工王秉刚等7名专家组成的专家组对学校"燃料电池关键材料和核心技术"项目进行评审，认为武汉理工大学对燃料电池关键材料和核心技术进行科技攻关的方向符合我国科学发展规划和战略思考，建立的燃料电池多项、多尺度、动态复杂系统理论框架的学术思路具有创新性和新颖性，对于知识创新、技术创新和人才培养都是十分有益的。此次"权威级"评审，让学校燃料电池项目团队在国内燃料电池研究领域占据了重要地位。

经湖北省教育厅、科技厅批准立项建设和验收，湖北省燃料电池重点实验室在武汉理工大学成立，潘牧为实验室主任。实验室主要开展高性能质子交换膜、高效持久催化剂及其载体、CCM的低成本制造技术、高性能低成本气体扩散层和双极板的研究；燃料电池系统集成与耐久性研究；燃料电池基础理论与计算机模拟研究。

2006年，潘牧团队"CCM"型膜电极研发成功，其具有完全自主的独立知识产权。这款"CCM"型膜电极具有低贵金属用量、高电输出性能的特点，现在已成为燃料电池车的标配。

从科技成果转化不被看好到国际认可的探索者

一开始，大家都不相信"CCM"型膜电极会有市场，认为它实现不了科技成果转化。

"没有人信，我们就让他相信；没有市场，我们就去寻找市场。"潘牧坚信技术过硬的产品一定会得到认可。凭着这股坚定的信念，潘牧带领团队摸索市场，找公司对接。功夫不负有心人，很快，他们找到了一家美国的公司，对方表示愿意试一下他们的产品，没想到这一试，迎来了膜电极产品的"新时代"。

这款"CCM"型膜电极产品于2007年获得美国燃料电池备用电源公司的认证，并得到美国专业律师事务所关于知识产权的认定，成功打入美国市场，标志着潘牧团队"CCM"型膜电极成果转化之路取得阶段性胜利。

2008年至2012年，这5年间科技部与湖北省人民政府会商，支持潘牧团队研发我国第一条"CCM"型膜电极自动化生产线。此项研发突破了纳米材料高均匀分散、柔性薄膜材料无损夹持、牵引精密运动控制，以及疏松脆性、多孔GDL材料夹持及精确对位三大关键技术难题，研发了7台关键装备，建立了我国第一条"CCM"型膜电极自动化生产线，单班年产能力达到80万件，使我国与美国、英国和德国等技术先进国家同步，成功掌握"CCM"型膜电极的连续化制造技术，打破了发达国家对这一核心材料制造技术的垄断，引起了国际燃料电池产业界的高度重视。

2009年，美国杜邦公司对全球膜电极市场的调研报告中，将潘牧团队实验室确定为全球膜电极研发重要单位，是中国唯一的全球六大膜电极供应商之一。

"氢能和燃料电池产业，前途肯定是光明的，但道路又是曲折的。"潘牧说。

2009年，受金融危机影响，美国在燃料电池方面政策的调整，让燃料电池置身于很低的地位。在这样的大环境下，国内燃料电池市场也受到了很大影响。产品销售不理想、核心技术人员跳槽、资金紧缺等一系列问题，成了潘牧当时的实际困难。"还要不要继续，到底该怎么继续"成了潘牧团队开始担忧的问题。"我们有这么好的技术，一定会重新迎来好的风口。"

好的风口离不开有心的人。从当初实验室的研究课题组到如今的研发团队，潘牧每年都会用一种特殊的方式树立团队的"文化自信"：为团队写一封"新年致辞"，总结过去的一年团队取得的进步，谈谈下一阶段将要研发的新目标和新挑战，这一写就是十多年。

好的风口离不开执着的人。2011年上海汽车集团和2012年德国大众，分别对世界各大膜电极供应商产品性能进行测试评价，潘牧团队膜电极产品在受邀行列，测试公开的结果均表明，潘牧团队自主研发的膜电极产品性能达到国际领先水平，这无疑是给潘牧团队打了一针"强心剂"，让他们专注做好科技成果转化这件事的决心更加坚定。

如今，潘牧团队的膜电极产品又相继拓展到德国、法国、韩国等20多个国家和地区，特别是最近两年成功在美国燃料电池物流叉车和我国燃料电池商用车上得到应用，用户累计达到100家，累计销售膜电极150万件。

科技成果转化路上初心不改的攀登者

从点亮灯泡的10瓦小电堆开始，到驱动高尔夫球车的5000瓦燃料电池，到装载25千瓦燃料电池的楚天1号燃料电池轿车在天安门广场亮相，再到燃料电池核心零部件膜电极技术的开发成功，如今，武汉理工大学开展燃料电池技术研究也跨入了第19个年头，这19年来，潘牧团队有成功也有失败，回忆起初心，潘牧眼神坚定地说："共产党人坚定的信仰、科研人员的情怀、克服困难的勇气，是我们能坚持下来的动力和决心"。

"做科技成果转化是一条非常艰辛的路，但做科技成果转化的人都很有成就感，因为这是一种高度认可。一个技术从实验室到市场，其实中间隔得很远，技术开发成功是关键，但市场的认可才是成功。"潘牧说。

为提高技术的创新力，团队核心技术人员已扩充至30人，研发的产品寿命不断提升，而铂用量反而从每平方厘米0.8毫克降到每平方厘米0.4毫克，下一步将降到每平方厘米0.2毫克，潘牧团队在燃料电池技术的高峰上不断攀登。

为提高产品竞争力，团队不断优化工艺，制定全套作业指导书，并在国家科技支撑计划项目的支持下，将膜电极从最初的单片生产升级到卷对卷自动化生产，建成了国内首条膜电极自动化生产线。

跟潘牧"一路打拼"过来的团队核心成员田明星说："这两年团队取得的成绩让我们十分欣慰，这十几年的付出终于得到了更多的认可。但过去十年，是非常艰难的，我们的成功很大程度上取决于潘老师非常'重'的事业心，'重'在过去的十几年，不管业务发展得好与坏，他都能秉持初心，专注做好这一件事，这份对事业的坚守和热爱不是一般人能做到的。"

现在，潘牧团队获得了国家越来越多的科技计划支持，在收获荣誉的同时，他们也清醒认识到竞争越来越激烈，国际对手纷纷进入中国，国内新的挑战开始涌现，但他们致力于成为燃料电池核心部件与技术引领者的初心没变，对科研的情怀没变，对做好科技成果转化这份事业的坚守与热爱没变。

习近平总书记在2018年两院院士大会上指出："要加大应用基础研究力度，以推动重大科技项目为抓手，打通'最后一公里'，拆除阻碍产业化的'篱笆墙'，疏通应用基础研究和产业化连接的快车道，促进创新链和产业链精准对接，加快科研成果从样品到产品再到商品的转化，把科技成果充分应用到现代化事业中去。"

近年来，学校对接国家重大战略需求、区域经济社会发展需求和行业转型升级需求，以知识创新为基础、以技术创新为重点、以成果转化为突破口，促进重大科技发明和专利成果向社会生产力转化。以潘牧为代表的一批科研工作者正在科学研究与科技成果转化的道路上不懈奋进，从先行者到探索者再到攀登者，不断抒写着武汉理工大学科学研究与科技成果转化的新篇章。

来源：武汉理工大学新闻网 2019 年 12 月 17 日

黄福志：把太阳能"印刷"成电能的攀登者

"习近平总书记在联合国大会上宣布中国将力争在2030年前实现碳达峰、2060年前实现碳中和。在这个背景下，作为廉价清洁能源领域的翘楚，钙钛矿光伏技术的研究意义更加凸显。如果能走出实验室、走上生产线，我们的用电成本将大大降低，有利于我们实现'碳中和'的目标，同时也保障了我国的能源安全。"近日，国际著名学术期刊 Science 发表了我校材料复合新技术国家重点实验室太阳能电池研究成果，黄福志老师作为该篇论文的唯一通讯作者接受了记者的采访，讲述 Science 文章背后的故事。

黄福志，2015年5月进入武汉理工大学材料复合新技术国家重点实验室工作，发表高水平论文140多篇，入选 RSC 英国皇家化学学会能源与可持续大类期刊2019年全球 Top 1% 高被引作者，目前主要研究方向包括钙钛矿太阳能电池产业化、光伏制氢以及柔性电子等。

"把科研论文写在祖国大地上才是最有意义的"

黄福志于1995年考入北京大学化学与分子工程学院攻读学士、硕士，毕业后他赴澳大利亚墨尔本大学攻读博士，在莫纳什大学从事博士后研究。

2004年秋，当走进澳大利亚莫纳什大学程教授办公室的时候，他没想到此生会与太阳能电池结下不解之缘。

"染料敏化太阳能电池利用二氧化钛纳米颗粒作为光阳极，可以通过卷对卷印刷制备，成本低廉，有望走进千家万户。"随着程教授的介绍，黄福志也深深地被染料敏化太阳能电池所吸引。这小小的二氧化钛纳米颗粒居然能够源源不断地将太阳能转化为电能，还不会像传统能源那样产生巨大的污染，这是真正有前途的清洁能源！"我们做科研的，最终还是要落实到应用，真的能对社会做出贡献，而不光是弄出几篇文章。"程教授简朴而有力的话语深深触动了黄福志，这句话也成为黄福志数十年如一日专心致志做研究的动力源泉。

经过持续的耕耘，他们发现在固态染料敏化太阳能电池基础上发展出的钙钛矿太阳能电池，是更适合印刷制备的最理想的光伏技术。2015年，为了更好地实现钙钛矿太阳能电池产业化，一直被黄福志视为"科研领路人"的程教授选择回到武汉理工大学。此时的黄福志和家人已在澳大利亚生活多年，孩子也早在澳大利亚入学，如果此时回国，一切都要重新开始。可是为了能够持续完善钙钛矿光伏技术，将之真正推广到家家户户，从而实现"将科研论文写在祖国大地上"的科研初心，黄福志没有丝毫犹豫和踟蹰，他毅然决定举家回国。"虽然当时只是作为一个没有任何'帽子'的普通研究者回国工作，但是只要能够持续推进钙钛矿光伏技术研究，为祖国、为社会的发展尽自己的一份力，也值了！"回忆起当时的选择，黄福志毫不后悔。

回国后，学校和材料复合新技术国家重点实验室迅速帮他们组建了团队，短短的几个月时间就建好了实验室、购置了各类研究所需的器件制备和表征仪器。"国内的效率非常高，更让我惊叹的是我们国重的行政人员。我们在做研究的过程中基本感受不到他们的存在，可需要帮助的时候他们却时刻都在身边，默默地为我们提供支撑和服务，这为我们专心开展研究提供了非常好的环境。"黄老师由衷赞叹。

"我只想把更多的时间花在科研攻关上"

科研人生征途漫漫。在"冷板凳"上钻研"热课题"，这是科技攀登者的写照。胸怀祖国、造福社会的执着以及对科研的真挚热爱支撑他们排除一切干扰，甘于寂寞地探求真理。

　　回国后，黄老师及团队成员希望集中力量，尽快攻克技术难题、推进科研进度。然而，钙钛矿太阳能电池虽然具有光电转换效率高、制备简单、成本低廉等优势，但由于钙钛矿光伏是一个新兴技术，有很多科学问题尚未明晰，如钙钛矿成核结晶生长过程不可控，容易形成枝状晶体，导致电池组件性能偏低，这显著制约了钙钛矿太阳能电池的大面积制备和产业化发展，所以实验效果始终与预期存在一定差距。

　　与此同时，黄福志面临的境遇更增添了几分生活的考验。孩子对国内教育环境不适应，家中至亲又相继因病去世，科研进展也不如预期中顺利……多方压力接踵而来。黄老师坦言："那是一段非常艰难的日子。当时很多人跟我说，要多出去开会，让更多的人认识自己。可是时间非常有限，我还是想将更多精力投入科研攻关中，最重要的还是要做出成果，所以我每年只参加一次会议以便了解领域进展。"

　　经过一段时间的努力，黄福志及团队制备的小尺寸钙钛矿电池（PSC）光电转换效率已经达到国际领先水平，进而着手将小电池制备成大面积组件。这一过程主要利用 slot-die coating 法（狭缝挤出涂布法），像"印报纸"一样快速印刷制备钙钛矿薄膜。

　　当时实验室只有一台小型的 slot-die 刮涂机，精度和稳定性无法满足基本制备需要。团队原本打算购买国外进口的高端精密 slot-die 刮涂机来实现大面积薄膜制备，通过多方考察后确定采购美国一家公司最新型的精密稳定狭缝涂膜设备，但对方提出了300多万元的报价，成本远高于预期，而且精密高端设备的采购周期长，时间紧、任务难，如果不马上解决设备问题，那么制备高效稳定的大面积钙钛矿组件、推进钙钛矿产业化将只能沦为空谈。

　　为了解决这个问题，太阳能电池团队最终决定自行设计组装一台精度高、运行可靠的 slot-die 刮涂设备！黄福志带领团队师生对 slot-die 工艺涉及的理论知识进行深入钻研，对刮刀、垫片、气刀等关键部分进行重新设计，找到国内的工厂进行高精度加工，并在实验过程中对设备不断改良升级。经过近两个月的鏖战，终于设计搭建了一台能够达到使用需求的高精度设备，为大面积钙钛矿组件效率不断攀升、重复性大幅度提升打下了坚实的基础！

"科学精神最重要的就是严谨和钻研"

高水平成果的产出需要长时间的科研积累和沉淀，这不仅要求科研工作者具有准确把握领域内科学发展前沿趋势的能力，更要具备打破砂锅问到底的精神以及不计名利与得失的胸怀。

2019年，黄福志及团队终于攻克了大面积制备的主要难点，取得了重要进展。然而，又一个抉择出现了。由于钙钛矿领域发展很快，是赶紧把论文写出来，抢占先机尽快发表，还是持续深入完善整个技术？黄福志思索再三，认为当时还有部分问题没有完全弄清，器件效率和稳定性还可以进一步提升，因而他选择继续深入开展研究。

时间的积累总是会在某一时刻闪耀出独特的光彩。又经过一年半的艰苦努力，黄福志及团队终于完善了整个技术并在2021年春节将研究成果投递到 Science 杂志。很快便收到 Science 的回复，两名审稿人给出的评语都是"非常出色的工作。"文章经一次修改后被顺利接收。黄老师回忆道："Science 的收刊过程非常复杂，审稿人也是非常严苛。如果2019年我们就匆匆撰写文章投稿，虽然也很有价值，但不予采纳的可能性也很大，就不会有这次这么顺利。"

梅花香自苦寒来，多年的艰难前行与拼搏努力，化为今日的累累硕果，纵然有收获的喜悦，更多的还是水到渠成的平静。"这是一个漫长的历程，但是这是必需的历程。"黄福志说。当记者问到他如何理解科学精神时，他脸上多了几分庄重与严肃："我理解的科学精神的核心就是钻研与严谨，只有具备钻研精神才能发现问题，只有保持严谨才能正确地解决问题。"

"钻研已经是黄老师的一种习惯。"太阳能电池团队的钟杰老师笑称黄福志是团队的灵魂人物，"黄老师待人真诚又负责，有很强的个人魅力和团队凝聚能力。他的钻研精神表现在工作、生活和学习的方方面面，对我影响最深刻的是就连帮我修电脑这类小事他都仔细研究，争取做到一丝不苟，让人非常感动！"

作为黄福志的学生，2019级硕士研究生田聪聪对黄福志阐述的科学精神更有切身的体会："黄老师的言行时刻诠释着钻研与严谨，科研攻关的过程中，黄老师始终与我们一起待在实验室，为了一个实验数据和结果的完美呈现，经历千万次的失败和试错。当我们遇到任何问题时，不管黄老师有多么忙碌，他总会耐心细致地为我们答疑解惑。"

"像我这样的老师还有很多"

Science 上发表的成果，代表了该领域的国际前沿水平，是科研工作者及团队站在学术前沿、面对重大问题进行脚踏实地的工作的结果。对此，黄福志非常谦逊，他说他只是武汉理工大学一名普普通通的科研工作者。"像我这样为了科研理想踏实努力攻关的老师还有许多，我相信每一位理工大的科研工作者都能做出属于自己的成绩。"

如他所言，与黄福志同在太阳能电池团队的李蔚老师也是这样。他所研究的钙钛矿电池的 TEM 表征属于冷门方向，做的人很少，而钙钛矿电池是一个热门领域。看着周边年轻学者纷纷发表 *Science*、*Nature* 子刊论文，李蔚始终坚持自己的想法，认为钙钛矿电池 TEM 研究将会对钙钛矿的科学认识起到至关重要的作用，所以他选择六年如一日扎根钙钛矿电池的 TEM 表征研究，最终在今年取得了突破性进展，研究成果发表在国际能源顶级期刊 *Nature Energy* 上，获得了钙钛矿领域的认可，在 TEM 方向树立了自己的标签。

十年磨一剑，霜刃未曾试。材料复合新技术国家重点实验室还有许多老师同样具备"十年磨一剑"的科研攻关精神。唐浩林老师十几年如一日，埋头于燃料电池膜电极的研究，最终攻克了膜电极的难关，很多公司纷纷找上门寻求合作；常柏松老师默默无闻地钻研自己的课题，最终研究成果被 *Nature* 子刊 *Nature Biomedical Engineering* 接收……以这些优秀年轻教师为代表的广大教师勇于创新、甘于奉献、集智攻关、追求真理，坚定不移地通过创新寻求突破，化不可能为可能，为国家战略提供科技支撑。

材料复合新技术国家重点实验室党总支书记罗小寒表示，经过30余年的发展，材料复合新技术国家重点实验室"坚守初心、矢志创新"的精神文化一直引领着一代又一代有志青年投身科研、接续奋斗，他们胸怀祖国、服务人民的爱国精神，勇攀高峰、敢为人先的创新精神，追求真理、严谨治学的求实精神，淡泊名利、潜心研究的奉献精神，集智攻关、团结协作的协同精神，甘为人梯、奖掖后进的育人精神深深地感动、激励着广大科研工作者，也要求我们在党和国家深入实施科教兴国战略、人才强国战略和创新驱动发展战略的新时代背景下，以识才的慧眼、爱才的诚意、用才的胆识、容才的雅量、聚才的良方，放手使用优秀青年人才，为青年人才成长铺路搭桥，为青年人才施展才华提供更多机会和更大舞台。

志之所趋，无远弗届；穷山距海，不能限也。在忙碌的武汉理工校园中，以黄福志为代表的一大批科研工作者瞄准世界科学前沿和国家重大需求，传承科学家精神，以顽强的探索精神、宽广的学术视野，持之以恒地向"光辉的顶点"前行。新时代科技浪潮激荡澎湃，相信会有越来越多的理工学子不负时代使命，跑出前瞻性基础研究、引领性原创成果的"加速度"，为国家和人民做出新的更大贡献！

来源：武汉理工大学新闻网 2021 年 7 月 6 日

尤雅：锁定"钠"些事儿

从美国回来一年多了，尤雅时常翻看导师古迪纳夫（Goodenough）为她修改的论文，导师逐句手写勾画。

美国得克萨斯州大学奥斯汀分校教授古迪纳夫，54岁时开启锂离子电池研究，成了"锂电池之父"，90岁之后开始研究钠离子电池，97岁时获得诺贝尔化学奖。

"导师马上99岁了，仍然工作在科研一线。"85后姑娘尤雅从2012年读博士期间开始研究钠离子电池，如今是武汉理工大学材料学院博导。研究步入第10个年头，她说事业"才刚刚起步"。

锂电池，对许多人来说并不陌生，1991年在日本实现商业化后，已被广泛应用于全球电子产品及新能源汽车等领域。但锂资源储量有限，且70%分布在南美洲，我国80%的锂资源依赖进口。可否开发出一种新型材料电池，摆脱对锂资源的依赖？

2010年，22岁的尤雅从山东大学材料学院本科毕业，来到中国科学院化学研究所深造，师从郭玉国研究员。在选择研究方向时，尤雅注意到，钠资源储量丰富、分布广泛、成本低廉。在老师的鼓励下，她将目光锁定在了钠离子电池的研发上。

在工作原理上，钠离子电池与锂电池基本相同：依靠钠离子在正负极之间可逆脱出与嵌入，实现能量存储与输出。听起来简单，要想攻克其中的关键技术，并非易事。

正极、负极、电解质是组成电池的三大核心材料，正极材料决定着电池的性能和成本。首先，怎样找到便宜、性能又好的正极材料，是亟待解决的问题。

当时，国内有关钠离子电池的研究刚刚起步，课题组里，也从来没有人涉及过该领域。尤雅没有被困难吓倒，她整天泡在实验室，与导师讨论实验方案，加班加点开展实验，反复论证实验结果，最终，开发出一类具有大的储钠空间的普鲁士蓝类正极材料，并首次提出了其"（准）零应变"特性。在此基础上，尤雅进一步展开系统研究，于2015年获得了博士学位。

彼时，美国得克萨斯州大学奥斯汀分校材料研究所关于新型二次电池的研究全球领先。这一年，尤雅来到美国，从事博士后研究。

初来乍到，她第一感觉"有点失望"。学校的实验设施等硬件条件并不如国内的一些研究所，有的仪器数量有限，使用时需要排很久的队。但很快她就被实验室开放的学术氛围、导师的学术热情折服了。

"导师很勤奋，与学生之间的沟通也非常顺畅。"让尤雅敬佩的是，古迪纳夫每天清晨7点就到达办公室，周末有时还会将工作带回家。只要不是特别忙，他办公室的大门永远敞开，学生有疑问随时可以来讨论，即使是初阶的问题也没关系。他告诉学生，"nobody knows everything（无人知晓所有事）"，并谦虚地表示，交流时自己也是在向同学们学习。

这也启发了尤雅，要勤于思考，敢于探析与质疑，勇敢地去做有开创性的工作，在这个过程中，保持对学术的追求与热情。

博士后期间，尤雅致力于开发研究如何让钠离子电池具备更高能量的密度与更长的使用寿命。她不断学习理论知识，提升实验技能，提出了对电极材料体相和界面的双重稳定机制，开发出在高压4.5V下仍能稳定工作的电极材料，并在材料、化学等领域的国际高影响力学术杂志上发表了多篇论文，获得了同行的肯定与广泛引用。

科研之余，尤雅结交了许多留学生朋友，领略了多样的异国文化。但她发现，最好的朋友还是中国的同胞，大家喜欢的聚会与消磨时间的方式，依然与在国内时相同，最爱吃的食物是中国菜，最想念的是祖国的亲人。"身处异国他乡，内心还是缺乏归属感。"

2019年6月，武汉理工大学材料科学与工程国际化示范学院向她抛出了橄榄枝。尤雅没有犹豫，选择回国。

"只要年轻人愿意干、有冲劲想干，学校就会尽其所能地支持，校园实验用地已经很紧张了，还为我配备了一处约90平方米的实验室。"实实在在、高效的行动让尤雅备感温暖。学校还开通绿色通道，3天内帮她办好了入职手续；两天后，办公室也装修完毕。

作为锂离子电池的有益补充，未来，钠离子电池有望在低速电动车、电网储能等领域获得应用，为我国的能源安全提供保障。"虽然经过10年发展，我国钠离子电池研发水平已走在世界前列，在一些核心材料体系上拥有独立自主的知识产权，但在国际上，竞争仍十分激烈。"尤雅深感时间紧迫。

入职武汉理工大学后，尤雅迅速组建起了科研团队，仅用两个月的时间，就搭建起一套完备的集材料合成制备、器件组装表征、性能测试于一身的实验平台。随后，她带领团队继续致力于提升钠离子电池综合性能、使用寿命等方面的研究，并积极推进科研成果的转化。

尤雅延续了在美国时加班加点的工作状态，为了赶进度，工作到凌晨是常态。"可能我比较幸运，做的是自己喜欢的工作，这样容易沉浸其中。"

与古迪纳夫一样，她也尽力去营造开放的交流氛围。学生张丽晓记得，老师对实验要求高标准的同时，总是鼓励大家要善于找到领域内的"痛点"，科研是点滴积累、水滴石穿的过程，"锁定了方向，就要持之以恒为之努力"。

来源：《中国青年报》2021年2月8日

王涛：立志"把太阳穿在身上"

"15年前初出国门，英国等国家在科研实力上确实比中国强很多。"当年，25岁的王涛到英国萨里大学攻读软凝聚态物理博士学位，在实验室里看到的仪器等科研设备，包括实验室的先进管理经验，都让王涛感到震撼。

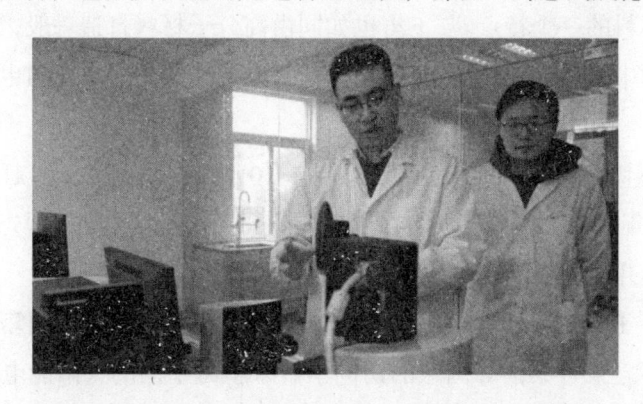

在拿到博士学位，经历两所名校博士后工作后，王涛于7年前回国担任武汉理工大学材料科学与工程学院教授，也见证了中国科研综合能力的快速提升。

"选择出国只有一个念头，就是出去学习提高自己。"王涛说，在英国时，海外的导师、朋友经常会问自己回不回国这个问题，王涛每次都会坚定回答"一定回国"。

回到国内的王涛，感受到了学校对人才的尊重：科研平台一切按照先进水平规划，科研经费支持到位，确保了实验室在材料合成与器件制备等各个研究方向都有空间发挥。

如今在王涛课题组300多平方米的实验室里，各类前沿仪器一应俱全。

地球围着太阳转，万物生长靠太阳。王涛的研究瞄准了太阳，向太阳要能量。他的研究方向具体涉及有机、无机半导体材料构筑的光伏太阳能电池和发光器件，他是一名"追光者"。

据介绍，在人类利用太阳能的各项技术中，太阳能电池在当前已获得广泛应用。找到一种成本低、效率高、柔性好的新型有机材料，研制出新一代太阳能电池，是世界各国科学家孜孜以求的目标。

王涛想到了有机高分子材料，因为基于此材料作为光敏活性层的有机太阳能电池具有低成本制备、柔性、半透明甚至全透明等优点。

在王涛看来，有机高分子材料韧性好，对做研究、做人来说也具有启发性。

"遇到问题要有韧性，能够吸收冲击，把冲击和压力转化为动力，这也是高分子材料的一个特点。"王涛也如同由高分子材料打造一般，善于从失败的科研经历中发现问题。"有时候把为什么失败弄清楚，离成功也就不远了。"他说。

王涛感慨，在有机太阳能电池领域，10年前的中国处于追赶国际前沿的状态。近5年以来，中国已经走在了世界前列，在国际上处于领先地位。在这背后，离不开中国科研工作者们"夸父逐日"般的执着和努力。

如今，王涛的实验室团队已有30人左右，不仅吸引了英国籍博士后前来工作，更不乏来自泰国等国家的访问学者来学习中国的太阳能电池制备相关技术。

实验室的吸引力，来自"硬核"的实力：王涛实验室的有机太阳能电池的最高转换效率已经突破18%，达到世界领先水平。

王涛说，希望再经过3年到5年的时间，通过对新的有机材料进行精细微观结构调控，进一步提高转换效率和电池寿命。

"下一步，我们希望制造出平民价格的便携式充电产品，实现把太阳能发电装置穿在身上的愿景，影响改变大众生活方式。"王涛信心满满地说。

面向未来科技的星辰大海，王涛满怀憧憬：把太阳能电池材料做成半透明状贴在窗上，让一部分光透过窗户，还可以起到发电的作用；设计出更多平民价格的卷轴式充电宝、更加大众化的便携式可穿戴太阳能产品……

来源：新华社客户端2021年2月4日

九、爱岗敬业　笃行担当

学校派驻石泉帮扶工作队：
在大山深处下好定点帮扶的"精准"功夫

秋雨秋景秋意浓，如今的石泉秋色美如画。

沿汉江上溯，万山错综，河流密布。石泉县依秦岭而傍巴山，地处秦巴腹地、汉水之滨，这个曾经的国家秦巴连片扶贫开发重点县因为是南水北调的涵养地，不能发展工业，且山高谷深、地处偏远、交通不便，一直存在贫困体量大、贫困程度深、脱贫难度大、返贫风险大的状况。

2019年，我校接到作为中央单位定点帮扶陕西省安康市石泉县的任务。这是一项重大政治任务，学校充分发挥组织优势、科技优势、资源优势和校友优势，组织精干力量参与定点扶贫石泉县工作，圆满完成"六个两百"的

定点扶贫年度工作任务。

2020年2月,石泉县正式退出贫困县行列。已在石泉县挂职近两年的李兴峰和郭建平两位帮扶干部表示,这不是一个终点,也不意味着扶贫事业可以一劳永逸。当下,石泉县正在探索脱贫攻坚与乡村振兴的有效衔接,如何把学校人才、教育以及科技优势转化成乡村振兴的引擎和动力,探索出具有高校特色的产业帮扶路径与模式,是两位派驻帮扶干部牵挂的大事。

摸清"家底"和"心底",扶贫更有底

脱贫攻坚涉及面广、关联性强、"硬骨头"多,需要切实做好调查研究。开对"药方子",才能拔掉"穷根子"。

因为时常走村入户,质朴轻便的运动鞋便成了两位派驻帮扶干部的工作标配。深入老百姓的家中,走进贫困户的田间地头,了解他们的每个困难所在,并且针对不同的问题、不同的困难、不同的现状建档立策,这是两位派驻帮扶干部的日常。他们说只有吃透"精准"二字,才能把握群众诉求,才能真正实现知民情、解民忧、纾民怨、释民惑、暖民心。

2020年6月8日,李兴峰到熨斗镇熨斗中心小学了解到孩子们最紧迫的需求是图书,他马上着手联系,一个、两个、三个……60余天,20个教学班图书角在熨斗镇中心小学建立起来了。走访江南中学时,得知师生迫切希望在课堂教学中应用信息技术,他及时协调学校帮扶资金的使用方向,帮助江南中学建成了占地面积81平方米的录播教室。在李兴峰眼里,扶贫必扶智,让贫困地区的孩子们接受公平、有质量的教育,是阻断贫困代际传递的重要途径,是扶贫开发的重要任务。

郭建平到中池镇堰坪村担任驻村第一书记时,尽管早有心理准备,但那里的艰苦程度还是超乎了他的想象。堰坪村由原大堰村与五坪村合并,原大堰村属中高山村,原五坪村属浅山地貌,全村贫困总规模127户318人。"您家几口人?身体如何?家庭收入呢?有没有外出打工的?喝的是不是自来水?每个月吃药花多少钱?看病花了多少钱?报销后自己还要掏多少钱?有没有孩子上学?上的什么学校?教育补贴款每年给多少?帮扶责任人经常来吗……"为全面掌握贫困户基本情况,郭建平和工作队成员一遍又一遍走进9

个村民小组，与127户贫困户促膝谈心，调查了解家庭收支与家中困难、需求、期望等情况，发现问题并及时制定帮扶措施。

聚焦基础，做好关键处的"精准"文章

贫有千种，困有百样。脱贫攻坚不仅是硬任务，也是技术活，打赢脱贫攻坚战，决不能奢望"一个方子治百病"，必须倾注工匠精神，下足"绣花"功夫，做好"精准"文章。

郭建平把抓党建作为驻村工作的第一要务，坚持以党建凝心聚力，很快完善了"三会一课"等党建工作制度。他个人出资购置报刊架，购买《人民日报》《陕西日报》等，和村里党员干部一起学习。他还组织驻村工作队、村两委在主题党日、脱贫攻坚研判会、支部组织生活上，集体学习习近平总书记关于扶贫的重要论述和习近平总书记视察陕西重要讲话精神，和驻村工作队队员、村两委一道，牢记职责使命，切实增强脱贫攻坚的思想自觉和行动自觉。

"党课我们愿意听，但是希望能更接地气。"村里的党员们表达了自己的想法。于是郭建平在党课的形式和内容上动脑筋，尽量把党史学习教育抓好抓活，讲农村党员容易懂、看得着、乐意听的内容，让党课更有"味道"，更加深入人心。

乡村的美好生活离不开民俗和文化的滋养。郭建平和村两委从加强乡村文明建设入手，积极开展新民风建设，组织开展"道德评议""文明家庭""好婆婆、好媳妇""十星级文明户"等评选，积极和村干部一起走院串巷、敲锣喊话，做到"丧事简办、喜事缓办"。一系列宣传教育，有效"扭转"了一些"不良风气"，村民思想风貌有了明显进步。

"我们小学虽然偏远，但我们的教师认真研课，娃娃们都好学有礼，非常希望大学多给我们爱心和帮助。"中池镇中心小学校长程贤勇这样说道。郭建平与学校现代教育技术与服务中心联系，争取帮扶项目，现代教育技术与服务中心为中池镇小学和堰坪村委会捐赠电脑50台，为中池镇中心小学装配了一个现代化的新机房。电脑课成了全校娃娃最喜欢上的课，娃娃们学得很认真，连平常调皮捣蛋的孩子好像也一下变得懂事了。

对村里的几个集中供水点，郭建平和村干部们总是感到焦心。经常有村

民反映水量小、水体浑浊、水不够吃等情况，而安全饮水又是关乎人民健康的重点工作，郭建平和村干部们专门花时间把村内所有供水点做了一次集中排查。针对管道较细、有的地方破裂等问题，他们组织党员干部齐上阵，大家既当水工，又当泥工，对出水点进行开挖整修。经过努力，终于顺利恢复了村内供水，保障了村民日常用水的正常供应。

修路建桥，是摆脱贫困需要解决的难题。堰坪村刚开始只有一座小桥通往外界，交通不大方便。当时花了很大力气招商来的"水色田园、中池花海"田园综合体，需在迎池河上架一座桥与对面的三级公路连接；同时，位于河两岸的城镇社区、堰坪村，也需要用大桥连接来促进中池镇的现代集镇建设。经过认真考察，郭建平和李兴峰把建设"中池堰坪大桥"的想法向学校领导做了汇报。2020年8月，校党委书记信思金带队到石泉县考察建桥现场，对于捐建"中池堰坪大桥"事宜给予了肯定，大桥顺利开工并预计于今年12月底顺利通车，堰坪村的发展即将进入"快车道"。

谋划长远，寻求乡村振兴"金钥匙"

乡村振兴，产业振兴是关键！2021年是"十四五"规划开局之年，也是全面推进乡村振兴开局之年。

"兴峰，现在需要发挥你们的优势，帮县里解决一件比较紧急的事情！"

"什么事？"

"帮助制定县里的'十四五'发展规划。"

这是2020年7月份时任县长周耀宜给李兴峰布置工作的对话。李兴峰积极联系学校经济学院寻求专业支持，同经济学院教授刘树林、余谦带队的10人调研团队深入石泉县工业集中区，到企业现场、工农业基地、生产车间、镇村一线调研，摸清了当地经济发展的优势和不足。经过近一年的努力，刘树林教授团队编制的石泉县《经济技术开发区"十四五"发展规划》《"十四五"工业经济发展规划》《"十四五"富硒产业发展规划》通过了专家评审，成了石泉县"十四五"工作的重要指引。李兴峰还邀请工业园区建设经验丰富的校友樊卫平同石泉县经开区负责同志深入交流，为经开区的建设发展贡献好思路和好建议。他还积极对接西安校友会，联系中华慈善总会向石泉县教体科技系统捐赠了价值3000余万元的爱心物资。

"石泉县经开区作为安康市唯一的省级经济技术开发区，可以建一个科技成果交流中心，推动当地主导产业的转型升级。"今年4月，李兴峰同再度造访石泉的刘树林教授进行深入交流。方向确定之后，他马上向石泉县工业集中区党工委书记黄冬梅谈了自己的想法，黄书记极为赞同，主动提出在即将建成的创新中心设置300平方米的办公场地。在充分调研汇报之后，建设"科技成果交流中心"一事获得学校支持。今年7月，校领导一行再次到访石泉县，在经开区进行了实地考察。随后，占地300平方米的"武汉理工大学石泉科技成果交流中心"正式开工。与学校共同帮扶堰坪村的安康市科技局副局长谢勇了解到"科技成果交流中心"建设一事，主动提出要参与中心建设，并初步达成学校与安康市科技局、石泉县共建"武汉理工大学石泉科技成果交流中心"的意向。

"科技成果交流中心"将立足石泉、面向安康，着眼中长期经济发展需要和省级经开区建设目标，围绕智能制造、新型建材、汽车零部件、富硒产业、生物医药等产业企业发展需求，组织相关兄弟高校、校友企业、帮扶联盟单位协同发力，为石泉县和安康市的经济高质量发展注入科技动力。

"产业活起来，农民才能富起来。"近年来，堰坪村被石泉县先后确定为"农旅融合示范村"和"乡村振兴示范村"。郭建平与村两委一道积极践行"绿水青山就是金山银山"的发展理念，深挖农耕文化及江南特色民俗文化，探索休闲观光体验生态产业，努力实现生态与经济"双赢"。经过学校设计研究院的规划设计帮扶，堰坪村以"中池花海"项目为带动，实施连片土地集约经营，大力发展莲花山花果园建设项目。目前该项目已流转土地500余亩，完成10200株车厘子苗木栽植，预计3年后挂果投产，5年进入丰产期，年产值预估达到400万元，真正通过壮大集体经济帮助村民增收致富。同时，该项目还引进籽可榨油的特种南瓜与车厘子进行套种，带动了村民就地务工就业。

"十四五"开局之年，堰坪村抢抓机遇推进农村产业革命，引进经营主体建设高标准蔬菜保供基地，拟建特种设施果蔬大棚80亩、滴灌喷洒系统50套、果蔬保鲜冷库100平方米、果蔬加工车间300平方米，该举措将有力推动乡村振兴发展，搭建设施农业交流、合作的大平台，打造具有本地特色和影响力的设施农业示范生态基地，形成陕南设施农业的一张闪亮名片，申报的

《以生态文明为牵引，深化教育赋能助力，争创新时代乡村振兴示范村》获教育部直属高校服务乡村振兴创新试验培育项目立项。

　　堰坪村的农副产品线上销售工作在学校经济学院的支持下，已经开发设计出较成熟的电商营销平台，最近又在学校南湖大创园申请获批了办公场地，准备安排在校学生的互联网+团队入驻，着力探索高校电商扶贫的新模式。

　　在精准帮扶上出实招、下实功、见实效，李兴峰和郭建平的工作得到了当地党委、政府和广大干部群众的高度认可。2021年6月，"武汉理工大学驻石泉县帮扶工作组"先后获得"陕西省脱贫攻坚先进集体""石泉县社会扶贫帮扶先进集体"荣誉称号，两位挂职帮扶干部获评"石泉县社会扶贫帮扶先进个人"荣誉称号。教育部网站、人民网、新华网、光明网等媒体先后专题报道我校定点帮扶石泉工作。

　　金秋已至，硕果渐成。两位挂职帮扶干部扎根基层、苦干实干、主动作为的精神也得到学校师生的充分肯定。校党委副书记王乾坤指出，脱贫摘帽不是终点，而是新生活、新奋斗的起点，实现乡村振兴没有"局外人"，人人都有责任。两位帮扶干部打好脱贫攻坚战的背后是全体理工人携手同心、合力攻坚的信念和担当。在国家开启实现第二个百年奋斗目标的新征程上，学校将以共同的使命和责任，举全校之力、聚各方资源，凸显高等教育优势、注重发展质量、激发内生动力，为巩固拓展脱贫成果，助力乡村全面振兴，加快建设社会主义现代化国家做出更大贡献。

来源：武汉理工大学新闻网 2021年11月3日

靳敏：为学生爱心"引路"十三载

只为一个3分钟的发言，走出校园6年多的宜昌青年检察官邹南专门请假赶到武汉，准备在学校召开的靳敏老师事迹座谈会上，讲讲这位点燃自己青春梦想的辅导员。此前的一次座谈会，甚至有毕业多年的学生坐飞机赶回来。

13年里，靳敏在武汉理工大学文法学院辅导员的岗位上送走了数以千计的毕业生，也让走出校园的"邹南们"难忘师恩，"靳姐的事，走多远都想回来"。

13年里，当过团委书记、评上了副教授，靳敏却多次放弃转岗机会，在这个"学生头"的岗位上乐此不疲，"辅导员工作是值得倾注一生的爱去经营的事业。"她说。

看过大学里发生的极端案例，而今已小有成就的创业者陈志高多少有些后怕——如果不是遇到靳老师，自己也许会堕入深渊。

2005年，自幼家庭残缺、出身贫苦的陈志高跨入大学校门，但他性格孤僻，不爱与人交流，成绩也不理想，一言不合就与室友大打出手。同学们异样的眼光让他陷入了自闭困境，夜里常常一个人在校园里孤独地行走。

第一次来寝室看陈志高的靳敏老师直接就被拒之门外。这个比他大不了多少的女老师没有放弃，她陪他逛公园，邀他到家里做客，还请他担任自己办公室的助理。

渐渐地，靳老师发现陈志高读书多、文笔好，一下找到了"突破口"，鼓励他发挥特长，支持他和同学创办"鉴湖论坛"，并四处奔走，为他申请下全校第一个完全由学生自主打造的"百家讲坛"。

陈志高的校园生活一下变得明媚起来，他逐渐找到了自信，交上了朋友，还考上了研究生。

回忆这段改变了自己人生的时光，他无限感慨："教育应该就是一个灵魂唤醒另一个灵魂。靳老师对我这个'问题学生'没有丝毫反感，始终平和温暖地影响我。"

在靳敏老师看来，"问题学生"也个个都是宝贝，每个学生身上都有闪光点，只要用心发掘，都会变得与众不同。

性格内向的小邹在她的鼓励下成长为年级助理，毕业后当选为某地首届青年政治学院院长；曾因心理疾病而饱受折磨的小柳，在她的不断激励下顺利完成学业，还在武汉成立了爱心家教中心，把爱传递给更多的孩子……

说起靳敏，曾经的学生、如今的同事汪茜，印象最深的就是靳老师办公桌上的那盏台灯。

学生活动结束时经常已是晚上10点多，但学生们每次路过靳敏的办公室，总看到她的那盏台灯还亮着。

这盏台灯伴随着靳老师收获了国家级、省部级课题近10项，在核心期刊发表论文15篇，获得国家留学基金委青年教师骨干计划资助在美国访学一年……

当辅导员的13年里，她所带的学生累计获得全国大学生广告大赛国家级、省级奖项30余个，全国英语大赛奖项15人次；仅她带的2005级、2009级本科班，就被授予校"标兵班级"和"优秀班级"荣誉称号31次。

靳敏在学校首创"辅导员工作坊"，为学生"量身定制"个性化辅导。每周固定两个下午与学生谈心，学习方法指导、职业兴趣探索、寝室人际关系处理、情感问题疏导、困难学生帮扶、组织比赛申报项目……一个个为学生量身打造的专题，引导同学们走好大学每一步。

她还和同事研究开发了"启航计划"，这种集"生涯唤醒""朋辈行""创新实践""领导力""就业竞争力"等项目于一体的大学生思想政治教育模式，在全校得到了推广。

专业的背后是爱的力量。

2005级的陈默然大二时萌生了创业的念头。靳老师得知其想法后，几次和他深聊，帮助他分析市场、研究产品、探索模式，并把自己身边的资源都介绍给他。

2007年春节，陈默然创业受挫，无奈之下打通了靳老师的电话。了解情况后，靳老师不顾雪天路滑，只身从外地开车赶回学校开导他，并自掏腰包拿出1万元资助他。

那一幕至今留在陈默然记忆深处：靳老师下车后远远地就和自己招手，路上太滑，她一下摔了跤，但又重新爬起来走到自己面前，她脸上温暖的笑容似乎能融化整个冰雪世界。

"很多人关心你飞得有多高，但是总会有人关心你飞得多累，靳老师就是后者。"陈默然说。

有同学临近毕业患上腰椎间盘突出症，需卧床休养，靳老师就给他煲汤、送饭、做心理辅导……毕业多年，走过几个城市，这位同学无论搬到哪里，都要带上当时靳老师送饭用的饭盒。

"学生需要我在哪里，我就在哪里，这是辅导员存在的价值体现。"在靳老师眼里，辅导员早已不是一份工作，而是一项事业。

杜宸昊忘不了大二时参加学校的红歌比赛，一时间找不到合适的总指挥，靳老师自荐担任起了这个角色，天天带着刚上幼儿园的儿子到学校排练，"到最后，靳老师的孩子都可以模仿靳老师的手势，和我们一起把歌唱下来了"。

有的学生临近毕业在校外醉酒，晚上12点，靳敏一个人无法将学生带回学校，常常打电话叫来爱人，将学生送回寝室。她的爱人也经常参与学生活动，以至于被称为"兼职辅导员"。

在一次全国辅导员工作会议上，听到武汉理工大学学工部副部长李潮欣介绍靳敏老师的情况，来自各地的同行都很感慨：能在辅导员岗位上干这么多年，不容易。

李潮欣直言，与教学岗位相比，辅导员招聘门槛相对低些，但节假日加班多，要求处理问题的能力强，不少年轻毕业生将这个岗位当成进入高校工作的"跳板",往往干几年后就转岗,流动性也较大,"靳敏十余年如一日,评了副教授还在坚守,令人敬佩"。

"走得远的永远是道而不是术,能够穿透一切的就是爱。教育如果没有爱作为基础和支撑,是不可能把事情做好的,教育的道就在于爱。"从辅导员一路走过来的学工部部长王世杰感慨道,辅导员是在校学生和学校之间的桥梁,"靳老师能够赢得学生发自内心的尊敬,就是爱的力量"。

来源:《中国青年报》2016年3月27日

尹为民：坚守初心躬耕校园　三十七载服务育人

"美丽校园"是学校"魅力校园"建设规划的重要内容，也是"文化校园"建设的主题之一。37年来，有这样一位园林人，始终坚持和校园里51种，面积总计14万多平方米花草树木交朋友，和水运湖、青年园、桃李园、梅园、桂园等11处园林景观打交道，以"一湖一池一园一线"式的"花园校园"建设为蓝图，与所有校园建设者一道为师生提供怡人舒心的教书育人环境。他，就是校园中一名坚守初心的普通园林绿化师——尹为民。

"祖国的改革建设需要园林绿化的人才"

尹为民在余家头校区从事园林绿化工作已有三十七载，他坚守初心、辛勤耕耘，获得了各方的好评，还在2016年荣获"湖北省高校后勤园林绿化工匠"称号。

尹为民从小就对花草植物很感兴趣，但他走上园艺这条路并不仅仅是因为自己喜欢。"当年，我学的这个专业在全国只有3所院校开办，在当时可是个新潮的专业。"20世纪50年代，随着国家经济的复苏，城市园林绿化也进入有计划、有步骤的建设阶段。尹为民想，随着城市建设进程的加快，园林绿化将会是城市建设中的一项重要内容，祖国建设需要这方面的人才，于是他义无反顾地选择了园林绿化专业。

1982年,从武汉市园林技工学校毕业后,尹为民就进入学校从事园林绿化工作。"园林工作和农民这个职业有点像,与农民不同的是,我们劳作的对象是花草树木,所以有时候园林工作者被人称为'城市农民'。刚入行那会儿,很多人都不理解,但是能用自己所学的专业知识,为学校营造高雅舒适的育人环境尽一份力,我觉得很有意义。"提起择业初衷,尹为民矢志不移。

精雕细琢　一枝一叶总关情

在郁郁葱葱的余家头校园,尹为民常常身披工装马甲,头顶大檐草帽,手扶二八单车,在一棵树、一丛草或是一簇花前悉心观察,用随身小本做着记录。春日盛放、夏日繁茂、秋日落叶、冬日枝干,四季轮回,流转的不仅仅是光阴和校园景致,更沉淀了尹为民为学校园林绿化工作全心投入、精益求精的工匠精神。

大家都说,尹师傅有一双魔力手,很多被判了"死刑"的植物,经过他的精心呵护便能起死回生。学校一位老师送了一盆"垂死"的植物托他帮忙"救治",枝叶干枯已毫无生机,尹为民却信心满满:"这树好着呢,再过些天就能冒绿芽了。"果真,几天后树枝上便冒出了绿芽。尹为民说:"有些看似枯萎的植物,其实是生病了,要仔细'诊断'植物的情况,只要有一线生机,就不能放弃希望。"

经常有人问他,"有什么秘诀能将这些花草培育得如此之好?"他总是朴实一笑:"哪里有什么秘诀,我只不过是更了解它们一些罢了。育树如育人,人要因材施教,树也要因地制宜。学生有一个良好的学习环境,更能静下心来学习;植物生长在一个适合的地方,才能茁壮成长。"的确,对尹为民来说,水运湖畔的一树、一花、一木都是他的孩子,他时刻牵挂,每天呵护,努力不让它们受伤,尽心为它们提供营造的生长环境,默默守护着校园的一方绿意。

精益求精　打造校园风景线

每逢节假日或学校重大活动时,总会有设计精美、创意新颖的花卉景观出现在校园的醒目位置,成为师生们流连驻足的焦点,一道道靓丽的风景线为校园文化环境增色不少。

尹为民在1.4万平方米的花房,创作完成余家头校区所有花卉景观的造型设计,其设计灵感主要来自自己的经验和实践学习。"我干了三十多年,每种花卉的颜色、形状、生长周期等都记得很清楚,根据什么样的需求去设计布置都比较有把握,这些经验都是这么多年与花草盆景打交道摸索总结出来的。"尹为民笑着说:"我对自己的每一次设计都很满意。"丰富的经验、用心的投入、高质量的成品,他的自信来得有底气。

夏日水运湖中莲叶亭亭、荷花娇美,仲秋时节校园里丹桂飘香、银杏金黄,道路两旁的花箱姹紫嫣红,庆典花卉景观争奇斗艳……余家头校园四时的美景都饱含着尹为民的心血。随着校园里青年园、桃李园、梅园、樱园、景观区建设的日趋成熟,校区"一池一湖一园一线"的规划基本完成,一步步向建设"花园校园"的目标靠近,一草一木的栽种和养护都离不开以尹为民为代表的校园园林人的辛勤付出。

敬业奉献　三十七年不言苦

余家头校区每年大约需要种植草坪1.6万平方米,养护树木几千株,种花栽树、剪枝除草、浇水施肥,园林工作看似简单,实则不易,特别是近年来绿化工作人员配备紧张,有些工人缺乏专业技巧,尹为民总是手把手指导,一边教导一边热火朝天地干起活来,在外人看来的苦差事,他却乐在其中。

同事们佩服他的专业技术,对他的工作态度更是称赞有加。余家头校区东北角稍显破旧的花房是尹为民的大本营,夏日里花房高温难忍,冬季里临湖萧瑟冷气直灌,特殊的工作环境让每个长期在花房工作的人叫苦不迭,可是整整37年,尹为民一直保持着对工作的热爱和初心,每天往返30多公里的路程准时来到花房工作。一份热爱,一份责任,尹为民总是说:"扛一扛就过去了,工人受不了那就我来!"

今年5月入春时,为使校园绿化美化工作再上一个台阶,尹为民开始自己培育种植花种,种植、浇水、防病、移栽和养护每一步都是他亲力亲为。恰逢武汉今年长期酷暑天气,他带领同事们克服高温,对培育的植物悉心照顾，一番辛苦过后最终培育花卉 3000 余盆。这些用汗水浇灌的成果，盛开在迎新现场、国庆节景观中，看到学生们在花草前驻足拍照时洋溢的灿烂笑容，尹为民感觉一切辛苦都值得："希望同学们在校园学习时也带着好心情，学好本领为祖国做贡献。"

"未雨先绸缪，真章见平日"，这是以尹为民为代表的校园园林绿化工作者的真实工作写照。寒来暑往，冬去春来，不停息的是他们为"美丽校园"建设不停奔走的脚步，他们日复一日坚守在平凡的岗位上，默默耕耘在校园绿化工作的第一线，无怨无悔、育树育人，悉心守护着马房山上、水运湖畔满眼的绿意，用敬业传递着全心全意为全校师生服务的精神，用匠心诠释着武汉理工人质朴、高尚的情怀！

来源：武汉理工大学新闻网 2019 年 11 月 21 日

王太平：老骥志千里，仍将万里行

莫道桑榆晚，为霞尚满天。满园秋色的理工大校园中有这样一群人，他们退而不休、历久弥坚，关心学校发展；以"春泥护花"的情怀，关爱学生成长；以各种形式为学校各项事业持续贡献着自己的光和热。汽车工程学院关工委副主任、校友会常务副会长的王太平正是其中之一。2011年退休后，他便全身心投入关心下一代工作和校友会工作中，发起并组织"万里行"活动，创办"汽车模型家庭博物馆"。他曾多次受到省、市有关部门的表彰奖励，先后被评为"湖北省教育系统关心下一代工作先进个人""武汉洪山好人""武汉市文明市民"和"校优秀共产党员"。

初心不忘再出发

作为一名老党员、老教师，王太平对学生的关爱、对教育的热忱从未间断。1976年，他从专业教师、学生辅导员做起，历任学院党总支副书记、校工会副主席、学院党委书记，不管身处哪个岗位，王太平最关心的都是学生。

三十五年的师生情谊让王太平在退休后依旧放不下学生工作，当被邀请作为汽车工程学院校友会常驻人员之时，王太平毫不犹豫地答应了。他说："与其说是学院需要我，不如说是我需要学院和学生接受我，有组织对我的认可，有当年学生的鼎力相助，还有青年学生的充分信任，我也一定会在新岗位上做出新贡献。"

王太平的工作属于公益性质，没有任何薪酬待遇，可是凭着对教育事业的热爱，他没有半分退却。缺钱，他想方设法筹集活动经费；缺设备，他和夫人商量后，用自己的积蓄购置了摄像机和照相机；缺人，他发挥学生优势，组建了一个学生助理团队。在他的号召与带领下，工作渐渐有声有色地开展起来，而他个人也因为敬业、有责任心而被大家称为"王团长"。

一名大三的学生助理在自己的QQ空间写下这么一段话："初入校友会，我便得到了王老师的帮助，他教我这个山里娃怎么使用摄像机，从刚开始的羞涩到现在也随着大家喊他'王团长'，似乎每一个身处集体中的人都会被他的热情和激情所感染，对生活、对未来都充满了信心。"

"万里行"架起沟通桥梁

"读万卷书，行万里路。"深知实践重要性的王太平，提出了组织开展"万里行"活动的倡议，很快便得到了学院领导的大力支持和广大校友的积极响应。在他的带领下，由教师、学生、校友三方代表组成的访问团，走出校园、走近校友、走进企业。

"走访企业时，很多校友见到王老师，二话不说直接给老师一个大大的拥抱。"让访问团成员印象很深刻的是，访问深圳站时的一个晚上，在王太平老师的217房，校友们簇拥着王老师，热情地询问着、热烈地讨论着，他们或挤在沙发上，或坐在桌上，或席地而坐，十几平方米的小房间硬是挤了三十多个校友。他常说，学生好比是学校的"产品"，学生毕业进入社会成为校友，我们必须做好"售后服务"，希望自己还能像火种一般，走到哪里就把学校的关心带到哪里。王太平的付出和努力是学校对校友关注的最好诠释，很多校友都主动表示要加强与学校的联系，争取为母校的发展做贡献，为学弟学妹的成长创造条件。

除了"走出去",王太平也深知"请进来"的重要性。为了惠及更多师生,王太平充分利用各种资源邀请校友回母校聚会,弘扬并发展"汽车文化"。他把学校的发展变化通过短信、邮件、QQ、博客、微博、微信、短视频等各种渠道在校友中广泛宣传,并为返校的校友建立"义务导游团队"。正是在这种深厚校友情的感召下,一大批校友主动回到校园开办讲座、论坛,招聘毕业生。

八年来,"万里行"活动跨越十六个省(区、市),走进六十多个企业,召开座谈会八十余次,访问毕业生三千余人,行程累计超过二十万公里,为学院本科生卓越人才培养、研究生合作培养、工程硕士学位培养、大学生科技创新争取到资金支持数百万,签订合作协议十余项,建立实践基地十余个,成了学校关工委工作和校友会工作的一张亮丽名片。

从病人到"达人"

2012年7月,王太平被多家医院确诊为多发性骨髓瘤。得知这一消息,很多人在惋惜和难过的同时,也担心"王团长"要离开他的团,但哪怕是忍受着疾病带来的蚀骨之痛,王太平最惦记的仍是他的工作。"万里行才走了第一步,我后面的规划还很远,'万里行'不能只走一万里啊。"

如今,战胜病魔、精神矍铄的王太平回忆那段经历仍感慨,支撑他走下去的,就是"万里行"一定要做下去的坚定信念。2013年初,王太平出院后只休养了半个月就投入校友会的工作中了,他说:"我从不害怕癌症,我只是担心自己不能再为校友服务,不能再把优秀的学生推荐给那些好企业。"自感责任重大的他一边积极进行康复治疗,一边又重新踏上了征程。

王太平紧跟时代步伐,创新校友工作内容及宣传渠道。在这位"团长"的带领下,汽车工程学院关工委和校友会的工作不断拓展:2013年,《汽车校友之歌》《万里行进行曲》写词谱曲完成;2014年,探索"汽车校友导师制";2015年,微信公众号建立,汽车校友会及"万里行"网站上线;2016年,"万里行"Logo及文化产品问世,"访问校友万里行"进入"技术交流万里行"新阶段;2017年,"汽车模型家庭博物馆"成立;2018年,创设校友讲述发展经历的《闪访速递》自媒体栏目;2019年,创设"三老"讲述学校历史的《印记马房》自媒体栏目,汽车校友会助理团团旗设计问世。他本人作为近些年来唯一的一名退休老同志，被学生评为"校园媒体十佳达人"。而他所建立的汽车模型家庭博物馆被《湖北日报》《长江日报》、中国交通台、湖北经视、湖北广电等多家媒体采访和直播。

1984年12月7日，习近平总书记第一次在《人民日报》发表的署名文章就是关于"尊老"话题，文章中引用郑板桥的诗句"新竹高于旧竹枝，全凭老干为扶持"来称赞老同志的价值。学校的蓬勃发展凝结着广大退休教师们的心血和汗水，老一辈教育工作者们用"银发丹心志不泯、退休不褪师生情"的深厚情怀和坚定步伐，感召和激励着新时代的我们传承和弘扬优良作风，不忘初心、不懈奋进！

来源：武汉理工大学新闻网2020年10月25日

侯非：风雨里基层干部的一天

　　江城六月，芳草未歇。学期末的来临让夏日的武汉理工进入了更加繁忙的状态，当一切的忙碌遭遇雨季，后保基层干部侯非的工作也悄然增添了更多的压力：密切关注天气预报以及气象预警，赶往学校重点区域进行全面巡查，与每一位网格监管员确认室内外情况和工作预案……"5+2""白加黑"的暴雨防范是他的雨季工作常态。

　　"丁零零……"刺耳的来电铃声在凌晨骤然响起，钟表的时针刚刚指向5点。"雨太大了，南湖校区有隐患！"从睡梦中惊醒的侯非接到电话一跃而起。窗外暴雨如注，他顾不上别的，匆匆拿上雨伞、穿上鞋套赶往现场。强降雨引发不同程度的积水，部分树木倾倒，树枝折断，学生宿舍雨水倒灌，用电隐患重重。面对暴雨险情，24小时值班人员按照后勤保障应急预案，紧急切断被淹区域电源，争分夺秒抽水排积，侯非与一线维修师傅一起，逐一排查下水道及窨井盖等安全隐患，监测重点区域水位，在危险路段放置安全警示标识……"师生的安全是第一位的，必须保障师生们能够正常工作学习。"任由风雨拍打肩头，侯非和他的同事们一心坚守岗位，只为师生安全保驾护航！

　　经过近3个小时的奋战，解除险情已是上午8点钟了。安排好后续排查值守工作后，侯非赶往办公室开始一天的工作。作为学校后勤保障处物业监管中心主任，侯非的主要职责是负责物业公司和学校的沟通并对物业工作进行指导、监督和考核，然而，他不仅仅将自己放在监督管理的位置上，而是与监管中心工作的22名员工一道并肩作战，尽心尽力地做好"校园管家"。结合凌晨的暴雨抢险工作，侯非组织监管中心的老师们对各自负责区域暴露的监管问题进行探讨，随后又带领大家到各个校区仔细检查雨后积水情况。暴雨后的清理工作同样繁重，清理折断树枝、对倾斜树木进行固定支撑以防倒伏，对积水地点进行污渍清洗消毒，排查房前屋后雨水沟是否畅通、清理路面淤泥、检查水泵是否正常运转、将部分漏水电箱进行打围并张贴告示……为了保障师生的人身财产安全、维护校园正常秩序，大家争分夺秒、紧锣密鼓地完成各项工作。

夜幕悄悄降临，侯非办公室的灯还亮着，得知凌晨暴雨抢险的消息，记者赶到他办公室了解情况。"暴雨抢险工作其实只是日常工作的一部分，学校公房、学生宿舍的管理服务工作，校园环卫、绿化养护工作，校园基础设施维修服务工作等，大到监管学校的22万件固定资产，小到关注每张桌椅上的螺丝钉是否松动都是我们的职责范围。"谈起工作，侯非如数家珍。对于物业的监管工作，他说，"物业标准在哪都一样，但是我们是高校，基层工作人员也是大学育人体系的一分子，我们要做的不仅是工作业务的监管指导"。侯非自觉将自己的工作融入学校三全育人的格局中，业务工作之外，他还积极联系学生党支部组织支部共建活动，配合开展学生志愿服务工作，在工作实践中提高服务育人水平，在潜移默化中深化服务育人理念。

面对记者的赞扬，侯非很谦虚，"后保人把'底色本色亮色'的后保文化作为共同的价值追求，正全力聚焦服务之本、强化责任担当、推进'前勤'高效发展，我只是后保队伍中非常普通的一员，做了应该做的而已，今后还要不断提升'担当、精细、沟通、奉献'服务意识和能力，带动物业服务企业更好地参与学校后勤服务育人工作"。

一滴水珠折射出太阳，一个果壳藏着整个宇宙。侯非这短短的一天，也是学校基层干部工作状态的一个缩影。他们站在大家身后默默服务，在聚光灯照不到的地方挥洒着汗水，以恒心致初心，以诚心筑匠心，可能不被大家所熟识，却始终用无私奉献的精神默默地为学校发展贡献力量！

来源：武汉理工大学新闻网 2019 年 6 月 21 日

金正辉：以校为家　维护校园和谐平安

校园交通秩序整治是一项长期的惠民工程，自学校全面开展校园交通秩序整治以来，校园内机动车超速、闯红灯等违章行为少了，机动车乱停乱放、校外车辆过度占用校园交通资源现象也少了……这一切显著改善的背后，有一群人始终坚守岗位、默默付出，金正辉就是其中一员。金正辉是南湖校区保安大队长，负责南湖校区南院、北院的安全保卫工作。每天清晨7点前在南湖校区南门执勤，一站就是近两个小时，不过对金正辉而言，"全年无休""24小时随叫随到""遇到危险第一个冲上去"……这些才是他工作的常态。

巡查守护　保障安全

这些日子，金正辉和队员们一起，为校园交通秩序综合整治工作忙碌着。2月底，在保卫处领导的带领下，金正辉和队员们利用晚上时间在马房山校区和南湖校区安装交通护栏，设置行车标志和标识，每天忙到凌晨。3月1日以来，除了交通高峰时段在岗亭维持交通秩序，金正辉更是加大了对南湖校区主干道的巡查力度。为了便于巡查，他每次骑着双轮电动车，前段时间武汉阴雨连绵，虽然穿着雨衣，巡查一圈下来金正辉衣服和手套都被淋得湿透了。

177

金正辉所在的保安大队每天分三班对所辖校园分区域进行24小时网格巡查。下午2点半到晚上10点半是金正辉最不放心的时段，除了学生上下课高峰期人流量、车流量大外，很多学生夜间要在南湖校区和升升公寓之间往返。为确保学生安全，金正辉每天带领保安队员戴警帽、爆闪灯、开手电筒、开警灯，在学生上学、放学路段进行护送。2017年8月，机场二路与文汇街地下通道施工打围，保安队更是在路口拉起绳子、吹起哨子、放起喇叭，提醒学生走人行横道，注意安全。

大雪纷飞，金正辉带着保安队员们踩着厚厚的积雪，在校园湿滑地段贴上温馨提示，在湖边、假山等地段，拉上警戒线。临近春节，金正辉又带着队员们进行消防安全大检查，挨家挨户宣传消防安全知识。

同事说，如果查岗，金正辉早上7点前必到；如果不执勤，金正辉通常早上8点到校，但从未在晚上10点前下班过，每天下班时间通常是夜里11点后。自从在学校从事保安工作，金正辉成了夜猫子，晚上一两点才能入睡，一早就醒了。他家就在学校附近，走路只需一刻钟，但他车里却常年备着一床棉被。遇到突发紧急情况或大型活动，他干脆睡在车里，只为能第一时间赶赴现场。

面对危险　义无反顾

安保工作有时也伴随着危险，校园和谐安宁，离不开保安队员们的负重前行。

2018年10月1日中午，保安队员巡逻至博学广场西路段时，发现一男子因醉酒，和电动车一起倒在地上。接到汇报后，金正辉赶赴现场耐心地与该男子沟通，不料男子发酒疯，突然挥拳砸向金正辉头部，还破口大骂。金正辉打不还手、骂不还口，只劝说男子不要动手，说"你喝醉了，我不跟你计较"。但男子不仅不听，还继续大骂，挥拳砸向金正辉面部后驾驶电动车逃走。金正辉怕其出事，顾不上满脸的血，骑车追赶，并将情况向保卫处汇报。等情况都处理完了，金正辉才去医院处理自己的伤。"鼻梁粉碎性骨折"，金正辉指着自己略歪的鼻梁说："不管什么事，宁愿我自己受伤，也不愿我的队员受伤。"为了不让家中90多岁的老母亲担心，他跟家里人说是自己骑车不小心撞树上了。

抓现行、蹲点防守……面对危险，金正辉总是冲在最前面。2015年5月，经过五天五夜的蹲守，金正辉和队员们终于将一群寻衅滋事的社会青年抓获，并移送公安机关，维护了校园的和谐安宁。

当被问及工作的不易，这个中等个头、微黑皮肤、内敛稳重的保安队长真诚地说："我们很多队员义务加班，临时有事，一个电话就过来了，毫无怨言。维护和谐平安校园，保障安宁的育人环境是我们的责任，习惯了。"

义务帮扶　传递温情

在平凡的岗位上，保安队员们处处体现人间真情，让人倍感温暖。

每天中午和傍晚时分，在篮球场、食堂、足球场等公共场所，都回荡着保安队员们的温馨提示，提醒学生保管好自己的随身物品。

巡查过程中，除了对未上锁的自行车、电动车进行统一保管处理，金正辉和他的队员们更是经常拾到钱包、相机、手机等贵重物品，每学期达四五十次。每次，保安队员们都做好登记，张贴招领启事，尽力联系失主。有的失物联系不到失主，金正辉就想办法。有一天学生送来一张银行卡和两千元现金，说是自己在银行取款机处取钱时发现的。在联系银行获取失主信息无果后，金正辉把现金存进了银行卡，他想，失主丢了卡，发现钱没少，肯定就挂失补卡了。巡查队员在校园捡到钱包，里面有大量现金和发票，还有手机，失主打电话来说，钱送给保安队，手机和票据给他就行，金正辉一口回绝："我们分文不取，你来领东西就行。"

看到走失的老奶奶，金正辉请她在办公室坐着，给她买早餐吃，帮她联系家人；遇到独自在校园树林徘徊的80岁老爷爷，金正辉嘱咐保安人员把人送到南门岗亭，问明情况后，让队员把老爷爷送回家；学生骑车撞伤了散步的儿童，金正辉帮学生与儿童家长沟通，解决纠纷。

几本厚厚的报警执勤记录表和岗位值班日志上，写满了失主和得到帮助的人们的感谢语；保安队值班办公室墙上，挂满了他们送来的锦旗。在金正辉的带领下，保安大队因优异表现被武汉市公安局洪山分局授予"2015年度优秀保安部"称号，被公司授予"2017年度优秀服务团队"称号。

"校园安全无小事，责任重于泰山。'守土有责、守土负责、守土尽责'是每一名安保人员的郑重承诺，从点滴着手，于细微处彰显安全守护者风采！"保卫处沈景春处长说道。

来源：武汉理工大学新闻网 2019 年 3 月 21 日

梁文斌：8年驻村扶贫路

驻村扶贫，梁文斌已经干了8年了。"下得去、蹲得住、帮得实"，他全身心投入扶贫工作，把贫困农户的需要与学校科技优势、人才优势相结合，一步一个脚印踏实走在山村扶贫路上。日前，梁文斌受到湖北省委、省政府的表彰。

"连心桥"建在老百姓心坎上

2009年，我校网络教育学院干部梁文斌受学校组织部委派，参加"城乡互联、结对共建"活动，就这样与保康县后坪镇结下了8年的不解之缘。

山村最缺什么？贫困农户最需要的支持是什么？梁文斌走访农户时不停地思考，8年的民情日记有厚厚几大本。

后坪镇洪家院村口有一条小河，村民们出行非常不便，急需建一座桥。

经过反复走访调研，梁文斌选好架桥位置，协调施工队架起一座涵管桥。走在桥上，村民们高兴地说："现在可以开农用车、扛山货过河了，再也不怕掉河里了！"

为了发展当地产业，他带领贫困户种植农产品。他多次前往邻近的房县取经，四处寻找优质的天麻种子；找到了种子，又担心没有技术，他就和工作队员一起去华中农业大学请教专家；技术进了门，他张罗着成立天麻人工种植基地，让村民在基地学到技术又得到收入。

到2016年，他驻过的分水岭村种植天麻16.2万窖，产值1105万元，天麻产业使全村人均增收13202元。

驻村后，梁文斌就有一个心愿，就是希望理工大支教团能来后坪，给孩子们带来新知识。经过他几番联系沟通，在校团委的支持下，2015年起，每年7名支教团成员在后坪镇中学、小学承担教学活动，开拓了山里孩子们的视野，改变了传统的教学模式。

真心做扶贫点"永不消逝的电波"

"我亏欠家里太多！" 8年来，别的驻村点驻村干部换了一茬又一茬，而梁文斌一直在执着坚守。梁文斌坚守山村扶贫的精神也感动了家人，由开始不理解到后来默默支持他。2009年，在家属的支持下，梁文斌拿出3000元资助了20个困难户购买种子肥料。

8年时光，梁文斌不论走到哪里，都牵挂着淳朴的山里人。从大学校园到乡野山林，他用自己的信念和执着丈量着脚下的土地。

400公里路，从武汉坐火车到襄阳再转3次汽车到九池村，需要整整一天。有次下大雨，没有坐到车，他只能步行到车站，身上的衣服都湿透了。还有一次，道路因大雨塌方，他独自在襄阳住了一夜，第二天中午才到村里。

"喂，请问是梁老师吗？我有点困难想请你们过来瞧瞧。"九池村三组朱大爷来电话反映家里的困难，希望能支援修建一个羊圈。梁文斌和工作队员们实地考察后给出了援建方案，羊圈开建时朱大爷握着梁文斌的手说："等年底把羊卖了，做羊肉给你们吃！"

九池村条件较为艰苦，住宿点时常停电断水，但梁文斌仍然坚持吃住在村里，保持电话24小时畅通。只有这样，乡亲们来电话的时候，他才能第一时间赶到农户家里，乡亲们称他为后坪镇"永不消逝的电波"。

贫困农户的"老亲戚"

8年奉献在山里，换来山里人脱贫致富奔小康。山村路上印下了梁文斌多次往返随州和九池村、畅通香菇销路的足迹；留下了他带着村干部试水农业电商、利用"互联网+农业"宣传推广农产品的身影；记住了他请来学校土建专家、规划设计"养生功能型后坪镇"的努力。

截至2017年年底，九池村已脱贫32户102人；产业补贴激发了贫困户的热情，2016年脱贫产业验收73户，2017年验收82户；易地扶贫搬迁集中安置105人，分散安置57人；扶贫工作队还在抓紧推进村党员群众服务中心和卫生室建设、硬化砂石路等项目。

梁文斌和队员们的努力和付出，乡亲们看在眼里记在心上。每次入户走访，乡亲们都端出最好的茶水和新鲜的果子，拉着队员们一遍一遍地挽留他们吃饭，亲切地称梁文斌为"老亲戚""知心人"。

2017年冬，武汉理工大学党委书记信思金冒着雨雪，踩着泥泞小路来到九池村看望扶贫队员时说："你们的工作不容易，坚持下来不简单！"梁文斌说："扶贫很苦，但是为山里脱贫，值！"

8年扶贫路，苦乐心自知。梁文斌希望干到2020年，这一年他60岁退休，也正好是决胜全面建成小康社会的关键年，他希望到那时候看到贫困户们一个都不掉队，全都奔小康。

来源：新华网 2018年3月21日

黄光明：军运赛场背后的电力"螺丝钉"

10月22日，第七届世界军人运动会柔道赛事在武汉理工大学圆满落幕。激烈精彩的赛事背后，有这样一群忙碌穿梭的身影，他们手持电波检测仪和红外测温仪，一丝不苟巡视测温、时刻待命排查隐患，他们保证了比赛期间未出现任何失电情况，圆满完成了军运会柔道赛事的保电任务。

在这群默默无闻却又至关重要的电力"螺丝钉"中，"团长电工"黄光明正是其中优秀的一员。团级领导干部转业后，黄光明来到武汉理工大学后勤保障处成为一名普通职工，因业务能力过硬，2018年他被抽调至军运会综合保障处负责比赛场馆动力运行工作。"守初心，创荣耀，确保万无一失！"保障任务落在肩头时，他就在心里跟组织默默许下了军令状。

从去年开始，黄光明便带领团队根据军运会的标准要求，结合已有条件对军运会场馆进行整改，为保障场馆电力供应实行四重技术保障：其一，高压供电设备及线路的检测改造；其二，将低压母排改造后具备母联自备头功能；其三，末端APS自动切换，以防出现高压线路短路等突发情况；其四，四倍kVA的柴油发电机，配备UPS电源保证突发情况下发电机能及时启动保证电力供应。在长达数月的改造过程之中，保电工作更换了三套检测设备，进行了四次演习测试，完全避免了失电情况的出现。整个过程中，黄光明始终扎根第一线，亲自逐一检查并指导团队，兢兢业业地工作只为实现当初的承诺："坚决做好军运会柔道赛场的电力保障工作，绝不允许任何意外发生！"

随着比赛临近，黄光明更是重点关注显示屏、音响和照明等方面，以防出现比赛过程中突然失效造成比赛无法正常进行的状况。经过反复检测、排查故障，终于确认经电力改造后，不会再出现发电设备启动造成暂时失电、高压线路问题造成变压器无法使用等情况，黄光明及团队也长长舒了一口气！

军运会柔道比赛如期而至，每天早上六点不到，黄光明的身影就出现在了场馆之中，带领团队实时监控、合理调控、定时巡查，确保供电小房内时刻有人在，重点场所专人看守，一旦发现电流升高等情况就立刻排查找出原因并解决，及时在群里汇报工作状况，定时到场外检查是否有车辆倾轧线路……辛苦而烦琐的工作往往持续到凌晨才结束，即使工作强度远超负荷，即使可能并未有人知道他们的付出，他也没有一丝怨言。黄光明说："这一切的工作都是为了比赛的正常进行，运动员在赛场拼搏，我们能做的就是做好服务保障，努力将工作完成得更好，为高水平赛事的组织保障工作贡献一份力量！"

"丁零零"……手机铃声响起，又有工作了，黄光明结束了谈话，立刻赶往现场解决问题。军运会柔道赛事结束后，他已迅速切换角色，继续投入学校电力保障工作之中，朴实的话语、匆匆的形色是武理后勤人务实前行的最佳写照。

后勤保障守初心，服务育人担使命。"团长电工"黄光明的每一天也是很多在军运会期间后勤工作人员的状态的缩影，他们在背后默默奉献、挥洒汗水，不为我们所知，却仍坚持在自己的岗位贡献力量，向他们致敬！

来源：武汉理工大学新闻网 2019 年 10 月 24 日

王伟：无怨无悔伴瘫痪老母三十载，"孝"对人生诠释最长情告白

2020年是王伟在武汉理工大学工作的第20个年头，也是他和瘫痪的母亲相依为命的第30个年头。古语云："百善孝为先，孝为德之本。"孝敬父母，是做人的本分，是中华民族的传统美德，王伟用实际行动诠释了何为孝与爱。

久病床前有孝子　悉心照料年复年

在王伟的记忆中，自从他5岁懂事起，母亲就已瘫痪在床。王母曾经是武汉理工大学伙食科的职工，那年，王母照常在食堂后厨洗菜，当把菜搬到灶台上时，突然腿一软跪在地上，随后被同事们抬回家休息养病。在病情有所好转时，再一次的意外摔跤令王母卧床不起，从此在床上一躺就是30多年。"早就记不清母亲住过多少次院了"，漫漫求医问诊路是王伟童年最深的记忆。每到寒暑假，在家里亲戚的帮衬下，大家会带着王母四处看病，可跑了很多医院都检查不出来是什么病因导致瘫痪的，直到2008年才最终确诊，原来脑梗死才是导致母亲瘫痪的元凶。

自幼时起，小王伟便承担起了照料瘫痪母亲的重任，早晨6点起床准备早饭，喂母亲吃完，把家里收拾干净后才去上学，每天到学校是早晨7点一刻，这个时间他记得很清楚。那时候菜市场的人都认识王伟，大家都知道有一个6岁的小男孩每天要早起买菜做饭、做家务照顾妈妈。正是为了照顾母亲，他打小厨艺就很好。

参加工作后的王伟也依旧如此，每天早起把母亲安置好后就马上奔赴工作岗位，下班赶回家给母亲做饭、擦拭身体与清理污秽。照顾瘫痪的老人并不是件容易的事，最困难的就是日常的护理，母亲的下半身完全没有知觉，经常大小便失禁，他要及时给母亲换床单。就这样年复一年，一日三餐，洗买烧刷，喂饭喂水喂药，单位与家里的两点一线构成了他生活的全部。

太多人说王伟是个孝子，但在他看来，自己只是做了人人都可以做到的事，因为任何一个人看见自己的父母生病了都不会弃之不顾，照顾母亲是天经地义的，他无怨无悔。

军旅生涯促成才　淬火成钢孝至先

母亲的身体状况也曾给王伟带来沉重的心理负担，直到16岁那年，舅舅把他送到部队去历练，短短两年的军旅生涯彻底改变了他。

入伍的第一年，王伟就接到了抗洪抢险的任务。奋勇冲锋的战友们凝聚起抗洪抢险的磅礴力量，携手同心保卫家园的动人画面深深感染着他，王伟也奋不顾身与洪水搏斗，将小我完全融入保护国家和人民利益的大我之中。入伍的第二年，王伟已成长为新兵连班长、汽车营教练班长，那个当年略显叛逆的少年，已成了新兵们的"启蒙老师"。"可能人就是这样子，你到外边的世界走了走，认识了更多的人、见识了更多的事，你就会觉得，有一些挫折是更能锻炼你的。"正是军营的这段经历使他豁然开朗，王伟深刻认识到，自己不能只看到生活中不好的一面，要换个角度去看待生活和挫折。

随着母亲年龄日渐增长，病情也越发恶化，王伟对母亲倾注了更多的关注和关心。为照顾母亲，他至今未娶，将婚姻大事一拖再拖。"我妈现在在我生命里是排第一位的，我的事情只能往后挪一挪。"因为对于别人来说，自己瘫痪在床的母亲可能是一个大"包袱"，但对自己来说，那是最亲的人啊！

人子尽孝亦尽责　竭诚奉献守平安

王伟在学校工作的身份是余家头校区管委会治安消防科的消防员，自2001年参加学校消防工作以来，也有20年了。消防属于高危工作，突发事件、意外以及危险性是不能预估的，消防员们救人于水火，同样也置身于水火之中。王伟对待自己的工作从来慎终如始，从照管保养消防设施到火速出任务，从深入社区、深入师生开展安全演练到每次的抢险救援，他始终都做到踏实细心、甘于奉献。

记得2018年大年初三，学校家属区内发生了一次火灾，一位水电科的老师傅在火还没蔓延开来的时候就拿灭火器把火扑灭了,事后老师傅感谢王伟等消防员,多亏他们每年定期深入家属区帮大家开展消防演习,正是他们把消防安全知识带进了千万家,居民们才能这么熟练地使用消防器材,在火灾发生时会逃生、会自救。对王伟来说,在消防知识和技能培训中,同样的话语,同样的演练,每年自己要重复说、重复做很多次。自己的工作虽然不起眼,但是看到居民们、学生们把消防知识学到心里了,社区变得安全了,学校变得安全了,自己的工作就是有意义的,这是工作给自己的回馈,自己也更热爱自己的岗位。

谈及工作与同事,王伟也十分感恩。他感谢同事们对他及母亲的关照和关爱。每年三八妇女节,单位领导一行人会来家里看望母亲,并送给她一束鲜花;每年中秋节,单位和社区领导一行人也会上门来慰问,并送上一些生活用品。领导、同事的慰问,让王伟充分感受到了来自学校的关心,来自党的温暖。马上步入年关,问及王伟的新年愿望,他毫不犹豫地说:"我现在最大的愿望就是加入中国共产党。"曾经的王伟对入党是有顾虑的,并不是自己思想上不积极不主动,而是怕会因为要照顾母亲而无暇参与组织活动,影响党员的声誉,影响党组织的声誉。前不久,单位党组织领导帮王伟解开了心结,因此他决定整理心情,积极追求进步。

母亲明年就70岁了,以前医生断定母亲活不过40岁,但没想到在自己日复一日的照料下,母亲走了这么远。王伟对我们说,他会继续照顾好母亲,希望母亲能长命百岁。

养儿报母恩,多年如一日。王伟把照顾母亲的淳朴孝心,变成了一种习惯、一种责任、一种坚守和永恒,他用尽孝尽责和甘于奉献来笑对生活,他的"践孝道、知感恩"彰显了中华民族年轻一代热血男儿的传统美德。

来源:武汉理工大学新闻网 2021 年 1 月 8 日

高美香、杜细松：做永不生锈的螺丝钉

在我们身边，有这样一群人，他们默默无闻，像自然而然的呼吸，没有存在感但却是不可或缺的能量；像路边的土壤，不起眼却能孕育蓬勃的希望；像永不生锈的螺丝钉，看似普通却保障着学校的正常运转。他们的爱心和工匠精神像冬日的暖阳，发散着能量，温暖着校园的每一个角落。

高美香：守护公寓十八载，一点一滴总关情

"高阿姨，这是我家种的梨子，您尝一下吧！"过节返校的同学热情地与她分享特产；"高阿姨，感谢您对我们四年来的关照，您辛苦了！"即将毕业离校的学生专程前来表达感谢……这位深受学生们爱戴，被大家亲昵地称为"高阿姨"的师傅正是武汉理工大学西院4舍的公寓值班员——高美香。

自2001年8月开始从事学校宿管工作至今，高师傅已在公寓工作将近18年了。在全年无休的6500多个日日夜夜里，她以强烈的责任意识和无私的奉献精神先后服务西8栋、西4栋300余间宿舍的3000余名学生，给予学生们最贴心的关怀和帮助，深受大家的信赖和喜爱。

公寓值班员的工作烦琐辛劳，365天全年无休，白天负责楼门值守，时刻警惕任何安全隐患；夜晚进行楼内巡视，一一排查风险点；凌晨还要为晚

归的学生开门并做好登记。看似常规的工作却责任重大，直接关乎学生安危，任何微小细节都疏忽不得。每年9月新生报到入住伊始，高师傅便一个个做好信息登记；为尽快熟悉学生，她一有空就翻看新生住宿信息卡，学生刷卡进出时再进行核对，短短一周时间内，就能记住将近200名新生的相貌、学院及寝室号。职业的要求与习惯使高师傅练就了一双"火眼金睛"，年复一年，楼内500余名学生，她不仅每一个都认识，还能说出学生所在的学院及住的寝室号，甚至说得出部分学生的家庭情况。大家都说"高阿姨是西4栋公寓的守门神"。"你叫什么？哪个宿舍的？哪个学院的？"这是高师傅的经典"三问"。三个问题一出，想混入楼内的人立马露怯。18年来，为了学生的人身财产安全，她始终坚持一点：严格筛查，非本栋楼人员决不能无故进出。2018年临近暑假时，有个学生模样的人说是住在513房间的材料学院的学生，忘记带门禁卡请阿姨帮忙开门，说的一本正经有模有样。高师傅当即识破并断然拒绝："你根本就不是我们这栋楼的学生，不要企图混进来！"那个人听后立马灰溜溜地走了。

高师傅常说："我自己也是有孩子的人，孩子出门在外都挺不容易的，能多照顾一点就安心一点。"幼吾幼以及人之幼，这种以己度人的情怀让她在工作中不断将温暖与爱传递给每位学生。2018年5月的一天晚上，有位同学晚归经过值班室窗口时，脸色发白状态不佳，高师傅上前询问是否身体不适，可这位同学坚持说没事。半小时后高师傅还是不放心，拿了备用钥匙到寝室查看是否正常，结果发现他在宿舍吐得不省人事，原来是急性肠胃炎发作，她马上上报，同时拨打120急救电话，并请两名同学陪同其去医院，直到凌晨两点钟陪同的学生回来说没事了，高师傅才彻底放下心来。

赠人玫瑰，手有余香。高师傅以爱心呵护学生，更获得了学生们的真诚爱戴。2013届毕业生宋炎、梁永胜是原来222寝室的同学，毕业这些年来，时常会抽时间带着水果、礼品来看望高师傅，聊一聊当年事。2017年6月，当得知高师傅的儿子高考结束正在填报志愿时，他们专程赶回学校帮忙参考，提出建议。当高师傅连连表达感谢时，他们说："在学校时您经常跟我们说父母不容易，让我们好好学习回报父母。您养育孩子也很辛苦，我们能出点主意很有成就感。"

学生们说："见到高阿姨的时间比见自己的父母还要多，不管什么时候，她永远都像家人一样乐呵呵等着我们，让我们觉得总有一盏灯默默为我们守候，暖心又安心。"

杜细松：甘守苦差无怨悔，保障水电为师生

也许没人会留意一个背着工具包穿梭在学生公寓的单薄身影，寒来暑往，他在维修现场经受日晒雨淋；节假周末，他为师生服务加班加点。熟悉他的师生会亲切地喊他一声"杜师傅"。他就是坚守在学校水电维修岗位的杜细松师傅。

2018年12月30日凌晨，武汉突遭暴雪袭城，骤然的降温导致用电负荷加大，东七学生公寓二楼、三楼楼道内穿墙电线线槽内电线短路导致十多个房间断电。"学生们都在准备期末考试，天寒地冻的可不能没有电啊"，接到报修电话后，杜师傅心急如焚。他立刻拿上设备不顾严寒赶到现场，在仔细排查线路找到损坏点后，与维修队的文师傅、店师傅一起将损坏的电线重新对接，经过将近8小时的持续奋战，第二天中午12点半终于恢复了正常供电，杜师傅也如释重负地松了口气。

这是杜师傅工作的一个剪影，更是他的工作常态，除了时刻备战"火烧眉毛"的紧急情况外，杜师傅的日常工作同样繁重。小到门锁损坏，大到水管漏水，脏的有卫生间查漏止水，累的有十几小时的连续抢修，事情多、范围广、内容杂。他所负责的1000多个寝室每天都会发出不下十单的维修通知，几乎每个寒暑假期间都要争分夺秒地奋战在学生宿舍检修维护的第一线。当问到他会不会觉得很脏很累想要放弃的时候，杜师傅憨厚地说道："我从来不觉得这份工作又苦又累，为师生排忧解难我觉得很光荣，只要有需要，我就随叫随到。"

"学生事，无小事，耽误不得。"厕所堵住了，灯坏了，水管漏水了，门反锁打不开了……杜师傅总会在被需要的时候第一时间出现并高效解决困难。"事不过夜"，是他给自己设定的工作要求。2018年10月，狮城公寓的一位同学不慎将手机掉入卫生间便池管道内，杜师傅闻讯立刻赶来，二话不说脱掉上衣，不顾满地的污水俯身将手臂伸进便池管道中寻找手机，浓烈的异味让围观的学生们纷纷掩口避之不及，可杜师傅却毫不在意，当他把手机取出交

还给学生时，早已一头汗水、一身污垢。这些数不胜数的维修事例在杜师傅看来渺小到不值一提，可在学生心中，却是杜师傅用大爱之心解决了他们的燃眉之急。

想学生所想，急学生所急，换来的是学生们的交口称赞。"杜师傅人好话不多，在宿舍遇到难事给他打电话准没错儿。"提起杜师傅，学生们纷纷竖起大拇指。"学生们人都特别好，帮他们修了水管或者接通了跳闸的线路，他们总是特别热情地感谢，有时候还会拿水果、牛奶给我，但是哪能要呢？这些都是我该做的啊。"他朴实的话语里洋溢着满足感，用我心换你心，杜师傅将奉献途中收获的各种感恩，当作是人生特别的馈赠。

1800多个日日夜夜，1000余间学生宿舍，10000多张维修单，杜师傅时刻勤勤恳恳、兢兢业业，始终以工匠精神为师生默默服务。"认真把工作做好，服务好师生，这就是我的职责所在。"在杜师傅看来，这个平凡却有价值的岗位值得他永远坚守！

"高美香和杜细松是后勤保障服务'筑梦·铸魂'践行者的缩影，他们用细微处体现出的精神和品格、用朴实而坚定的行动、用无条件的尊重和关爱，传递理工温度，积聚育人力量，融入学校发展。"后勤保障处党总支书记刘戈说道，"后勤保障工作是学校育人的一部分，后保人作为一支不上讲台的育人队伍，将继续保持责任担当底色，坚守优质服务本色，创新'精保·前勤'理念，为学校加快推进'双一流'建设、落实立德树人根本任务贡献后勤保障力量。"

《之江新语》中说道："于细微处见精神，于细微处也见品德。小事小节是一面镜子，能够反映人品，反映作风。"基层工作重复琐碎又辛苦，可在这两位师傅身上，却只感受到了他们对工作深深的热爱和对学生浓浓的情谊。人人皆育人之人，处处皆育人之地，每一名平凡工作者都能书写不平凡的篇章，每一颗螺丝钉都能发出耀眼的光芒，每一位理工人都能在潜移默化中传递理工力量！

来源：武汉理工大学新闻网 2019年1月17日

十、追逐梦想　成长成才

研究生讲师团：用青春力量传播党的声音

"红军长征队伍里有一名小红军，她加入红军的时候才11岁，所以大家都叫她'红小丫'……"武汉理工大学研究生讲师团成员张紫菁在余家头校区幼儿园操场上绘声绘色地为小朋友们讲述着党史小故事。青年带幼年、大手牵小手，研究生讲师带领小朋友们一起追忆英雄事迹、传承红色精神，这场"红色故事润童心"活动让孩子们度过了一个不一样的"六一"儿童节。

像这样的宣讲还有许多形式，进支部、进企业、进社区、进农村……研究生讲师团面对各年龄段、不同文化背景的听众，用生动活泼的语言将百年

党史娓娓道来，宣讲里既有无数革命前辈抛头颅、洒热血的气概与精神，更有新时代青年的责任与担当。讲师团成员们用自身思想、行动和感悟引领广大青年学子团结在党的周围，用青年语言传递着时代之声，让更多听众从中汲取爱国奋斗的精神力量。

仰望星空，在理论宣讲中做坚定红色初心的领航员

"2019年我跟随马克思主义学院老师前往湖北天门开展'理论热点面对面'基层理论宣讲活动，那一次经历让我深深感受到我们青年人也可以通过自己的视角，用青年的语言为大家讲好党的故事、中国的故事。"讲师团首任团长操典动情地回忆起自己的入团初心。研究生讲师团成立之初，在没有现成经验参考、没有成熟宣讲体系的情况下，操典带领第一批成员仅用一个月时间就交出了一份研究生讲师团规章制度和磨课总体方案设计，使得讲师团各项工作迅速步入正轨。

第一批成员不仅制订了讲师团磨课、宣讲的工作方案，更奠定了之后每一届讲师选拔、培养的总基调，经过一届届讲师团成员的持续完善，大家逐渐摸索并打造出宣讲、磨课、理论学习、社会实践调研等多类别的工作体系，推出众多适合不同背景群体的精品宣讲课程，内容涉及大学生理想信念教育、乡村振兴、基层治理、脱贫攻坚等多个领域。三年时间过去了，讲师团培养出的一批批讲师离开校园后也继续在祖国各地传播党的声音，时间在变，面孔在变，可讲师团每一名成员的红色初心始终未变。

脚踏实地，在唇枪舌剑中做勤学善思的追梦者

为做好理论宣传的"扩音器"、青年视野的"传声筒"、时政热点的"翻译官"，研究生讲师团处处下功夫、打好基本功，让声音传得更响亮、听得更舒畅。宣讲团成员利用课余时间一遍遍打磨宣讲课件和讲稿，除了邀请专业老师指导外，讲师团积极探索"小组制"磨课，成员之间互相学习，每场磨课会现场都是思想交锋、唇枪舌剑的思维"战场"。

磨课会上，讲师团成员田宇的进步速度获得了大家的交口称赞。从最初

参加遴选面试的紧张到首轮试讲的青涩再到宣讲内容基本成型、宣讲效果趋近完美，田宇坦言，正是一轮轮的学习、磨课让她有了长足的进步。在讲师团，像田宇这样的同学还有很多，大家通过研课促成长，也在磨课中共同提升，在学习理论的同时，也收获了自信与胆识。讲师团积极争取机会让更多成员走向更高的学习平台开阔眼界，在党史学习教育中央宣讲团报告会后，中央宣讲团专家与讲师团成员亲切交流，回答大家的提问，鼓励大家要做"有思想、有本领、有担当、有纪律"的青年。

仰望星空看到梦想，脚踏实地学在当下。"勤学善思"不仅是讲师团的团队要求，更是每一名成员实现梦想的必经之路。

奉献社会，在讲台话筒前做明辨笃行的传播者

理论宣讲是连接理论与实践、政策与群众的桥梁，是"确保党始终同人民想在一起、干在一起"的关键环节，使党的创新理论"飞入寻常百姓家"是讲师团开展宣讲任务的重要内容。讲师团成员积极走向基层一线宣讲实践锻炼，让听众在喜闻乐见中产生政治认同、思想同振、情感共鸣。

讲师团中有这样一位讲师，她"除了看不见，什么都能做"，她就是"全国最美大学生"黄莺。在赴孝感市云梦县倒店乡宣讲的过程中，她在新时代文明实践的宣讲台上，用朴实的语言将自己不凡的经历娓娓道来。作为全国首位参加普通高考进入"211工程"院校的盲人学生，她以高出当地理科一本线85分的成绩圆了"大学梦"，进入大学后又克服学习困难，以优异成绩获得了研究生保送资格。她的讲述让现场听众眼泛泪光。宣讲结束后，小小的场地响起了经久不息的掌声，这是讲师团基层宣讲的一个缩影。基层没有绚烂的灯光，没有华丽的舞台，讲师团成员面对的只有工厂操作间旁的乒乓球桌，面对的只有村口空地搭建的临时讲台，但这丝毫没有影响讲师团成员通过宣讲奉献社会的热情。

此外，团队还赴学校各学院开展新生入学教育，走进学生党支部、团支部进行理论宣讲。两年来，校内累计受众4000余人次，讲师团已经成为学校青年学生思想政治教育工作战线上的一支重要力量，将理想信念的点点星火播撒到同学们心中，让时代的旗帜高高飘扬！

知行合一，在泥土花香里做追求卓越的践行者

"这里没有都市早晚高峰，没有城市霓虹夜市，不需要挤在地铁里赶时间，但需要基层干部跋山涉水、翻山越岭，守得住寂寞、耐得住性子。基层工作有时很忙碌有时也很寂寞，而初心就在这绿水青山之间得到提纯。"讲师团成员丁勇强受邀参加能动学院研究生党支部举行的主题党日活动，他结合自己在湖北恩施鹤峰县实践调研学习的经历，以"新鲜、提纯、敬佩、真心、感动"五个关键词，做了题为《我将无我，不负人民》的宣讲。

寒假期间，为了更好地讲述基层脱贫攻坚一线的感人故事，讲师团成员们奔赴湖北恩施、江西吉安等地开展了以"初心百年，'理'担使命"为主题的红色专项调研活动。他们结合自身实际，深入了解家乡在党的带领下发展建设的奋斗故事、脱贫致富故事、绿水青山故事、乡村振兴故事等，通过短视频、照片、人物访谈、文字记录等多种方式宣传家乡的奋斗事迹，并将其作为素材宣讲。

讲师团牢记习近平总书记"既多读有字之书，也多读无字之书"的谆谆教诲，多次赴湖北红安、湖北孝感、河北正定等地开展"不忘初心、牢记使命"主题教育实践活动，并充分利用武汉红色文化资源，组织成员参观中共五大会址、二七革命纪念馆等红色圣地，参观"抗击新冠疫情专题"展览，洞察社情国情，感知国家发展。

功夫不负有心人。2021年5月，讲师团在天门市的宣讲活动结束后，一位爷爷激动地鼓掌说道："你们这些年轻人，真是不错嘞！"讲师团成员朱文涛再次回忆起当时的场景时，仍然记忆犹新："基层对自身而言是一个'大课堂'，只有把自己当作一名'小学生'，才能学有所获。"

"听众的收获是对我们最大的肯定，也是一种鞭策。"讲师团团长魏然说道，宣讲不仅仅是讲，也有学的过程，"在接下来的宣讲过程中，我们也会继续将学习与宣讲深度融合，脚踏实地、潜心观察，在祖国大地的泥土花香里不断提纯成长。"

"生逢盛世，当不负盛世。"作为一支由青年学生组成的年轻队伍，时代也赋予了武汉理工大学研究生讲师团最好的机遇。在中国共产党成立100周年之际，把党史故事讲生动、把历史逻辑讲明白、把制度自信讲透彻是讲师团

每一名成员心驰之、神往之、践行之的目标和使命。他们用青春力量阐释中国故事，在传播党的创新理论的道路上不负韶华、追求卓越、奔涌向前。

【研究生讲师团简介】

研究生讲师团成立于2019年，由来自全校13个学院的50名研究生党员组成，是以"学习、实践和传播习近平新时代中国特色社会主义思想和党的十九大精神"为宗旨；以"推动我校思想政治工作守正创新，用自身思想、行动和感悟引领广大青年学子团结在党的周围"为前进方向；以"理论深度、情感温度、思想高度"为宣讲原则；以"红色之团、勤学之团、善思之团、明辨之团、笃行之团、卓越之团"为总体建设目标，充分发挥思想政治引领作用的红色队伍。团队累计开展宣讲85次，受众5000余人次，累计宣讲时长2000多个小时，先后荣获"第五届中国青年志愿服务项目大赛银奖""第四届全国高校大学生讲思政课公开课展示活动优秀奖""第十七届'挑战杯'全国大学生课外学术科技作品竞赛红色专项活动湖北省特等奖""湖北省志愿服务项目大赛银奖""湖北高校马克思主义理论学科研究生宣讲习近平新时代中国特色社会主义思想比赛一等奖""湖北省大中专学生志愿者暑期'三下乡'社会实践活动优秀团队""理工青年十大精英团队"等荣誉和奖励。

来源：武汉理工大学新闻网 2021年6月28日

武汉理工大学口译队："译"路向前

口译，也叫口语翻译，讲者仍在发言时，同声传译员便同时进行翻译，一边接收来自讲者的讯息，一边将讯息尽快传递给听者。在武汉理工大学外国语学院，就有一支口译队伍，他们用自己扎实的专业功底和敬业精神，为来自不同国家、使用不同语言的人们建起了沟通的"高速公路"。

应运而生　顺势而为

武汉理工大学是教育部批准开办翻译硕士的第二批院校。2011年，武汉理工大学外国语学院翻译专业硕士（MTI）开始首批招生，学院院长甘文平教授对其进行了明确定位，即依托学校材料、交通和汽车等三大优势专业，培养实用型翻译人才。

"拳不离手，曲不离口。"语言的生命力在于运用，翻译只有在不断的实践中才能得以检验和提高。实用型翻译硕士的培养对传统的教学模式提出了挑战，课堂的讲解并不能让学生有切身体会，模拟会场的口译训练也无法代替现场同传箱里的实战。2012年，为了探索"在实践中学习"的教学模式，武汉理工大学口译队成立。学院为口译队专门配备了两名专业指导老师，除了极少数外国语学院本科生，多数队员都是翻译硕士。

"相较于笔译，口译不那么枯燥，但是将MTI学生培养成一个相对成熟的口译员是要师生双方共同付出极大心血的，且口译入门的门槛不低，真实的实践机会不易有。"口译队指导老师解阳平这么说。

成立之初，学院便将一些外事活动的陪同口译和交替传译工作交给了口译队，每周定期举行的学术讲座都尽量安排在有同传设备的报告厅举行，队员们译前集训需要调课或者借用设备、教室，也全部走"特批通道"，最大限度地为他们提供便利条件、创造实践机会。

"一名好的译员，除了语言以外，知识面、知识结构也很重要。既要是一个专家，同时也要是一个杂家。"翻译工作所需要的知识是没有限量的，学习能力非常重要。口译队指导老师但海剑要求队员们要保持强烈的好奇心，不断去吸收新鲜事物和新鲜知识，平时有意识地收集各行各业资料，任务来临时也要有针对性地"抱佛脚"。

每一次有新任务来临，但海剑老师和解阳平老师都会带领队员们收集所有发言代表的背景材料、视频、音频、论文、图片……不放过任何一点有用的信息。邀请专业领域的教授和博士多次座谈，共同对演讲者可能涉及的发言内容进行预测，对学术词汇的选用和表述进行反复研判。分类整理往届会议相关资料，对会议流程中需要的各项翻译工作进行详细的部署分工，在学院同传间展开模拟训练。实践中，口译队逐步摸索形成了"平时加强口译训练，会前集中魔鬼训练，会场自信输出，会后深刻总结"的工作模式。

此外，口译队还以每年定期举行的两大口译赛事——"中译杯"和"海峡两岸"口译大赛为平台进行人才选拔、队员磨炼和实战预热，在历年历届的比赛中均有不小的收获。经历了会场实战、赛事锻炼，队员们的口译技能和心理素质也日趋成熟。

学以致用　声名远播

短短3年多时间，武汉理工大学口译队发展迅速，招募并培训校内外口译学员百余人，提供各类口译服务总计千余小时，其中大型国际会议同传十余场，得到了主办方和与会人员的高度认可和一致赞誉，实现了从课堂走向校园，从校园走向社会。

2013年10月，首届硫铝酸盐水泥材料与工程技术国际学术会议在我校举行，来自12个国家和地区的专家代表出席大会，武汉理工大学口译队承接并圆满完成了同声传译工作，这也是我校举行的首次由校内师生来提供同传服务的国际会议。

在硫铝酸盐水泥材料与工程技术国际学术会议上的出色表现让口译队在校内赢得了声誉，也获得了更多的机会。2013年11月，由共青团武汉市委、武汉市青联举办的"青春大讲堂"讲座在我校开讲，口译队承担了讲座的交替传译工作。澳大利亚新南威尔士大学光伏及可再生能源工程学院院长理查德·库克斯（Richard Cocks）教授担任主讲人，他将以光伏发电装置为阐述对象做了90分钟的讲座。面对极其专业和陌生的演讲内容，队员们深知既是挑战也是机遇。通过大量的专业知识准备和良好的译前沟通，口译队成功完成了任务，更赢得了主讲人的连连称赞。理查德·库克斯教授对队员们说："我在中国做过多次讲座，听众的提问与交流告诉我，你们的口译是最好的一次……"

口译队在校内一译成名，也逐渐走出校门，为政府部门、行业协会等机构提供语言服务。2014年11月，由中国物流与采购联合会、湖北省人民政府和武汉市人民政府共同主办的第五届全球公共采购论坛暨公共采购博览会在武汉国际会展中心拉开帷幕，来自多个国家的1300余名嘉宾参与了本次论坛。武汉理工大学口译队承接了大会的同声传译任务，应组委会的要求，口译队还需负责同传设备的安装和管理，机场接送外宾、欢迎晚宴等系列活动的联络陪同口译。队员们不负众望，将高效优质的翻译和热情自信的服务从会前一直保持到会议结束。

2015年7月至今，武汉理工大学口译队一直为第十届中国（武汉）国际园林博览会核心主馆之一——长江文明馆提供翻译服务。长江文明馆体验厅"黑暗骑乘4D体验项目"引进了荷兰ETF（交易型开放式指数基金）最先进的无轨三自由度骑乘车，项目由电影《阿凡达》视觉特效总监、被称为"好莱坞3D技术之父"的恰克·康米斯基（Chuck Comisky）任总导演。口译队向这个世界级团队细致地传达了长江文明馆的制作需求和效果要求，准确地将中国文化元素传递给设计者，促进了各方的顺畅沟通和项目的有序推进，他们的出色表现得到了武汉市园林局领导和外籍团队的充分肯定。

在第六届全球公共采购论坛暨公共采购博览会上，武汉理工大学口译队还有幸获得曾担任周恩来总理翻译的倪耀礼先生的褒奖。倪先生得知此次会议的翻译工作是由一群大学生完成的时，特意来到工作台看望，他对口译队的现场同传赞不绝口，夸奖了队员们的专业素质、高质量的翻译水平，还有朝气蓬勃的精神面貌。

用心做事　译行合一

"口译是沟通的桥梁，本质是服务。最高层次的沟通与服务不仅在技能层面，更在情感层面。用心做事，译行合一。"对口译队指导老师解阳平来说，口译是更大的课堂，对学生而言是更大的舞台，言谈举止、待人接物都要体现服务意识。

"语言只是口译工作的基础，更重要的还是做人做事的态度，与人打交道的能力和人际交流的技巧，我们所要教给学生的也正是这些。"口译队但海剑老师说，"好的口译员就像水面上的天鹅，你们看到的是水面以上它优雅的一面，但实际上水面下它的两只爪子是在不停地扑腾。背后付出的努力，只不过不为人所知罢了。"

台上一分钟，台下十年功。会场从容淡定的背后是口译队指导老师和队员们艰苦训练洒下的汗水。"我们要提前熟悉所有的流程，甚至要比主办方了解得更多。我们不只是翻译，还是导游，有时甚至还要做侦探。"队员王英华刚上研一已经积累了数次同传经验，并顺利拿到了业界含金量最高的二级口译证书。她说这里有最尽责的老师，有最努力的同学，有最精彩的实践，有最广阔的视野，是不容错过的选择。

在外国语学院，MTI硕士毕业前需要提交不少于400小时的练习录音；在口译队，老师还会要求每位队员在完成任务的当天提交一份学习反思。队员们的学习反思就是一个个鲜活生动的案例教材，有原本半小时的宴会翻译被延长至两个多小时的状况，有连续在工地现场工作12小时的经历，还有考虑到外宾饮食文化向主办方提出建议获得赞赏的故事……实际的工作中，仪态礼仪是否得体、突发状况如何应对、团队怎样协同配合，已不是单纯发挥语言技能那么简单。

口译队培养的目标不是一两个核心的成员，而是一个有效运转的团队。在口译队这个大家庭里，每位队员都有机会参与到实践中，每位队员都有属于自己的成长故事，在师生的共同努力下，形成了独有的传帮带文化和团队精神。MTI在校时间仅有短短两年，然而队员们专业素养的提升和合作精神的养成却使他们受益终生。

"口译队让我成了更好的自己。"现任深圳农村商业银行品牌助理兼董事长翻译的杨文婷是口译队第一届队员。"名师指点提神锐，实战经历最宝贵。"2014级队员冯畅说道，他是现任瑞典环境科学研究院驻武汉联络员。口译队队员成为用人单位的"抢手货"，在求职时更具竞争优势。

武汉理工大学口译队的成长历程也是我校翻译硕士学科建设的一个缩影。在学校和学院的大力支持下，武汉理工大学口译队敢为人先、勇于尝试，积极挖掘校内资源，争取校外机会，一方面为学生们提供了实战演习的机会，另一方面也满足了社会上对同声传译人才的需求，在各类国际学术会议、外交外事的翻译舞台打响了自己的"金字招牌"。"在实践中学习"的教学模式和"实用型理工特色翻译人才"的培养目标，也引领着学校外语学科的发展方向。

来源：《武汉理工大学报》2016年3月30日

"互联网+"大学生创新创业团队：
追科技向善之光　做创新创业路上逐梦人

晨烯初见，刀锋淬刃，氢能助力。

今年，由武汉理工大学选送的《理工晨烯——全球柔性石墨烯天线引领者》项目（以下简称"理工晨烯"）、《刀锋科技—全球高端刀具涂层服务领导者》项目（以下简称"刀锋科技"），在第七届中国国际"互联网+"大学生创新创业大赛总决赛中获金奖，《氢领科技——氢燃料电池电堆解决方案提供商》项目（以下简称"氢领科技"）获银奖。这是学校在"互联网+"大赛国赛中新的突破。

可喜可贺的成绩背后，是各项目团队夜以继日的精细打磨和奋力拼搏。穷理以致其知，反躬以践其实。项目团队以习近平总书记提出的"四个面向"为引领，坚持科技向善理念，聚焦创新创业，探索发挥科技创新的"实效性"，将科技创新成果转化为推动经济社会发展的现实动力。

选题：聚焦前沿　勇于突破

"科研最重要的是敢想敢做，认真去想，落到实处去做。"理工晨烯项目组指导老师何大平说道。

接到比赛通知后，理工晨烯项目组开始商议选题。"选题该如何定位？我们能利用现有的资源做些什么？能通过这个项目为社会创造些什么？是一直萦绕在我们脑海中的问题。"理工晨烯项目组成员说道。

"在反复讨论还没有确定好选题时，有同学萌生'在前人基础上改进'的想法，何大平老师立马'劝住'我们，他说这样再怎么改都是在大树上修枝干，不如我们自己重新种一棵树，慢慢培育，让树苗茁壮成长，更有成就感。在何老师的启发下，我们摒弃之前'偷懒'的想法，结合研究方向，瞄准国家重大发展需求去找选题。"理工晨烯项目组陈鹏飞回忆道。

理工晨烯项目组深知，只有强化基础材料，才能赋能"中国制造"。石墨烯作为一种新型纳米材料，正悄然走进人们的生活，在半导体、柔性电子、生物医学、储能、传感检测等诸多领域具有巨大产业应用价值，世界上不少国家将石墨烯作为高科技发展的战略制高点，在高端研发方面竞争十分激烈。要想实现石墨烯的创新领跑应用，必须瞄准"战场"，主动"出击"。

项目组陈鹏飞谈道："每次有好的点子，老师们会和我们坐下来一起探讨，有什么创新点，在实际应用上有什么意义。就这样经过一次又一次的探讨和打磨，一次又一次的推倒重来，我们最终把目光聚焦在石墨烯天线这个未来信息发展的重要领域，确定'全球柔性石墨烯天线引领者'这一选题，通过研发柔性石墨烯天线来实现石墨烯高端产业化应用，助力中国通信信息产业发展。"

"这个选题到底行不行，能不能做下去？会不会成功？"同样是研究生创意组的刀锋科技项目在选题之初也一度陷入难题。

刀锋科技项目组成员来自材料复合新技术国家重点实验室，实验室经过数十年的科研攻关，实现了梯度纳米涂层的量产，开辟了国内自有的高端涂层体系，要在这些成绩之上去实现更大突破，对项目组来说，压力倍增。

在项目组指导老师章嵩看来，"互联网+"比赛的意义不仅仅在于做出好的科研成果，更在于通过比赛，引导学生感悟科技向善的理念和力量，树立正确的科研观，勇于创新并推进更多科研成果落地生根、造福于民。

面对如今高端制造的快速发展需求，国内的高端刀具涂层技术现在仍处于受限困境，在高铁钢轨养护、航空航天和汽车制造等领域有八成以上依赖国外进口。国外一支成本不足300元的高端刀具，出口到国内售价高达3000元，10倍差价的背后不仅是国外企业大量攫取的市场份额，更是一旦国外停止供给，国内的生产线将面临停工，国家战略安全将面临巨大威胁。"该我们做点什么的时候到了。"项目组秉持着这样的初衷，延续着实验室良好的科研精神，从书架到货架、从试验室到工厂流水线，针对国内高端涂层刀具长期受制于国外的现实困境，寻找新的突破口，致力于实现高端刀具涂层以及相应装备的国产化。

"比赛结果是未知的，但我们想要做成的东西是明确的。"氢领科技项目组蔡媛琪说道。

今年全国"两会"上，碳达峰、碳中和被首次写入政府工作报告，在交通领域，发展清洁能源氢能代替传统的化石能源成了一种重要的方式。目前国内氢燃料电池电堆技术普遍尚未成熟，相比于国际水平差距较大的境况，"在日本丰田早已在新能源汽车上实现使用氢能的情况下，我们能做什么？该做什么？"这是氢领科技项目组在选题之初一直在思考的问题。

氢领科技项目组师生所在的湖北省燃料电池重点实验室，历经数年的反复试验和市场验证，在燃料电池方面积累了一定的经验。"要做就做最核心的，能助力我国领跑氢能时代。"项目组师生一合计，决定专注于氢燃料电池汽车中最核心的部件——电堆的研发和生产，结合交通领域清洁能源发展需要，提出"氢燃料电池电堆解决方案提供商"的新思路。

攻坚：无惧失败　在实干中练就"真功夫"

古之立大事者，必有坚韧不拔之志，做研究、搞科研亦是如此。

选题定下来后，就是比赛筹备阶段。刀锋科技项目专注于解决高端刀具的涂层问题，而涂层技术涉及的科学问题多且复杂。在涂层装备的搭建过程中，不仅需要材料方面的知识，还需要与机械和电路打交道。"虽然我们都有工科背景，但面对机械和电路的专业知识，也有些陌生。"项目组杨迈说道。项目组通过查阅了大量的资料，向相关专业老师请教，来填补多学科交叉的知识空白。

理论基础有了，实验技术生疏又成了现实难题。"在前期缺少经验时，都得靠章嵩老师手把手教我们，'一遍学不会，就多来几遍'的话语一直激励着我们克服难题，不惧失败。在涂层设备搭建中，除了需要专业知识的支撑，细节尤为重要。大到各个设备模块的布局，小到每一颗螺丝的安装，都有需要注意的细节，任何一个小细节的疏忽都会造成最终的失败。在整个比赛过程中，我们对每一个细节都会慎之又慎，在一次次失败中寻找经验，再多花时间去仔细打磨、严格把控，让每一个零部件都能严丝合缝、恰到好处地安装上。"项目组唐佳杰说道。

科技成果和实际生产就好比两座山头，中间隔着产业化的深渊。对于刀锋科技项目组这样一个"产学研"项目来说，要想项目成果最终成功落地，不仅要求项目组成员做个严谨细心的实验员，还要有丰富的市场经验。

"闭门造车可不行，我们要走出去，深入市场，才能了解市场难点，解决项目难题。"项目组协商后开始多方筹措，积极联系，先后到武汉耐斯刀具厂、苏州艾钛科纳米科技有限公司和厦门钨业等多家企业走访、学习。从每一个零部件，到一间间厂房，从刚开始的一知半解，到后来的娴熟对话，大家一笔一画地认真记录，一遍一遍地虚心请教，一步步深入了解高端刀具涂层行业的迫切需求和市场痛点，充实的调研报告对项目后续的发展起到了关键作用。

在攻克完一系列技术和生产难题后，如何将复杂的科学技术在短短的10分钟内通过简练易懂的方式传达给现场听众，成为项目组在比赛时面临的最大难题。

在项目组看来，项目的科技理念大众听得懂、产品用得上，才算成功。针对这一问题，项目组多次将项目内容讲给非材料专业的师生听，听取多方意见，对项目多个细节无数次打磨，对路演和答辩细节字斟句酌，才形成了打动评委和观众的最终版本。

不积跬步，无以至千里；不积小流，无以成江海。对理工晨烯项目组来说，石墨烯材料虽具有天然优势，但要实现理工石墨烯的量产和产业化，难度很大。在石墨烯膜的制备过程中，电导率必须突破10的6次方这个数量级，但目前现有的石墨烯只能达到10的5次方。为了满足这一条件，项目组进行了1000多次实验，从300余种方法中选出成功方案，通过引入高温碳修复和剪切流动技术，突破宏观石墨烯电导率瓶颈。"每次等待实验结果，就像期待一个新生命的诞生，既紧张又期待。有时候为了等待一个结果，我们在实验室一待就是好几天，有时候遇到急需攻关的关键时刻，指导老师何大平也顾不上吃饭，顾不上休息，和我们一起等结果。"项目组成员如是说。

　　实验结果的成功只是完成了第一步，实验室研究和生产线之间还隔着巨大的鸿沟。要做好柔性石墨烯天线，既要保证产品的性能又要保证产品的产量，从原料选品上就要慎之又慎。"一次不行，就再来一次，石墨烯这么好的材料，怎么可能做不出来。"项目组正是凭着这一股子韧劲，一步一个脚印往前走。他们先后选用12家原料厂商，进行反复实验对比。"我们不能只考虑实验结果，还要考虑原料的价格和利用率，我们使用的原料中，常州一家公司的原料数据和其他公司存在差异，经过几百次实验反复对比，炉子都差点烧坏了，最后的验证结果是，这家公司的原料不仅质量高，而且还降低了成本。那一刻，我们都欣慰地笑了。"项目组陈鹏飞说道。无论是大年三十的晚上在实验室"偶遇"并肩奋战到大年初二，还是炎炎夏日十余人围坐在停电的小房间修改商业计划书，都成为他们脑海中深刻而难忘的记忆。

　　从前期技术研发到比赛现场的呈现，三支获奖团队都经历着一遍遍的精雕细琢，一次次推倒重来，再一次次总结规律的过程。

　　对氢领科技项目组来说，在电堆的研发和生产上，合适的流场板设计和材料的选取十分困难，但是又十分关键。"在设计验证的过程中，我们每次推翻上一次的设计从头开始设计验证的时候，心情十分复杂，都会怀疑地问自己要不要继续做下去。"项目组成员说道。

　　流场板的设计直接关系到氢燃料电池电堆的体积功率密度和额定功率等重要性能参数。项目组前后经过多次设计并且加工成成品，组装成验证需要的短堆进行验证，才终于定下了第三代金属双极板设计。"在项目组老师的带领下，我们更有信心在每一次的失败中找到原因，马上投入下一代的设计中。实验、对比、验证、讨论……我们一遍一遍地重复着，有惊喜也有失落，有疲惫也有激动，功夫不负有心人，最终我们采用纳米金涂层工艺以及全新的流场设计，得到了具有高有效面积比的超薄金属双极板，开发出全国产化、自主化的130kW电堆产品，各项性能参数超越目前世界排名第一的日本丰田murai二代电堆技术。回想这一路，虽然坎坷，但是我们从没想过放弃。"项目组蔡媛琪说道。

传承：教学相长　共逐科技向善之光

科教事业是接力事业，只有薪火相传才能拾级而上、登高望远。对于三个项目组而言，科技竞赛不仅是学习知识、攻坚克难的过程，也是教学相长、传承科学精神的过程。

"我们就像一粒'种子'，在学校创新创业肥沃的土壤里生根发芽、茁壮成长，练就了一身'敢闯会创'的本领和力量。"获奖团队成员唐佳杰说道。

在指导学生推进比赛项目时，何大平会鼓励学生要勇于创新，敢于啃硬骨头。每次课题组开组会，何大平都会让每一个人上来讲自己这段时间学到了什么，有什么新的想法。他提道："很多学生的想法灵感都很好，就是要帮他们释放出来，让这些年轻的思想去碰撞，这样才能有新的产出。学生的思维很活跃，有时候能看到很多我们平时忽略掉的细节。与其说在教导学生，不如说是和学生一起学习进步，有时候他们自己钻研的东西会让我们觉得很新奇，甚至在我们科研遇到瓶颈的时候，学生的一些想法也能够给我们很好的建议。"

"亲力亲为、注重细节"是刀锋科技项目组对指导老师章嵩的评价。"去掉科研里的形容词，科学精神最根本的就是要有严谨的态度，用科学数据说话。"这是章嵩对科学精神的理解。他平时在对学生的教育中始终坚持要去掉科研工作中的形容词，要以事实数据说话，无论是在项目组汇报还是在比赛过程中，都要杜绝使用"好、坏、高、低……"等形容词，要定量描述科学问题，做到有凭有据。

刀锋科技项目组杨迈回忆道："我记得有一次设备调试过程中，发现漏气，我们再三检查都没找到原因，眼看实验要失败了，还找不出原因，当时很焦灼，也有些沮丧，心里产生了一些畏难情绪。章嵩老师凭着丰富的经验仔仔细细地排查了好几遍，最终确定是我们安装靶材螺丝时没有拧到位，造成了真空抽不下去导致的漏气。整个过程浪费了大量的时间和精力，而章嵩老师并没有责备我们，而是教导我们说靶材螺丝的安装也要严格按照三步走，尤其是对于真空设备，小到螺丝、垫片或者胶圈，都不容忽视，省略步骤而追求速度，显然不可取。章嵩老师对于细节的严格要求深深影响了我们团队，在后来的筹备过程中，正是对于每一个细节的严格把控，才取得了最终的成绩。"

氢领科技项目作为师生共创组唯一获得国奖的项目，同样也离不开团队的努力和老师们的辛勤培育。郭伟作为项目主要指导老师，他坚持不懈的科研精神激励团队全身心地投入项目，严密的思维逻辑鞭策同学们快速提升。谈到备赛过程，郭伟说："这次比赛也是老师和同学们相互学习的过程，指导老师们为他们带来的是专业知识指导，他们让我们看到了年轻一代追梦人身上的活力与激情。做研究要严谨细致但是也需要大家把思维打开，站在更高的角度去思考问题，才能把事情做得更好。只有将严谨务实、精益求精、敢于创新的科研态度落到实处，才能在科学研究上实现真正的突破。"

科技创新并非阳春白雪、空中楼阁，它更能服务于经济大局，推动社会的发展。一直以来，学校积极营造鼓励创新、支持创业的良好氛围，着力提高学生的创新精神、创业意识和创新创业能力，以赛促教、以赛促学、以赛促创，搭建大学生创新创业项目与社会投融资对接平台，推进学校创新创业教育不断迈上新台阶。一代又一代科教工作者和理工学子牢记科技向善的初心，传承科技报国的精神，努力实现科技自立自强，勇做创新创业路上的追梦人，书写科技为民的责任担当。

来源：武汉理工大学新闻网2021年11月24日

李鹏飞：从农村走出的全煤冠军

近日，第20届"中国青年五四奖章"评选揭晓，27名来自全国的杰出青年获此殊荣。其中就有来自山西省晋煤集团古书院矿采掘一队的生产副队长、我校网络教育学院2014级采矿工程专业的学生李鹏飞。一名从农村走出来的最基层的采煤工人，通过自己不懈的努力，逐渐成长为全煤技术比武冠军，再到"全国五一劳动奖章""中国青年五四奖章"获得者。从班组长到生产副队长，一步一个脚印，他用自己的实际行动实现了人生的"华丽转型"。

矿洞里的"书呆子"

今年36岁的李鹏飞出生在山西省晋城市沁水县一个普通的农民家庭。高中毕业后，为减轻家里负担，1999年，他以农民轮换工的身份，通过招工到山西省晋煤集团古书院矿从事井下一线工作。工种是掘进架棚工。这是井下岗位最辛苦的工种之一，用四个字可概括——"苦、脏、累、险"。一个班要上8个小时，要架十几架棚，有时甚至在齐腰深的水里干活，非常辛苦。

秉承着"越是艰苦的环境，越能锻炼人"的信念，李鹏飞很快适应了井下工作，掌握了基本作业技能。通过井下实践操作，细心的李鹏飞发现，工作面掘进机操作技术含量高，不是每个人都能轻松掌握的。有心的他闲下来就在网上查找相关资料开始琢磨，不懂的地方下班后总是缠着老矿工师傅们问这问那，一些实际操作经验与方法被他暗暗记在心里。

2003年，他所在的生产队急需培养一批年轻技术骨干充实到掘进机司机后备梯队里，虽然参加工作仅两年，但李鹏飞凭借过硬的技术，被破例定为"综掘机司机"后备人选。

为了不辜负这份信任与期望，他把业余时间都交给了书本，一摞一摞的专业书被他翻破了，小本子上密密麻麻记满了笔记，老师傅们也被他问烦了，宿舍工友给他取了个"书呆子"的绰号……就这样，在外人眼里看似枯燥的业余生活中，他的知识慢慢积累并丰富起来。他先后拿到运输机司机、水泵工、锚杆支护工、井下维修电工等多个岗位的资格证书，从一名"门外汉"逐步成长为单位的技术能手。

全煤行业冠军的诞生

李鹏飞所在的古书院矿每年举行一次职业技术大赛，这为李鹏飞的快速成长提供了一个良好的平台。2005年，矿上组织的综掘机司机技术比武，李鹏飞第一次参加就获得了第三名的好成绩。此后，他在晋煤集团举办的各类技能比赛中屡获佳绩，连续三年被授予晋煤集团"技术能手"称号。他的付出得到了单位的认可。2009年，他被提前转为古书院矿长期合同工。

精益求精，是李鹏飞的工作信条。从技术比武中找差距，是他提升自我的方法。用他自己的话说："参加比武，不是就为拿个名次，而是通过比武，找出自己的差距，从而提升自我。只有与高手较量过，才知道自己存在的不足。"

2011年，第四届全国煤炭行业职业技能竞赛在晋煤集团举办。然而，竞赛内容没有他熟悉的综掘机司机工种，要参赛就必须熟悉掌握新工种，怎么办？有着一股子不服输劲头的李鹏飞决定从头学习，他毫不犹豫地一头扎进了支护工工种的理论学习和实操训练当中，并于当年报考了我校网络教育学院矿山机电专业专科阶段进行学习。

学习一个自己并不熟悉的工种不是一件容易的事，李鹏飞把业余时间全部用在了新工种的学习上，通宵达旦对他来说已经习以为常。功夫不负有心人，2011年9月3日至9日，来自全国60余家煤炭单位的400名优秀选手参加了第四届全国煤炭行业职业技能竞赛,李鹏飞以94.6分的高分一举夺魁,成了全国冠军,并被推举获得"全国五一劳动奖章"。

技术团队的领头羊

已是副队长的李鹏飞随着岗位的变化,越来越感到自己知识的不足。在国家建立"终身学习型社会"的号召下,2013年7月,他以平均分86.6分的优异成绩从我校网络教育学院如期毕业,2014年他又再次报考了网络教育学院采矿工程专业本科阶段的学习。

2012年,古书院矿成立了以他名字命名的"李鹏飞大师工作室",在全矿抽调拥有高级技师、技师职称及荣获全国煤炭行业、省市等劳动模范的李鹏飞等9名员工建成了劳模技术创新团队,由李鹏飞担任组长,做好技术攻坚和"传帮带"。李鹏飞在妥善处理自身工作学习的同时,与煤炭系统的同学们组成了学习小组,建立起学习型班组,以"增强学习意识、增强团队意识、增强安全意识,提升协作能力、提升操作能力、提升安全能力"活动为载体,通过"理论培训"加"井下现场辅导"的方式,带领大家开展学习交流和讨论,与大家一起探讨工作中遇到的难题,互相交流,互相切磋,营造出"比学赶帮超"的良好氛围,为企业培养了大批技术骨干。"李鹏飞大师工作室"因此被中国煤炭工业协会授予"全国煤炭行业技能大师工作室"的称号。

现如今的李鹏飞扮演着"双重角色"。在"李鹏飞大师工作室"里,他是一名优秀的技术导师;在矿井下,他是一名冲锋在前的生产副队长。面对这么多荣誉,他说得最多的一句话就是:"不是我个人怎么样,而是我赶上了一个好时代,感谢企业为我提供了各种锻炼平台。"当记者问起他今后的打算时,他憨憨一笑,说:"我没有想那么远,只想在岗位上脚踏实地地干好本职工作。"同时他寄语在校同窗要珍惜大学时光,好好学习,踏踏实实走好人生每一步。

来源:《武汉理工大学报》2016年5月30日

叶堃：带着"和平勋章"载誉归来

"这一年，我深刻感觉到战争对一个国家和这个国家的人民来说有多残酷，能为利比里亚的和平事业做出贡献是我最大的荣誉，同时我也深刻感受到我们的和平生活来自祖国的日益强大。"回想过去一年在利比里亚的维和经历，叶堃有感而发。

携梦前行　踏上维和之路

叶堃，1990年出生，陕西省汉中略阳县人。2013年，叶堃从我校航海技术专业毕业。2013年6月，他如愿走进期待已久的绿色军营，开启军旅生活。2014年1月，他被分配到苍南县边防大队，由于表现出色，他很快升职为县边防大队炎亭边防派出所正连职干事。

2015年，有着热血男儿本性的叶堃听说浙江省边防总队在组建第四支赴利比里亚维和警察防暴队的消息，渴望为国建功的他马上报名。政治审查、体能测试、心理评估、基础技战术、面试……通过边防大队、支队、总队层层筛选，叶堃成功入选预备队员。2015年6月，他和其他队员集结在德清进行先期训练；2015年11月，他来到位于河北廊坊的中国维和警察培训中心参加集训。

等着叶堃的是魔鬼式强化训练：封闭式军事化、无双休、每天授课9小时以上，学习训练包括各类枪支射击、班组战术、武装警卫、人群控制、国际法准则、特种战术防暴业务理论等几十个科目。在廊坊，冬天零下十几摄氏度的严寒、恶劣的空气时刻考验着叶堃和他的战友们。但是他们没有退缩，反而把恶劣天气作为有利的练兵时机，在雪地里爬行、在严寒中射击、在霜冻中练体能、在雾霾中拉练，一次次挑战生理极限、磨砺钢铁意志。晚上，大家聚在一起学习联合国法规、英语等专业技能。2015年年底，经过三轮残酷筛选，凭借过硬的素质，叶堃顺利通过考核，入选为中国第四支赴利比里亚维和警察防暴队队员。

叶堃是家中的独子，怕父母担心，他瞒着父母报了名。"直到我参加集训一两个月后，我才告诉父母我参加维和选拔了。"放着国内安稳和平的环境不待，却要奔赴千山万水之外的利比里亚，父母一开始很是不理解。叶堃一次次做父母的思想工作。后来，军人出身的父亲理解了他的想法，支持儿子的决定。

真实的远方　充满了艰辛和危险

"世界那么大，我想去看看。"实际上，真实的远方，远没有那么浪漫和诗意。去非洲维和之前，叶堃和队友们做了充分的准备。但是，经历了近20个小时的飞行，走下飞机的那一刻，异样的空气和酷热，让叶堃有点儿懵圈了——"这个城市比想象中的还要落后很多！"没水没电的环境、动荡的局势、疾病和巨大的文化差异，让初到利比里亚的每个人都充满了很大的精神压力。所幸，大家很快就适应了工作和生活环境。

万里之遥的西非利比里亚，拉丁文的含义是"自由"，然而十余年的内战，使这个国家贫困、动荡，时刻存在着危险，是联合国公布的世界最不发达的国家之一。

"2016年3月，我们进入利比里亚维和地区。"叶堃说，他们主要承担防暴任务，不仅要维护当地的治安，还要开展要人警卫、武装巡逻、突发性事件处置、培训当地警察、加强文化交流等任务。

在利比里亚维和，危险无时无处不在。叶堃印象中最危险的一次当属

2017年2月27日到3月1日前往利比里亚边境洛法州弗亚镇进行的长途巡逻任务。洛法州处于利比里亚、几内亚和科特迪瓦三国交界，走私毒品猖獗、枪支泛滥，矛盾冲突时有发生，危机四伏。洛法州距离蒙罗维亚单程有470多公里，路况非常差，"我们开车开了十几个小时都没到达目的地。"叶堃回忆，当天下着雨，土路多深坑，沿路充满悬崖峭壁，非常难开。当晚大家夜宿在一间废弃的厂房内，卫生防疫没有保障，随时有感染疟疾、埃博拉病毒的危险。"第二天早上5点起来继续赶路，有几处路比较难走，车子在行驶到一个坑大的路段打滑上不去，还有侧翻的危险，我们全部队员就下车，在做好警戒工作后，其余人员拿铁锹、镐头把路填平，这样车才能过去。"

除了面对武装的危险，叶堃和队员们还面临着埃博拉病毒反复、疟疾、拉萨热、黄热病高发等危险，蚊子很多，连蚂蚁也会攻击人。队员们每天都要带着农药喷壶，早晚都得在营区里喷洒杀虫剂。利比里亚的基础设施并不完善，尤其是水资源极其缺乏。队员们经常要开着运水挂车去附近的水厂运水，转存到基地水袋、水箱、水桶里，这也让大家养成了节约用水的好习惯。

承担警卫任务　护航女总统

叶堃是防暴队一分队三小队的小队长，也是英语翻译队员。到利比里亚不久，他被抽调到三分队派驻利比里亚首都蒙罗维亚解放军运输连，在利比里亚外交部执行定点驻守任务。定点驻守的同时还需要担负总统出行的外围警戒工作，这是中国警察首次在一个主权国家的核心政治部门负责一国元首的日常安全警卫工作。

在外交部定点驻守执勤的36天里，需要24小时分三班倒不间断巡逻放哨。叶堃和战友们每天全副武装，背负枪支、防弹衣、钢盔、对讲机等重达40多斤的装备，在40多摄氏度的高温下一站就是8个小时，就连吸进肺里的空气都是灼热的。他们汗如雨下，衣服湿了又干、干了又湿。夜间，天气闷热，蚊虫特别多，隔着衣裤都能被叮一身的包。当时正值埃博拉疫情反复阶段，隔离点离外交部仅几百米距离，疟疾、拉萨热等更是常见。队员们生理和心理上都面临着巨大的考验，但大家不敢有丝毫松懈，时刻提高警惕准备应付突发情况。

在这样的情况下，来自中国的维和警察防暴队和当地执法部门一起，先后圆满完成了维护数起示威游行的秩序等任务，获得了联合国利比里亚特派团、利比里亚政府等各方的赞誉。在勤务结束时，叶堃和队友获得了总统瑟利夫女士的亲切接见。

头戴蓝盔、手持钢枪穿梭执勤巡逻现场，第四支赴利比里亚维和警察防暴队140名队员顺利完成了维护世界和平的使命。履职期间，防暴队先后出动警力16821人次，完成维和任务627批次，妥善处置群体性事件16起，获得了当地民众以及国际社会的高度评价，被联合国称赞为全球16个任务区89支维和防暴队中的最高水平。2月21日，联合国利比里亚特派团代表联合国向中国第四支赴利比里亚维和警察防暴队140名队员授予"和平勋章"，叶堃就是其中之一。

来源：苍南新闻网2017年3月28日

郭志峰：做青春领跑者，让梦想在兵者荣耀中闪光

每天清晨6点，伴着婉转的鸟啼声，升升学生公寓楼下总会出现一个早起晨跑的身影，这位以运动开启每一天学习生活的晨跑者叫郭志峰，是来自宁夏吴忠的一名土木工程与建筑学院2019级本科生，也是优秀青年大学生士兵的一员。

2018年至2020年，郭志峰服役于中国人民解放军战略支援部队，先后执行演习保障、前线指挥所开设等重大任务，获中国人民解放军北部战区信息通信旅"新兵先进个人""优秀义务兵"等荣誉。退伍复学以来，郭志峰保持"退伍不褪色"的优良作风，先后被评为武汉市"优秀退役大学生士兵"、武汉理工大学第十五届"理工青年十大风云学子"、土木工程与建筑学院"建工精神传承者"。

以实际行动扛起青春责任

2018年，郭志峰在校园里看到了征兵宣传海报，内心深处对军营的向往、对祖国的责任感越发强烈，他给自己的人生选择了一个新的方向——参军报国。2018年9月1日，郭志峰走进新兵连，成为中国人民解放军战略支援部队北部信息通信旅的一名光荣战士。

作为一个"新兵蛋子"，陌生的环境、新认识的战友、高强度的训练，这一切对郭志峰来说都是难题，"只要练不死，就往死里练"成了他在部队的生活日常。郭志峰直面挑战，勤学苦练军事技能，哪怕双腿发软膝盖痛得不行，他仍然咬牙坚持，最终用23秒突破了自己爬战术的极限，各项科目也从"不及格"到"优秀"，顺利完成了从地方青年到军人再到合格军人的转变。在新训结束表彰大会上，郭志峰荣获中国人民解放军战略支援部队北部信息通信旅"新兵先进个人"荣誉。战友问郭志峰："211大学的高才生为什么来当兵？"郭志峰的回答简短却铿锵有力："参军报国是我们每一个人的责任与义务，大学生更要担负起新时代的强军使命。"

在服兵役的第二年，郭志峰多次参与演习保障任务，在中朝边界执行驻训任务时，他的双手经常被冻得失去知觉，但强烈的使命感让他毅然坚守岗位。郭志峰的日常工作是巡护20多公里国防光缆，他需要每天清晨就从连队出发，穿树林、过苞米地、爬深沟，仔细检查20多公里光缆线上的每一处细节，确认无误后在下午四点半之前回到连队参加体能训练。尽管没有休息日，尽管日复一日重复着相同的工作内容，郭志峰却甘之如饴，他深知，一遍又一遍的训练，就是为了在执行任务时不负祖国和人民的期望！服役期间，他负责的路段未曾发生过一次光缆阻断事件，因任务完成的出色，2019年11月，他被评为中国人民解放军战略支援部队北部信息通信旅"优秀义务兵"。

土木工程与建筑学院党委书记谢文峰评价说："部队生活让郭志峰这位00后从成年到成人，教会了他将'我的梦'和'强军梦''中国梦'紧密联系在一起，更教会了他能够坚持追梦，回归大学校园后继续为梦想而努力。"

以实干精神诠释青春担当

2020年9月,两年义务兵服役期满,郭志峰卸下军装,告别火热的军营,重新回归校园。这对他来说既是终点,更是人生新的起点。

初心不改,归来仍是追梦人。郭志峰常常听别人说"当兵后悔两年,不当兵后悔一辈子",但他自己笃定:"当兵时不后悔,退伍后更不后悔。"复学后,郭志峰以"可以当个好兵,就一定能当个好学生"为座右铭,制订了一套严格而精确的学习提升计划。他每天早晨坚持6点起床锻炼身体,为学习打下了坚实的身体基础;他主动竞选团支部宣传委员,成为集体对外宣传的窗口;他积极参加学校各项赛事及相关社会活动,训练自己的表达能力,开阔专业学习视野;他主动掌握课外本领,参加线下军转课程的培训,获得了心理咨询师(高级)技能证书。

复学之后,郭志峰有意识地训练自己的创新创业能力,顺利从2020年洪山青年创新创业营结业;他持续强化专业知识,成功加入全国大学生结构设计竞赛集训队;他结合专业深入研究,发表学术论文2篇。对于刚刚接触专业知识的大二年级学生来说,如若不清楚所学专业知识的作用和社会价值,很可能会出现学习兴趣不高等情况。郭志峰发现,班上很多同学上专业课"抬头率"不高,甚至有部分同学干脆"自习"写作业,为此,他主动向老师请缨,自己找公司、跑工地、找项目,创造性地组织师生前往"武汉市政南泥湾项目部"开展了一次"沉浸式"专业学习,一下子激发了同学们专业学习的热情,获得了老师和同学们的一致认可。

土木工程与建筑学院院长吴斌评价说:"郭志峰是土建学院'建工精神传承者'的一个缩影,他用自己的实际行动创造着力所能及的价值。希望他继续发扬建工人团结拼搏、不惧困难、锐意进取的精神,践行青春责任与使命!"

以行助朋辈传递青春理想

端起枪,他是祖国的忠诚卫士;拿起笔,他是理工的优秀学子。军旅生活带给了郭志峰太多宝贵的财富,教会了他刚毅、坚定、自律、懂得感恩的优秀品格。重返校园后,郭志峰把部队所学所感讲述给身边的同学和学弟学妹们听，传递参军荣耀的理念，以实际行动助力征兵宣传，为学校营造爱军报国、助人为乐的浓厚氛围贡献了力量。

2020年，郭志峰主动报名并通过遴选，成功加入武汉市警备区征兵办"兵者荣耀进校园，青春有约驻军营"校园巡回宣讲团，他以一名优秀退役大学生的身份，结合自身经历，先后参与武汉理工大学、湖北第二师范学院、武昌理工学院、武汉工程科技学院、武汉科技大学城市学院等5所高校的征兵宣讲活动。同时，他积极参与我校举办的征兵系列活动，面向学校21个学院进行宣讲动员，用军者荣耀激励青年进步，感染更多同学立报国之志。

在生活中，郭志峰亦甘做星星之火去"燎燃"身边人。回到校园后，郭志峰依然保持在军营的作息习惯，坚持每天清晨在宿舍园区晨跑，他的举动也感染着身边的同学们，从室友到同班同学再到邻班同学，越来越多的"青春奔跑者"在他身边涌现，比、学、赶、超的氛围越发浓厚。复学不久，郭志峰自荐成为"学习困难"同学的帮扶"搭档"，每周带着同学锻炼打卡一次，帮助同学主动调整状态；每天带同学一起出入自习室，不厌其烦地讲解习题；生活中，他"一厢情愿"地成为"小家长"，提醒同学安排好自己的作息等。郭志峰用自己的故事与经历激励和鼓励他人，在为期近一年的努力付出和帮扶下，他所帮扶的同学从精神状态到学习成绩都有了明显提升。

土木工程与建筑学院党委副书记林凯说："两年的部队生活沉淀的不仅仅是青春岁月，更是坚强的品质。愿郭志峰身上的兵者荣耀感染更多的同学，让更多的新时代有志青年演好青年角色，展现青年品格。"

2017年，习近平总书记在给新入伍大学生的回信中提道："希望你们珍惜身穿戎装的机会，把热血挥洒在实现强军梦的伟大实践之中，在军队这个大舞台上施展才华，在军营这个大熔炉里淬炼成钢，书写绚烂、无悔的青春篇章。"与祖国共命运，与时代同奋进，以郭志峰为代表的广大理工青年心怀家国、脚踏实地，投笔从戎的经历也必将激励更多青年大学生在肩负时代重任时行胜于言，在攀登知识高峰中追求卓越！

来源：武汉理工大学新闻网 2021 年 6 月 4 日

熊方宇：推开科研这扇窗

追逐梦想的道路充满着困难和挑战，而唯有敢于面对，持之以恒，方可一直前行，到达终点。

2016年8月22日，第十届"中国青少年科技创新奖"颁奖大会在人民大会堂举行。我校材料与工程学院2012级材料物理专业学生熊方宇手捧沉甸甸的奖杯，对着镜头腼腆地笑了。这个1994年出生的大男孩说："奖杯的获得是对自己本科四年的肯定，更是一种责任，科研之路还很长，我要继续努力。"

走进科研

"小时候就想做个科学家。我对材料比较感兴趣，想在材料领域做出一点成绩来。"2012年，对大学校园满怀憧憬的熊方宇进入我校材料科学与工程学院材料物理专业学习。

面对崭新的大学生活，熊方宇刚开始很迷茫，不知道自己将来会去向何方？做怎样的事？成为怎样的人？

9月的新生开学典礼上，熊方宇看到了贴有师兄赵云龙科研事迹的展板。

认真阅读后,他被震撼了,原来本科生也可以在科研中取得了不起的成绩。

一个月后,在学院的优秀学子报告会上,熊方宇见到了赵云龙。

赵云龙讲述了他是如何进实验室,投身科研,最终发表了高水平学术论文,在国家竞赛中大放光彩的科研经历。

熊方宇问自己:"同是本科生,师兄能做到的,我为什么就不能呢?"他明确了自己的方向。

大一的专业导论课上,麦立强老师为学生讲述奇妙的纳米世界。这是熊方宇第一次接触纳米材料。巧合的是,麦老师是赵云龙的指导老师。熊方宇在心里暗暗发誓,一定要进入麦老师的课题组学习。

熊方宇从辅导员处得知,学校为提高本科生创新能力,推行"导师制"培养模式,学生在本科期间可以申请一名指导老师,并参与导师的科研实验。

大一下学期,熊方宇毛遂自荐,通过导师面试环节,从几百名竞争者中脱颖而出,进入了武汉理工大学纳米实验室麦立强老师的课题组。

在麦老师的指导下,熊方宇开始在纳米储能材料上做研究,走上了科研这条艰难又充满挑战的道路,开启了他追逐梦想的旅程。

执着创新

2013年4月,熊方宇进入实验室学习。

刚进实验室,熊方宇做的都是打下手的活儿。刷洗烧杯、配制溶剂等基本操作是每天的功课。"大一那会儿,我们住南湖,实验室在西院,每次走过来都要近一个小时,在实验室主要是干洗烧杯之类的活,很多同学放弃了,但熊方宇觉得是乐趣,每天坚持,暑假也如此。"室友段裕松佩服熊方宇的执着。

重复基础工作之余,熊方宇在实验室安琴友师兄的带领下学习相关实验操作,从纳米材料的合成、表征,到电极片的制作和电化学性能测试等。

从阅读相关领域的文献开始,熊方宇逐步学习纳米储能材料的基础知识。因为大一还没接触专业课,加上文中有许多专业英语单词,这些专业性极强的论文对他而言如同"天书"。熊方宇没有被这些困难吓倒:单词不懂,就一个个查词典,不断推敲最恰当的解释;专业知识不懂,就从零开始,阅读入门的专业书籍，寻求答案。

经过半年多时间的学习，熊方宇不再是什么也不懂的门外汉，对论文的阅读也不再艰难，实验操作开始变得得心应手，学会了科学研究的基础方法。

2013年暑假，在一次科研小组会上，安琴友师兄带着几个本科生进行文献学习。在讨论论文时，安琴友提了一句，可以尝试一下用论文中的方法合成五氧化二钒多孔纳米棒。别的同学只是听一听就算了，但熊方宇却立即去尝试了。得知熊方宇经过数十次的实验，效果都不好，安琴友引导他尝试别的方法。就这样，熊方宇获得了第一个课题，在老师和师兄的指导下，开始实验研究。

熊方宇的课题是关于五氧化二钒作为锂离子电池正极材料的研究。刚开始时，他们合成了五氧化二钒八面体，但是八面体的尺寸太大，达不到所想要的性能。怎样才能让材料的尺寸变小呢？熊方宇通过改变反应时间、温度、原料进行尝试，结果不是八面体的结构被破坏，就是尺寸仍然大，均以失败告终。

面对一次次的失败，熊方宇没有气馁。他提出："既然我们不能改变它的大小，为什么我们不能换一种思路，改变一下它的结构呢？"在与老师和实验室同学讨论后，熊方宇决定转变思路，在八面体上构筑多孔结构。

新的尝试开始了，那段时间，熊方宇压力很大，既要面对繁重的课程，又要经受实验失败的痛苦。经过两百多次的尝试与失败，多次调节煅烧过程的参数，熊方宇实现了多孔结构的构筑，并发现了煅烧温度与多孔结构的相关规律。测试结果如他们所预料，这种类似于被虫蛀了的八面体，作为锂离子电池正极材料，电池充放电500次后容量为首次充放电的95%以上，而使用商业化块状材料的电池则低于50%，这项发明大大提升了锂离子电池的循环寿命。

随后，熊方宇和他的课题组成员对多孔八面体进行了更深入的研究。基于该项成果，申请了一项国家发明专利，撰写的论文经过一次拒稿、两次修改后，发表在了国际知名刊物 *Nano Research*（《纳米研究》）上。

不言放弃

每天去实验室逐渐成为熊方宇的习惯，晚上十点以后才回宿舍已成家常便饭，有时为了节约时间他就睡在实验室。

"他特别能吃苦，任何时间给他电话，他都在实验室，周末、假期都是如此。"材料学院团支部书记田仕说道。

熊方宇的"有心"给实验室的安琴友老师留下了深刻印象，而他在科研上花费的大量时间和精力也让安琴友感动。"很多时候，我早上七点前到实验室，就看到熊方宇背个书包从实验室出来去上课，作为师兄、作为老师，他的这种科研精神让我感动。"安琴友说道。

熊方宇坚信：科研之路，永无止境。

三年多来，他不断克服困难，迎接挑战，相继完成电极材料的多个实验研究。在实验研究的基础上，他在 Advanced Energy Materials（《先进能源材料》）等国际知名刊物上发表了4篇论文，并申请了2项国家发明专利。其间，熊方宇所在的本科生团队——武汉理工大学新型纳米储能器件团队也获得了大学生"小平科技创新团队"的称号。

2015年，基于大二、大三的一系列研究成果，熊方宇参加了湖北省第十届"挑战杯"大学生课外学术科技作品竞赛，获得了特等奖并入围全国决赛。在精心的准备和多次模拟答辩练习后，终审答辩环节熊方宇淡然地面对评审专家的多次提问，他的团队最终获得第十四届"挑战杯"全国大学生课外学术科技作品竞赛一等奖。其参赛作品《钒系自缓冲纳米电极材料的设计构筑及储锂机制原位分析》也为其所在实验室的合作企业——武汉理工大学力强能源有限公司推进高性能钒系电极材料的实际应用提供了理论基础。

当大家赞叹他的成绩时，熊方宇表示："我所取得的成就，与实验室的老师和同学的帮助密不可分，当我遇到解决不了的困难时，老师会耐心地为我解答，当我遭遇失败时，他们会在我旁边给我鼓励……在科研路上，我的团队就是我的导向标，是这个团队对我一次次的协助与鼓励，让我一次次取得成功。"

如今，熊方宇已成为我校2016级材料科学与工程专业研究生，并获得直博资格。他深知，在纳米储能材料上，他的科研之路才刚刚开始。

来源：《武汉理工大学报》2016年11月20日

彭凡：实验室里走出的博士CEO

武汉理工大学近日在孵大学生创业企业——武汉励合化学新材料有限公司，获得北京中钰资本及武汉东湖创投共3500万元投资，估值达3亿元，一举创下湖北省内生物医药企业A轮融资单笔最大金额。

这家公司的CEO彭凡，当初从实验室里发现商机，以5万元起家创业，公司从陷入绝境到打动诺贝尔化学奖得主的高徒加盟，今年营业收入目前已突破5000万元，自主研发和销售的品类达到648种，成为一家专业定位于新型手性技术、手性药物研发及产业化的高新技术企业。

市场有商机手中有技术，说干就干

在武汉理工大学读博期间，彭凡在做一个关于手性材料（制药中端需要的一种高端材料，作为原料药的合成材料）的课题实验时，需要频繁采购原材料。他发现若干种手性材料很难买，即便找到供应商，价格也非常昂贵，毫克级别的产品就能卖到几万元甚至几十万元。

许多化合物的结构都是对应性的，好像人的左右手一样，这被称作手性。彭凡介绍，药物中也存在这种特性，在有些药物成分里只有一只"手"有治疗作用，另一只"手"没有药效甚至有毒副作用。采用手性技术合成只有一只"手"的药物，其药效高、用药量少，而且副作用小，成本低，易于进行工业化生产，但合成的技术难度很高。

手性化合物的品类非常多，比如，在1600多种成品药中，65%属于手性化合物。全球排名前十的药品中，7个属于手性化合物范畴。

"但科研院所研发不了解市场，中小制药企业买家不清楚技术研发。市场与研发供应端的信息不畅通，买卖双方互相找不到对方。"因此，传统的手性化合物需求商都是靠打广告，吸引供货商上门联系，一般是小批量，多批购买。

基于自己在材料领域多年的知识积淀和商业敏感性，彭凡判断在手性化合物的合成和贸易这一细分领域，"行业存在市场空白，这是巨大的商机"。

当时，他和研究伙伴已经掌握了几种手性材料的合成制作工艺。市场有商机，手中有技术，彭凡说干就干。

2011年10月18日，他用5万元注册成立武汉励合化学新材料有限公司，租下武昌区阅马场南方大厦一个破旧仓库用来办公，拉上5个合伙人，开始了创业之路。

"'励精图治 合作共赢'，为此公司取名'励合化学'，最初我们雄心壮志。"但第一笔生意，就让刚成立的公司几乎陷入绝境。

由于对原材料供应商缺乏有效了解，在没有收到货的情况下，公司就直接付了全部款项。不料对方最终一批货也没发，将3万元货款全部骗走。

团队陷入无休止的争吵之中，5位合伙人有2人相继离开。资金紧张、人员分离、业务模式不清晰、经验不足，公司发展陷入了前所未有的困境。

彭凡带头和剩下的员工一起主动停拿两个月的工资，每天工作超过12小时，并重新梳理清业务模式，逐渐挺了过来。"那段时间几乎每天吃楼下的桂林米粉，因为便宜。"彭凡说道。

"任何时候，CEO都不能放弃，这是成功的唯一秘诀。"彭凡说，从本科到研究生阶段的科研道路磨炼了他坚韧的品质，如同实验过程中所必须去经历的实验步骤，唯一要做的就是踏踏实实走好每一步。"做实验时，有可能1000次才会成功一两次，我已经习惯平静地接受失败了。"

2012年，江苏一家国际贸易集团开来一张18万元的采购订单。3个月后订单累计达到32万元，还附带一份30余页全英文的原材料供应商审计申请报告。

看过报告后，彭凡才知道这家贸易集团服务于韩国第二大制药企业，而海外大型医药公司对原材料供货商的选择要求高、标准严。一旦供应商审计通过，就不会轻易更改。

为了抓住机会，彭凡带领团队前后花了1个月时间，全力配合企业到厂实地考察，终于如愿通过原材料供应商审计。

锚定手性化合物贸易双方的信息沟通痛点后，彭凡的公司迅速发展，一年内就获得了248万元的销售额。

精诚打动诺贝尔化学奖得主弟子

2012年7月，在上海的一次国际API（原料药）展会上。彭凡有幸和来自澳大利亚的著名手性化合物专家克里斯蒂安·山多夫（Christian Sandoff）教授结识。

山多夫教授在中山从事手性化合物类药品的开发项目。其日本老师野依良治，曾因手性化合物催化剂关键技术而成为2001年诺贝尔化学奖得主。

"如果能和这种全球领域内的高端人才合作，将会极大地助力公司发展。"彭凡找上山多夫教授，想从他在中国的代理公司拿货寻求合作，但遭到了拒绝。

彭凡没有放弃。一年多时间，他坚持每周给教授发一封邮件，从中国美食、茶艺、到轻松休闲的话题，即使没有回复，他也依然坚持。了解到山多夫教授很喜欢中国的茶艺，彭凡特意买了江苏宜兴特色的紫砂壶和古树普洱茶送给他。

当拿货额累计到100万时，教授对这帮年轻人折腾的小企业的看法才有所改观，开始让他在中国的代理公司接受合作。"但最开始的这种合作是不对等的，真正的核心技术和定价权不在我们手上。"

在不断的坚持中，彭凡团队在实验室破解了一项关键技术，让山多夫教授一下子刮目相看了，专程到武汉达成战略合作协议，正式签约为公司技术负责人，还引荐了两名国外领先的手性技术研发人员，帮助励合化学研究高端手性化合物和手性技术。

有了教授的加盟，公司的升级见效很快。2014年，公司推出重磅级手性催化剂产品（全球只有3家公司能批量生产），并成功出口到韩国。2015年6月，公司在东西湖区建立起省内最大的手性技术实验研发基地。目前，该公司有10个高端手性化合物品种在国内领先，两三个品种全球领先。

打造研发贸易一体化平台

"贸易是产业链的最下游，只有进入研发领域，才能追逐产业链当中的最大利益。"虽然工科出身，但彭凡的商业思维却非常敏锐。

在一系列技术的支持下，彭凡联合华中科技大学同济医学院建立起"励合－同济手性药物研发与转化医学试验平台"，与武汉生物技术研究院共建了"仿制药质量一致性评价中心"，同时加强自主科研投入。目前，公司已经拥有2项发明专利和3项实用新型专利，陆续还有8项发明专利授权在申请之中。

在整合原有资源的基础上，彭凡公司历时15个月，对医药化工这一细分领域进行了商业模式创新，建立了国内唯——家以手性技术为核心的垂直网络综合平台"吾爱化学城"，初步形成了从技术研发到产品及技术服务、贸易合作为一体的综合性手性药物服务商。

"吾爱化学城已经覆盖了整个交易链条。"目前该平台已经在武汉、南京、合肥、上海四地建立了仓储支撑，可以实现24小时到货。

"以往会有账期，先供货一个月后才结账。"彭凡说，依托这个平台，改变了精细化工领域传统的付款模式，都是先付全款再发货，解决了小公司先行垫资的风险。通过网站建立其客户评价体系，用过往交易记录相互评价，获得信誉。

这个细分领域的市场到底有多大？彭凡以医药巨头阿斯利康公司为例，那家公司一年研发投入超过20亿美元，全球来看，市场空间难以想象。

彭凡透露，未来励合化学的重点战略之一是瞄准医药化工行业互联网＋。通过在线交易平台和专业的技术服务团队，为中小研发企业提供最便捷、最经济、最专业的服务，解决中小研发企业客户在化学品采购中交易信息不对称、采购周期长、议价能力差、供应商服务意识弱等痛点，使全球化学品交易更透明、更高效、更便捷。

由一名普通的在读博士生，到创业新锐、"湖北省十大优秀创业人物"之一，武汉理工大学创业学院院长赵北平评价这个自己得意的扶持对象身上有三大特点："第一，能够从实验室里发现商机，首先自身有着很强的商业敏感性；第二，不管是技术研发还是面对困难，都很能够坚持；第三，能够掌控全局，很擅长整合团队、资本，发挥最大效应。"

来源：《中国青年报》2017年5月16日

苏超超："定制"T恤年销千万元

近日，在武汉市科技局、洪山区政府主办的洪山嗅钛第二届创新创业大赛总决赛上，苏超超凭借他的互联网+"定制供应链"创业项目一举夺得特等奖，斩获奖金25万元。

今年，这个一度不被看好的创业理工男打造的"定制文化衫"项目服务于新浪、腾讯游戏、百度、跟谁学等全国1300多家企业和高校，年销售收入稳破1000万元。当多数同龄人还在为工作奔走时，研二学生苏超超已成功带动40余名大学生就业。

在山东一个农村家庭长大的苏超超，从小只要一放学就会跑回家帮忙干活，"父母靠做馒头、卖馒头供我上学。虽然生活还算安稳，但他们十几年来每天起早贪黑，十里八村地卖馒头，赚的钱又少，太辛苦了"。

生活的艰辛让苏超超更加懂得家庭和责任的意义，也更加勤奋。2011年9月，苏超超以班级第一名进入我校汽车学院热能与动力工程专业学习。

入校不久，苏超超便给自己定下三个目标：大学期间自己养活自己；成为十大风云学子；毕业之前，能够开着自己的小汽车回家。

大一春游，班级特意统一定制了个性的出行服装。当其他人在专注欣赏沿途的风光时，和同学们穿着统一设计、同一版型T恤衫的苏超超却看到了无限商机。

此时，恰逢同城高校武汉科技大学研究生解砾在校卖内衣创业的报道出现，给了苏超超更多的创业参考。团购网站如火如荼，苏超超思考能否用这种线上模式做线下的校园团购。

经过一番调研，苏超超发现自己所在的学校校区属于狭长地形，同学们对自行车的需求特别大。摸清了市场行情，他便利用自己在学生会工作的优势，迅速拉人组建起初期团队，到各个宿舍散发传单，一周之内卖掉了100多辆自行车，掘到了第一桶金。

此后，小团队还做了移动电源、制图卡尺、U盘、台灯等其他团购，少则盈利几千元，多则上万元。

团购的火热势头，使得苏超超信心满满，他在校外租下一间60平方米的办公室，扩展了文化衫定制服务、代找兼职、家教介绍和文化传播等业务。同时，联合武汉大学、武汉工程大学等学校的创业团队组建了高校创业联盟，立志打造校园服务类创业团队的"航母"。

刚刚拉开架势准备大干一场的苏超超很快迎来了当头一棒。由于四处出击精力分散，业绩很快大幅下滑，几个月下来，近40人的队伍相继退出了一大半。

苏超超至今清晰地记得那个"特别的日子"——2013年3月8日，"开学后团队第一次集体会议，只来了6个人"。

苏超超这才发现，校园里并不是每个人都笃定了创业的打算，很多同学加入团队，都是抱着做兼职赚外快的想法，并不会全身心地投入，"要想做成一件事，还是得寻找专业的人"。

前期的创业试水，虽然让苏超超发现了校园创业团队的局限性，但细心的他也发现，校园文化衫定制市场存在服务痛点——厂商在服务上很少替客户考虑，设计、售后等也过于传统，与学生的市场需求不能有效结合。

鉴于第一次失败的教训，苏超超想出了通过张贴合伙创业海报招人的方法，他在设计学院找到了专业学设计的同学，打造最新的文化衫设计创意。亲自去汉正街考察优质厂商，把控好价格和质量。同时，他招收学生代理，拿着样品、宣传单亲自到各个班级去推广文化衫，在服务上狠下功夫。

紧贴校园文化的设计、亲自上门的便捷服务、已在校园里形成的知名度，苏超超的文化衫定制很快吸引了越来越多的学生客户。

2013年上半年，苏超超迎来了校园文化衫定制需求旺季，从3月至5月，团队共卖出约两万件衣服，仅在学校内部就卖出了近1万件，销售额累计达50万元。

"当年的毕业季和新生文化衫需求都被我们垄断了。"几年后回首当时的火爆场景，苏超超依然有难以抑制的兴奋。

同年7月，苏超超注册成立了武汉由米定制科技有限公司，他解释为"you and me"，即有你有我，他希望每个成员在这里都能找到归属感，也希望可以给每个客户提供优质的服务。

校园里的创业路没有坦途。2014年年初，6名核心创始人中，一名决定考研，一名打算入职企业，还有一名要跟随导师去做科研。核心合伙人的接连退出，不仅使业务受到较大影响，更要占用大笔的流动资金来回购股份，一家红红火火的企业一下子被置于濒临倒闭的边缘。

那段时间，苏超超不得不四处借钱，甚至一度要靠女朋友"接济"。最艰难的时候，这个校园里的大学生曾经负债达8万元，但他没有选择放弃，和剩下的两个伙伴四处借债维持运营，熬过大半年后扭亏为盈。

很快，苏超超开办起天猫由米旗舰店，顾客只需花30～70元便能随意选择T恤衫的设计风格、图案和面料，还可以指定设计师。针对校园内的毕业季定制市场，他们将目标客户延伸至武汉、长沙、南昌等地的高中、大学，寻找当地的大学生创业团队设置定制代理，主动抢占线下市场。

当大学毕业的脚步临近，苏超超也迎来了不断收获的日子。

通过在湖北、湖南、安徽、江西、河南等5省各区域的市场布点，公司迎来了快速发展，仅当年5月，一个月就赚了180万元，文化衫的销售占80%的份额。公司还获得了两家机构共300万元的天使投资。

随着公司的发展，苏超超发现这个项目虽能养活团队，但利润低、销售季节性太强，校园客户的推介成本高，他的目光又投向一个新的群体——中小企业，"一般给中小企业定制，人工服务成本高，需求量小，大型定制厂商都不愿意做"。

再次找到市场"痛点"的苏超超决定推出互联网定制，主打服装、礼品、办公用品，目标客户从学生群体转向300人以下的中小企业。他解释，这种定制可重复接订单，产品也容易标准化。相对于学生群体，企业客户更加稳定。

通过开发由米定制系统，一站式完成定制流程中所有沟通环节，有效解决了传统人工服务成本高的问题。"区别于传统的购物网站，我们销售的是小批量、定制化、紧跟时尚潮流的产品。同时在设计上，网站汇聚了一批一流的设计师。"苏超超表示。

从2015年开始，苏超超团队拿到了教育电商平台"跟谁学"的订单，一年为他们定制服装和办公用品20次以上，累计采购额在10万元左右。由此起步，公司通过参加大型会展，向全国连锁企业推介，寻找目标客户的定制需求。同时整合资源，在东西湖租下了2000平方米的厂房，设立了可以快速反应的中心加工厂。通过招商引入4个加工商，集中完成5种加工工艺，生产20种品类的产品，供应链不断集成，大大降低了物流成本。

经历了过山车一样在顶峰和谷底之间的巨大起落，这个还在校园里的24岁男孩感谢自己奋斗的青春，当别人在自习室自习，抱怨学校没有空调，或者窝在宿舍打游戏的时候，他却在外面顶着太阳往返公司与工厂间送货，彻夜加班，或不厌其烦地向顾客推销产品。

下一步，苏超超的团队将融资1500万元，用于引进专业人才和建立更多的区域中心。18岁时的3个小目标早已成为现实，他给自己描绘了一个新的梦想，在30岁那年环游世界，做90后中的"马云"。

来源：《中国青年报》2016年12月13日

刘志哲：给国粹陶瓷上一抹新"釉色"

在武汉理工大学的"创业梦想工场"里，一幅幅陈列在刘志哲陶瓷梦工厂展架上的陶瓷唐卡格外亮眼。

其中一幅释迦牟尼佛像唐卡，共有10多种颜色，色彩变化间过渡自然，细致的线条勾勒出佛像轮廓，图案富有质感，栩栩如生。

采用矿物颜料在布料或牦牛皮上手绘制作出来的唐卡，不能与水接触，无法折叠保存，极易褪色，不能受潮，也不能长期接受太阳照射，难以长时间完整保存。

刘志哲团队通过对古代的绝版唐卡图案进行激光扫描、数字编码，采用新型材料制作的瓷板唐卡，降低了对保存环境温度、湿度、光照的要求，上百年都不会褪色，该团队制作的一幅瓷板唐卡市价就超过10万元。

产品生产后3个月，没收到一笔订单

3年前，在武汉理工大学攻读陶瓷产品设计方向硕士研究生的刘志哲，发现自己经常有很多构想在陶瓷烧制实验过程中难以实现。

他曾设计了一款釉色70多层的唐卡瓷板画，然而实验过程中，各层釉色之间极易相互混淆，他只好凭着经验不断尝试，可50多次实验下来，也没能达到预期效果。

刘志哲请教了学校环保陶瓷研究院的老师，了解到加入材料学知识，能够解决这些问题，还能呈现出新的效果。

通过利用材料科学实验室仪器，分析陶瓷釉色中各化学元素占比，刘志哲逐次调整烧制的温度、时长、原料的使用量等，最终不仅解决了各层釉色之间相互混淆的问题，还通过加入某些稀有金属让釉色的呈现更富层次感。

恰逢学校大力扶持创业项目，打造"创业梦想工场"，2016年11月，刘志哲成立武汉楚薪陶瓷文化公司，迈出了创业的第一步。学校给他在创业园里免费提供了一间20多平方米的办公室。

刘志哲构思了以"文化陶瓷"为目标，涵盖"荆楚文化陶瓷""高校文化陶瓷"，以及日用"茶具""餐具""文化瓷砖"等诸多种类的创业方案，并带着这一方案参加了校、区、市、省各个级别的创业比赛，荣获诸多大奖。

2017年，刘志哲用奖金作为启动资金，投身创业实践。为了深入了解陶瓷市场的现状，刘志哲花了两个月时间实地走访了江西景德镇、河南禹州等著名陶瓷产区。

他发现，在陶瓷业，各产区内部有独立的制造经验技术，产区之间交流不足，让技术的融合和创新进展缓慢。"不同技术之间的交流能够带来制作水平的提高，闭门造车只会带来故步自封。"

刘志哲以钧瓷制作技艺为基础，并融合景德镇陶瓷的部分制作技术，带着团队在学校实验室设计制作了第一批产品。团队最初并没有考虑市场问题，结果在产品生产后3个月里，刘志哲没收到过一笔订单。

最困难时，公司账户上没有一分钱，刘志哲都不知道接下来该怎么走。老师吴剑锋鼓励他，"不要害怕失败，学校会尽可能地帮助你们"。

为陶瓷艺术注入新活力

2017年，刘志哲被学校和英国威尔士三一圣大卫大学的博士生联合培养项目选中，前往英国进行为期一年的学习，将公司的日常管理交给了合伙人齐少然。

在留学期间的一次展览会上，他看到当地产的陶瓷玩偶制作精美，一款由英国皇家道尔顿公司生产的产品，单个售价超过1000元。而国内陶瓷厂家生产的玩偶，单价多在100元以内。

国内陶瓷制作技艺并不落后，但欧洲、日本陶瓷公司的市场营销和品牌打造能力世界领先，皇家道尔顿、范思哲等品牌，让陶瓷从日用品一跃成为艺术品与奢侈品。刘志哲意识到，市场营销和品牌建设的重要性不容小觑。"把产品当作艺术品来生产，瞄准中高端市场，扩大品牌的影响力大有可为。"

回国后，刘志哲立刻在团队内部做调整。在产品的开发过程初期，把来自不同学科的成员组成小团队，推举出领头人，共同讨论产品的设计、制作、销售等各个环节。随后，由设计人员和制作人员共同完成成品，再根据营销团队提供的市场分析报告和营销策略方案进行产品优化。

不久前，团队制作的一款钧窑茶具，起初设计了5款颜色。营销团队收到样品后，调研消费者意向、收集意见、建议，分析制作成本、市场竞争等因素制作出市场分析报告，最终将蓝色确定为这款产品的主打色。

在刘志哲看来，加强团队成员在产品生产中的联动，能够充分发挥多学科团队的优势。

陶瓷中釉色的层次和变化是评价陶瓷质量的重要指标。刘志哲团队利用光谱显微镜分析釉色，从分析结果中反推制作过程，确定釉料中微量元素的应有含量，一次性改变釉色的成功率超过80%。

2017年9月，刘志哲团队申请获批成为武汉理工大学"创业梦想工场"建设项目之一。

讲好中国的陶瓷故事

最近，刘志哲和团队成员正忙着接收学校为梦工场新购进的陶艺设备。

在梦工场内，从拉坯、上釉到烧制的各项设备一应俱全，各式精美陶瓷陈列在展架上。

今年4月，占地1200平方米的"陶瓷梦工厂"建成并投入使用，学校还投资近500万元购置了一批专业陶瓷生产器材，供刘志哲等创业团队免费使用。

在陶瓷梦工场的二楼，刘志哲设计了一条展现中国陶瓷发展史的"历史走廊"，从新石器时代的陶到宋朝的五大名窑瓷器，再到明代的青花瓷。走廊的尽头，他特意留下几个空位。"这是留给未来的陶瓷，希望未来我们设计的陶瓷产品也能进入这里。"

近一年来，刘志哲频繁奔走在各大陶瓷主产区之间，探寻陶瓷产品生产的新方向。

如今大众的需求更加多元化，刘志哲和团队希望，用高科技融合传统工艺，打造出新的产品，讲好中国的陶瓷故事，倡导"精致生活"的生活美学，为大众提供更多的选择。

今年6月，刘志哲的公司和一家国内500强企业达成合作，获得近百万元的投资，成立研发中心，打造"木·瓷"系列产品。用镶嵌的方式，将木制品和陶瓷相结合，把瓷器嵌入木制桌椅等产品中，制造木瓷结合的生活家居用品。

来源：《中国青年报》2019年9月10日

王寒：用互联网思维定制婚恋珠宝的"魔法师"

有两个潜泳爱好者，同时追逐一个鱼群，在与鱼群嬉戏的过程中，双方认识并逐渐产生好感，最终走到了一起……两人找到设计师，想要将这份爱情用戒指永远纪念。

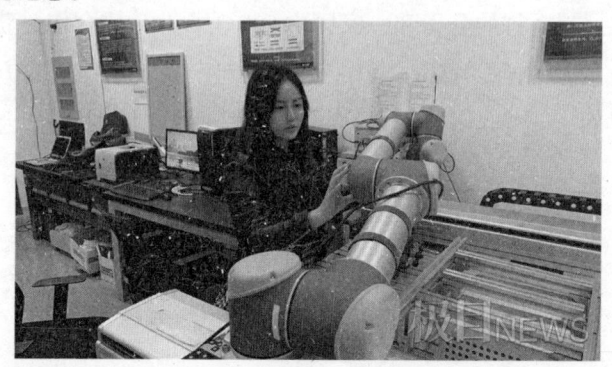

听完这个故事，设计师用3D打印技术为他们设计出了一对以鱼群为臂，浪花为托，点缀月光石的"海洋与鱼群"钻戒。让人惊艳的作品呈现出来了，一对恋人的手紧紧地握在了一起。

这个设计师就是年仅22岁的王寒。

4年来，这个武汉理工大学的研三学生和她的团队一直在做一件事：用3D打印技术，为情侣定制个性化婚恋珠宝，将设计与科技、美学与生活结合。王寒就像魔法师一样，帮助每一对恋人将彼此的爱融进婚恋信物，见证他们的甜蜜与幸福。

从单一的3D打印定制婚戒，到搭建线上设计师平台，为传统中小珠宝企业提供定制解决方案，王寒的创业公司累计营业额超过3000万元。

在12月5日刚刚落幕的2018年武汉市大学生创业项目资助决赛上，王寒凭借3D打印技术与AR增强现实技术为特色的互联网珠宝个性化云定制平台项目斩获大赛一等奖，荣获奖金20万元。

王寒与珠宝的相遇，源于一个巧合。

2012年，王寒考进武汉理工大学工业设计领域的数码设计专业。大一下学期，她跟随学院赴北京写生采风，第一次体验到3D打印技术，瞬间被这种高科技吸引，"当时很好奇，认为它必将对人们的生产和生活带来颠覆性的影响"。

从北京回来后，王寒在家人的介绍下，利用暑假时间进入了一家珠宝公司实习，到青岛、长春等地做珠宝巡展。

以前，和大多数人一样，王寒看到珠宝时也只会考虑"是什么材质的？戴在我身上好看吗？"但一个多月的实习，让她对珠宝行业萌生了商业思考。她发现，公司投入了巨大的广告宣传成本，但后期缺乏持续性，巡展结束后消费者若需再购买又没有渠道。珠宝产品设计较为传统，缺乏设计美感，只有低价才能激起消费者的购买欲。

结合采风时对3D技术的关注，以及对珠宝市场的分析，王寒设想，用3D技术打印出更多款式的珠宝模型，满足消费者多样化的需求，开创一个珠宝私人定制的全新领域。

大二刚一开学，王寒就向学校就业指导中心提交了创业计划书。彼时，武汉市推出了"青桐计划"鼓励大学生创业，王寒刚刚萌芽的创业想法，很快就被学校采纳。

拿着商业计划书，王寒邀请两位学生会的好友加入进来，一个校园里的创业团队就此组建。

团队顺利地申请到武汉理工大学创业园一间38.5平方米的办公室，第一年房租免费，第二年房租减半。2014年1月，王寒注册成立了武汉君珀珠宝有限公司。

通过网上搜索，王寒找到武汉市一家卖3D打印设备的工厂，引入了该技术，设计出可以打印的模型。

她介绍，传统的珠宝钻戒类产品，都是由工人花3～5天手工雕刻出蜡模，然后批量生产。而3D打印技术将珠宝设计图变成现实的3D石膏模型，再由珠宝工匠往石膏模内注入熔化的金属，制作成独特的珠宝首饰。

"传统珠宝首饰模型制作成本高，人均工资每天300元。一些复杂的镂空交叉结构，手工做不了。3D打印技术，建模设计2小时，打印3小时，单个模型的成本仅仅1.5元。"王寒说，这一技术还使得产品的整个制造周期由传统的25天缩短到7天左右。

随后，王寒到国内珠宝交易量最大的深圳水贝黄金珠宝批发市场，寻找合作厂家。"本来我们的量少，没有厂家愿意接单。但我们提出，能将这套打印出来的模型免费给他们用，省去他们开模制作的麻烦，最终说动了一家厂商达成合作。"

拥有自己的独立品牌首饰产品后，王寒团队在校外租下了一间实体店铺开始经营。但刚迈出创业步伐，他们就碰了壁。朋友介绍的一家实体珠宝店借货去展示，出于对朋友的信任，王寒没有签署借货合同。结果，对方拿走一批价值8万元的货后，一借不还。对团队而言，这几乎是多方筹措得来的所有本金。

王寒拿着"聊天记录"作为证据，找事发地派出所报案，也向法院提交了诉状，但因有效证据太少，缺乏有效力的合同文件，最终只得罢手。

之后，公司通过公众号，开通网络购物平台，扩大影响力。在他们搭建的网络定制平台上，订单一键就可以成交。

君珀团队这一支新锐设计力量在业界的知名度提高，也引起了香港贸易发展局武汉办事处的关注，他们邀请王寒参加香港的珠宝展。在参加国际珠宝展览时，王寒主动向国际独立首饰设计师发出签约邀请。此时，对方恰好也正希望有平台能够打开国内的市场。双方一拍即合。

前不久，王寒公司投资30多万元成立君珀ELLO设计师事务所，将国际优秀设计资源与国内市场对接。在团队的积极推动下，公司成功签约全球独立首饰设计师300人，拥有超过200件的外观设计授权，积累了大量原创珠宝设计方案，丰富了公司的设计师资源，让消费者多元化的个性需求得到了满足。

传统的珠宝定制周期长，并且价格不菲，而王寒则将珠宝的材质选取、搭配组合所需的价格、手工费等以透明化的方式展现给顾客，让消费者有更多的价格自主选择权。

此外，公司还组织专业的学术团队，研发AR虚拟珠宝试穿系统和VR人机交互虚拟珠宝展示系统，并成功研制出样机。客户在选择钻戒之前，会先填写一份包括圈口大小、戒指颜色、穿衣风格等在内的调查问卷，根据客户的喜好推荐出合适的钻戒，在样机中试戴，为消费者提供充分的选择空间。

为实现共赢，公司先后与多家大酒店联合，组建婚礼会馆，为新人提供一站式婚嫁服务，降低客户的开发成本。仅半年时间，就有超过1000对情侣在君珀定制了自己想要的个性化产品。

截至目前，公司先后在武汉、南京、上海开设了5家线下直营店。根据珠宝定制的特点，设计了调查问卷，将前来门店挑选珠宝钻戒的消费数据积累，推出了11步标准定制法，并开发出一套面向中小珠宝企业的软件，解决行业前端和后端的数据共享问题，成功签约深圳珠宝工厂20多家、武汉中小珠宝企业40多家，进行珠宝定制生产产业链改造。

2016年、2017年，君珀公司连续两年获得互联网+大学生创业大赛省金奖，更在今年的中国创新创业大赛上荣获"全国百强优秀企业"。王寒本人也先后被评为武汉市洪山区创业先锋、武汉市时代楷模、洪山好人，获得2017年创业大赛"十佳"称号。

光环加身的背后，这名校园里走出来的创业者坦承，创业没有太多坦途。创业初期，人手不足，还要兼顾学业。她经常熬夜到凌晨三四点，第二天一早又赶到学校上课，"几乎是凭借超强的毅力才完成了所有事情"。最终，她以超出11个必修学分的成绩完成了本科阶段学业，并凭借"现代化虚拟现实新媒体艺术交互展示的商业应用"研究课题，获得了保研资格。

"母校对我创业给予了巨大的支持和帮助，我一直心怀感恩。"现在，王寒与武汉理工大学共建了生源实习基地，为学弟学妹提供15种实习就业岗位，累计接纳和培养实习生100余人。2016年，君珀团队荣获湖北省"创青春"创业大赛金奖，团队成员12人均是来自武汉理工大学各个院系的学生。

"给公司取名'君珀'，源于我对dream和brave两个单词的发音解读，寓意人生要勇敢逐梦。"如今，这位22岁的珠宝"魔法师"正在一边创业，一边申请武汉理工大学经济学院的产业经济学博士，她希望不断增强自己的经济管理理论知识，将君珀公司打造成珠宝定制行业标准的制定者。

来源：《中国青年报》2018年12月14日

黄思源：毕业季，文言文话感恩

"桃李不言，下自成蹊。庶不才，无金玉车马之载，无人极龙凤之高，徒一片诚心，几行至文，顿首报恩尔。"近日，一篇毕业论文文言文致谢刷屏了武理人的微信朋友圈。这篇近千字的文言文致谢词，是我校计算机学院软件工程专业2018届毕业生黄思源只用了近3个小时写成的。即将去往美国华盛顿读研究生的黄思源用中华民族最精练的文字感恩大学四年的成长。

怀感恩之心　念理工之情

"致谢是应该的。作为一个有良心的人，当别人帮助过你、指导过你的时候，你就应该表示感谢，无论用什么方式。"黄思源细细回忆起在校四年接触过的人和经历过的事。

"学校的环境和氛围造就了我，让我结识到这些优秀的老师和同学们，以及各种各样的资源。"他说，导师张蕊认真负责、细致入微，从专业上促使他循序渐进，将理论与实践更好地结合起来。辅导员李珏关心备至，在他迷茫时，及时提出建议并指明发展方向。热爱哲学、科学和足球的黄思源还与丁山老师结下了深厚友谊，成了"忘年交"。实验室的科研团队、学院里的足球队、比赛时的团队，以及学院、班级、寝室里的同学，他都心存感谢。"这个世界不可能有人完全依靠自己成长，如果有人这么想，他一定是还没有意识到。对于这些帮助过我的人，我真诚地感谢他们。"

"泡图书馆"是黄思源的日常学习方式之一，他在专业领域埋头苦干。"这也是为了感恩老师对我的悉心指导，其实努力学习，对他们也是一种报恩。"

擅古诗文体　精哲学思辨

言为心声，文如其人。在家庭环境的熏陶下，黄思源从小就对中国传统诗词产生了浓厚兴趣。在风格类型上，他更倾向于苏东坡、曹操、毛主席诗篇里的豪迈气息。他们诗词中传达的积极乐观的人生态度更是从黄思源的一言一行中流露出来。从高二到大二，他写下了近200篇原创诗词。"不管是开心还是不开心，我一直都喜欢用诗表达内心的情感。毕业季这份致谢词用时这么短，其实是一个长期积累的过程。"

黄思源不仅热爱科学，同时热爱哲学。辩证地看待问题是他常用的哲学思维，他既能发现本专业学科的不断发展进步，也能看到国内在学科建设中的不足，并思考如何缩短其中的差距。

对即将出国留学的黄思源来说，出国留学是想学习最先进的科技本领。"学有所成后，回国帮助国家建设得更好，发展得更好，生活得更好。'落其实者思其树，饮其流者怀其源。'用最精练的文字写下这篇致谢词告诫自己，绝对不要忘记出发求学的目的，牢记自己出发的使命。"

走科研之路　看世界前沿

具有深厚文学功底的黄思源，也是一名科研佼佼者。他不仅在文学方面有所造诣，在科研上更是有所突破。大学四年，他一直坚定地朝着自己的目标和方向不断前行。大二他入校队进行数模训练，打入国赛；大二下学期，他参加蓝桥杯比赛，获得C++组省二等奖，作为队长参与武汉高校编程赛，获优胜奖；大三暑假，他进入百度北京总部实习，取得95分的优异实习成绩；大四上学期，他的第一篇科研论文在BDCAT 2017上发表，被ACM收录；大四下学期，他在 MSN 2017 上发表论文，被 EI 收录，并进行论文宣讲……

2016年下半年选课，对数据挖掘感兴趣的黄思源提前选了张蕊老师的"大数据分析与应用"课程。在课程考核中，他连续花了48个小时独立完成作品。张蕊老师给予了高度肯定，并邀请他进入实验室，黄思源的科研之路由此开始。

张蕊老师对他悉心指导，先从适中难度的任务布置，逐渐加深难度。在深入过程中，黄思源发现理论知识和前沿研究中间有一道鸿沟，请教老师后，他利用整个寒假的时间阅读了50篇国外文献，甚至在除夕之夜提交了两份文献阅读笔记给老师。第一次尝试写科研论文时，他也为此焦头烂额，不知所措。了解到该情况后，张蕊老师在凌晨两点联系了他，就论文写作进行了专门指导，这让黄思源一直铭记于心，感激不尽。

两年多的时间里，黄思源在团队的帮助下一步步成长起来。每一位队友都有自己独特的一面，年长者平易近人，年幼者勤奋努力，学术氛围浓厚，彼此相处融洽。

看到黄思源的致谢词后，张蕊老师说："开始觉得很惊喜，后来想想也是有迹可循的。毕竟他本来就有很好的文学功底，并且进入课题组以后非常努力，专业上有了很大进步。我们课题组的师生都很喜欢和欣赏他。而且，他态度落落大方，为人谦虚，也一直都对我和课题组的同学抱有感恩和欣赏的心。我觉得很幸运，能遇见这么优秀的学生。"

截至目前，黄思源同学共收到3个offer，被波士顿大学、乔治·华盛顿大学等大学录取。考虑到研究方向和进修哲学或文学第二专业等因素，最终黄思源选择前往乔治·华盛顿大学进修，相信这个文理皆优的男孩将会闯出一片新天地。

毕业之季，黄思源寄语学弟学妹们："无愧于自己的内心，找到合理的生活状态。在迷茫的时候，可以在图书馆多看书。对于一件事不要浅尝辄止，一定要刨根问底。希望大家在大学期间努力实现自己的梦想或者是人生目标，不管是什么，只要你觉得它有意义、是值得的，就勇敢去追。"

来源：《武汉理工大学报》2018年6月10日

媒体聚焦

【光明日报客户端】武汉理工大学"理工故事"传递教育力量

12月26日晚,"卓越之光"武汉理工大学首届"理工故事"展演会开讲。展演会以"为奋斗讴歌 向崇高致敬 传理工精神 谱育人新篇"为主题,理工人倾心讲述8个老教授、老校长、知名校友和优秀师生典型的故事,生动诠释"厚德博学 追求卓越"的理工精神,传递教育力量。

第一组故事由四位年龄70岁以上的退休教授深情讲述与我国最早的38位教授之一、辛亥老人赵师梅教授的点点滴滴。从抗战时期保护进步青年到新中国成立后简朴治学、关爱后辈再到临终前念念不忘"奖掖学子",赵师梅教授"身教胜言传",献身教育的拳拳赤子之心,让昔日同事和学生泪流满面。

"我为自己追求的梦想能和共和国的发展紧密相连而感到高兴。我很自豪地说,我把自己的心血和智慧献给了马房山,献给了我的祖国。"作土培花木,植心泽后人。在生命的最后时刻,武汉理工大学材料学科奠基人袁润章教授仍忍着剧痛在病榻上笔耕不辍,擘画学科发展蓝图。临终前他还放不下材料学科、放不下学校，嘱托将自己的骨灰分成三份，分葬在材料复合新技术国家重点实验室门前桂花树下、鉴湖校园的湖中和湖南老家。袁教授潜心科研、教育报国的情怀如桂花香熏染着一代代师生。

第三组故事讲述被誉为"中国舟船文化活化石"席龙飞的故事。多少年来，人们对郑和"宝船之谜"争论不休。席龙飞以翔实的数据和史实"替郑和说话"，为中国古船正名。席龙飞一辈子与古船结缘，他曾主持复原郑和宝船模型，出版《中国造船史》《中国古船图说》等书籍，刷新了世界对中国造船史的认知。《光明日报》曾以《舟船：承载中华文明七千年》为标题用整版篇幅进行报道。"我愿造巨樯，等闲渡重洋；中华新船队，威名天下扬。"56年过去了，从年轻教师到耄耋老人，席龙飞海洋强国的梦想仍像波涛澎湃的海浪一样激荡心房，仍不忘谆谆教导后辈"不忘初心与使命，扬帆起航走向海洋"。

《师说》《教育之本》讲述"师"以德为"帅"，"爱是教育的灵魂"的故事。在学习中亲身示范、耐心教导，在生活中指点迷津、指引方向，校师德标兵袁成清、廖红用行动诠释了师者的诲人不倦、开放包容，诠释了教育的真谛。

"如何面对生活中的苦难？"湖北省"新时代向上向善好青年"2017级本科生王春苗在讲述中传递爱与坚强。来自河南邓州农村的王春苗自幼被领养，遭遇养父去世、养母重病需照顾等磨难，柔弱的她却如风中劲草，稚嫩的肩膀扛起家庭的希望。"我想我可以笑着流泪，因为我一直生活在爱里。"收获温暖、传递温暖，收获爱、传递爱。刻苦学习的王春苗积极参加各类志愿服务活动，将成长过程中收获的爱与温暖传递给更多人。

"无论离开多久，走的多远，无论顺境逆境，我都是母校的孩子，母校都一直在帮助我。""碳痴"校友张国良讲述与母校的情缘。在遭遇困境时偷偷回母校寻求精神力量，在研究"碳纤维"过程中母校有求必应，张国良最终成功实现碳纤维产业化的梦想，填补了我国高性能碳纤维空白，打破了西方国家的垄断和封锁。他说母校是求知的场所，更是心灵的港湾。

为山里娃圆大学梦、教聋哑儿童喊"爸爸"、到精准扶贫地区支教……20余年来，武汉理工大学研究生支教团持续完成爱的接力，为贫困地区的孩子打开了一扇通往外面世界的窗户。"我们愿意用我们真心的陪伴，让孩子们健康茁壮成长！用不长的一年时间，做一件终生难忘的事，这就是我们爱的接力！"

第22届研究生支教团庄重宣誓、整装待发。

"一代代理工人坚守教育报国初心,牢记立德树人使命,勇攀科学技术高峰,谱写了可歌可泣的奋斗篇章,贡献了行稳致远的理工力量,积淀了厚德博学、追求卓越的理工精神。这是理工故事的精神内核,也是理工故事的价值意义和动人之处。"武汉理工大学党委书记信思金说道。

"今天的故事直击我的灵魂。我们应该继承前辈们艰苦奋斗、踏实努力、产业报国的精神,积极向优秀的学长学姐们学习,在优秀老师的教导下努力成长,让青春绽放出绚丽的光。"

来源:光明日报客户端2019年12月27日

【中国青年报客户端】武汉理工举办首届理工故事展演会

12月25日至26日，以"为奋斗讴歌 向崇高致敬 传理工精神 谱育人新篇"为主题的"卓越之光"武汉理工大学首届理工故事展演会学生专场及教师专场在该校上演。

展演会讲述者的年龄从9岁到90岁，有学生、教师、管理人员，也有院士、校友，他们饱含深情地讲述了八个浓缩着卓越精神和卓越思想的理工故事，全场师生们在一个个闪耀着卓越之光的故事中感受鲜活的正能量、有形的价值观、丰富的时代感、永久的理工情。

在悠扬的《送别》歌声中，四位平均年龄近80岁的退休教师李永华、笪朝仰、陆丰奎以及校友曾宪德深情讲述我国最早的38位教授之一、辛亥老人赵师梅教授保护青年、简朴治学、关爱后辈的故事。

心如一握土，倾力暖春苗。管理学院2017级本科生王春苗来自河南邓州农村，自幼被领养又遭遇养父去世、养母重病需照顾的打击，柔弱的她却如风中劲草，稚嫩的肩膀扛起家庭的希望。"我想我可以笑着流泪，是因为我一直生活在爱里"，展演现场的春苗乐观开朗，在讲述中传递爱与坚强的力量。

展示"理工力量"、讲好"理工故事"活动自2019年3月正式启动，党委宣传部发布故事征集通知，建设"理工故事""理工力量""理工文化"三个专栏采写典型专题报道，在前期广泛征集、深入挖掘的基础上，遴选出8个具有代表性的故事，以舞台展示的方式予以展映，以期让理工精神更加鲜活。

来源：中国青年报客户端2019年12月27日

【中国科技新闻网】真实感人，首届理工故事展演会效果超出预期

武汉理工大学校友、中复神鹰碳纤维公司董事长张国良，12月25日匆匆赶到武汉，来不及好好休息，晚上就登上"卓越之光"武汉理工大学首届理工故事展演会舞台，以《根情》为题，现场讲述他与母校的情缘。

作为恢复高考的第一届考生，张国良从在校园学习成长时体育课上"扔手榴弹"的趣事讲起，讲到工作后遭遇困境时偷偷回母校寻求精神力量的往事，以及在研究"碳纤维"过程中学校对他有求必应的帮助，最终成功实现碳纤维产业化的梦想，填补我国高性能碳纤维空白，打破了西方国家的垄断和封锁，拿到了国家科技进步奖一等奖。

在他的心中，学校不仅是求知的场所，更是心灵的港湾，"无论离开多久，走的多远，无论顺境逆境，我都是母校的孩子，母校都一直在帮助我。"张国良动情地说道。最后，他还勉励学弟学妹们，要秉持"卓越"的精神，勇往直前，不断进取，成为"卓越"之才！

12月25日至26日，"卓越之光"武汉理工大学首届理工故事展演会在马房山校区西院大礼堂连续上演。讲述者的年龄从9岁到90岁，有学生、教师、管理人员，也有院士、校友，他们饱含深情地讲述了八个浓缩着卓越精神和

卓越思想的理工故事，全场师生们在一个个闪耀着卓越之光的故事中感受着鲜活的正能量、有形的价值观、丰富的时代感、永久的理工情。

据悉，2019年3月武汉理工大学启动了展示"理工力量"、讲好"理工故事"活动，在前期广泛征集、深入挖掘的基础上，遴选出8个具有代表性的故事，以舞台展示的方式予以呈现，以期让理工精神更加鲜活，切实增强师生"筑梦·铸魂·立本·树人"的价值共识，为学校发展汇聚更基本、更深沉、更持久的力量。

本次展演会以"为奋斗讴歌 向崇高致敬 传理工精神 谱育人新篇"为主题。武汉理工大学党委书记信思金说，在长期的办学实践中，一代代理工人坚守教育报国初心，牢记立德树人使命，勇攀科学技术高峰，谱写了可歌可泣的奋斗篇章，贡献了行稳致远的理工力量，积淀了厚德博学、追求卓越的理工精神。今天，全体武汉理工人正在用自己的行动为理工画像、为理工立传、为理工明德。未来，我们要将理工精神发扬光大，在卓越思想的感召下、在卓越之光的照耀下，为教育强国建设和中华民族伟大复兴贡献磅礴的理工力量！

来源：中国科技新闻网 2019 年 12 月 27 日

【湖北日报客户端】武汉理工大学举办"故事会",8个故事折射"卓越之光"

12月25日晚、26日晚,"卓越之光"武汉理工大学首届理工故事展演会连续举办两场。学生、教师、校友代表等分别讲述了8个动人的理工故事,为奋斗讴歌、向崇高致敬,传递正能量。

今年3月,武汉理工大学正式启动了"展示理工力量、讲好理工故事"的活动,该校党委宣传部向校内外征集理工故事,在前期广泛征集、深入挖掘的基础上,遴选出8个具有代表性、折射"卓越之光"的故事,此次以舞台展示的方式进行展演。

该校党委书记信思金说,在长期的办学实践中,一代代理工人贡献了行稳致远的理工力量,积淀了厚德博学、追求卓越的理工精神。这是理工故事的精神内核,也是理工故事的价值意义和动人之处。

在悠扬的《送别》歌声中,4位平均年龄近80岁的退休教师走上舞台,深情讲述了已故辛亥革命老人、著名教育家赵师梅教授的故事。他们回忆了与赵师梅教授交往的点点滴滴，并拉起手风琴共同歌唱《革命人永远是年轻》，来表达对赵师梅的纪念之情。

该校材料学科奠基人袁润章教授，被誉为"中国舟船文化活化石"的退休教授席龙飞，学生心中的师德标兵袁成清教授，将基础课《大学物理》打造成"网红"课程的廖红老师，与养母相依为命、自强感恩的大学生王春苗，展开爱心接力的研究生支教团……展演会上讲述者们讲述的一个个故事，深深打动了全场师生。

来源：湖北日报客户端2019年12月27日

【湖北日报客户端】大三学生王春苗讲述自强感恩故事：你们的爱，给了我力量

"我想我可以笑着流泪，是因为我一直生活在爱里。无论是父母的疼爱，还是学校老师的关爱，都给了我很大的力量。"12月25日晚、26日晚，"卓越之光"武汉理工大学首届理工故事展演会连续举办两场，师生、校友等讲述的8个故事正能量满满。其中，管理学院大三学生王春苗与养母相依为命、自强感恩的人生故事，深深感动了全场师生。

23岁的王春苗来自河南邓州农村，自幼被领养。她上初三时，养父突发脑出血离世。不忍心给60多岁的养母增加经济负担，本已被当地最好高中录取的王春苗放弃升学，外出打工。后来，她返校复读，再次考上那所高中，一边照顾养母一边学习，最终以高出当地一本线102分的成绩考上了武汉理工大学。

上大学后，由于养母经常生病，王春苗不得不经常请假陪护。2018年的大年三十，母女俩在病房里度过，她乐观地发了一条朋友圈："这一年经历了很多，谢谢所有帮助爱护我的人。拥有慷慨善良的老师和长辈、亲密知心的好友、乐观热心的同学，是我这一年最大的收获，爱你们！"

尽管请假次数多、时间长，落下不少课程，有时还要勤工俭学，但王春苗刻苦学习，始终保持着优异成绩，多次获得奖学金。她还获得"湖北省最美新生标兵""湖北省新时代向上向善好青年"等荣誉，但她却认为受之有愧，照顾母亲是子女应尽的义务，学习是一个学生的本分，自己不过是做了该做的事。

王春苗的辅导员敬晓慧感慨地说，"王春苗认为自己是在温暖和帮助下长大的，因此想用自己的力量回报社会。她加入了郎坤志愿服务队，今年暑假还到山村支教"。

对于自己的进步，王春苗归功于"感恩的力量"："我的父母用爱抚养我，学校同样用爱培育我。从大一到现在，学校一直给予我关怀和帮助，不仅仅是经济上的资助，老师们还无微不至地关心我。"

王春苗回忆，虽然养父母都是农民，家境很一般，但在他们的疼爱里，自己也曾无忧无虑地快乐成长。儿时，养父是最好的老师，用高粱棒子教数学、用硬纸壳剪出矩形圆形三角形、教她背毛泽东诗词。后来为了挣钱给养母治病，养父远离家乡去深圳打工，在外面一直省吃俭用。还没等到她回报养父母，养父就已永远离去。在收拾养父的遗物时，他好不容易添置的一件厚外套几乎还是崭新的。那时，她便下定决心，一定要好好照顾养母。

王春苗的养母今年已有68岁。故事展演会现场，她坐在台下，安静地听着女儿讲述关于成长和感恩的故事。

"母亲没上过学，几乎不识字，也不太会表达自己。但她的坚强，从小深深影响着我。"王春苗告诉《湖北日报》全媒记者，这次专程接养母来学校，看看自己学习和生活的校园，一起吃食堂。而养母来武汉的交通和住宿费用都由学校承担，她心里充满感激。

王春苗在记者面前几次忍不住掉眼泪，但很快便露出阳光的笑容。她说今后想读研深造，不断提升自己，这样才能更好地照顾养母，回报学校和社会。

来源：湖北日报客户端2019年12月28日

【楚天都市报——看楚天】武汉理工大学8个故事上完一堂思政公开课

"都是我们身边人的故事,听起来觉得熟悉又特别受鼓舞。"12月25日、26日,武汉理工大学面向全校师生上了两堂最生动的思政公开课,学生、老师走上讲台分享了8个故事,讲述者的年龄从9岁到90岁,有学生、教师、管理人员,也有院士、校友。

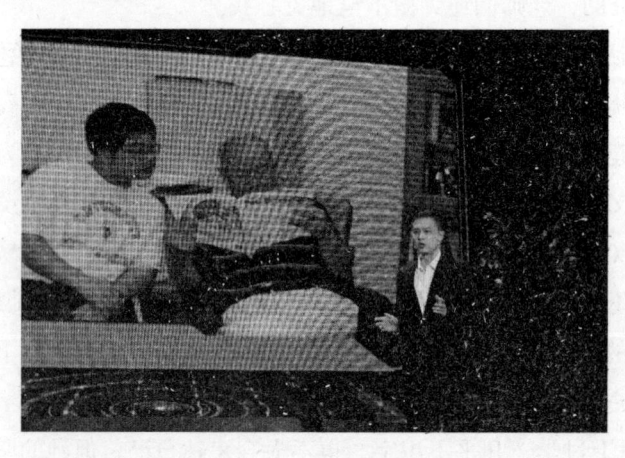

该校四位平均年龄近80岁的退休教师李永华、答朝仰、陆丰奎以及校友曾宪德深情讲述我国最早的38位教授之一、辛亥老人赵师梅教授的故事,他们回忆了与赵师梅教授接触的点滴,从抗战时期保护进步青年的赤子之心到新中国成立后简朴治学、关爱后辈的育人之心再到临终前念念不忘"奖掖学子"的拳拳之心,辛亥老人追求真理、献身教育、为人师表的形象在四位老人质朴而真挚的讲述中越发清晰动人。最后老人们拉起手风琴,共同唱起歌曲《革命人永远是年轻》来纪念赵师梅教授。

展演会现场,该校新材所副所长赵翔动情地讲述了他心目中的袁校长。该校材料学科奠基人袁润章教授是杰出的材料科学家、教育家,他力排众议开辟新材料研究方向,忍着剧痛在病榻上笔耕不辍、擘画学科发展蓝图,临终前嘱托将自己的骨灰分成三份，分葬在材料复合新技术国家重点实验室门前桂花树下、鉴湖校园的湖中以及湖南老家。中国科学院院士顾秉林、南策文，中国工程院院士姜德生，澳大利亚工程院院士程一兵，离退休老领导欧阳世翕，材料复合新技术国家重点实验室教授傅正义、潘牧、木士春分别通过视频讲述表达了对袁校长的怀念。

大船通四海，丝路越千年。被誉为"中国舟船文化活化石"的交通学院退休教授席龙飞一辈子与古船结缘，他曾主持复原郑和宝船模型，出版《中国造船史》《中国古船图说》等书籍，刷新了世界对中国造船史的认知。该校交通学院辅导员张彦隆以《走向海洋》为题，从中国地图的演变讲起，回顾了席龙飞教授研究中国古代船舶文化的艰辛历程，展望了中国方案"一带一路"的美好图景。时代在变，中华民族开放进取、海纳百川的胸襟与气度却始终如一。最后，年逾90岁高龄的席龙飞教授亲自登台，谆谆教导后辈要不忘初心与使命，扬帆起航走向海洋！

该校袁成清教授从教十四载，是学生心中的师德标兵，是博士生交叉培养中的"一串钥匙"。展演会上，他和团队师生张彦、董从林、邱爱超一起通过3个故事讲述他对"师"的理解。不管是学习中的亲身示范、耐心教导还是生活中的指点迷津，袁教授都坚守育人为本、学术至上的初心，用行动诠释了一个诲人不倦、开放包容的师者形象。

在展演会的模拟课堂上，该校叶帆、张博文两位同学激动地谈起了他们心目中的"女神"——廖红老师，她能将复杂的基础课大学物理打造成全校一座难求的网红课程，能在学生迷茫困惑的时候给予耐心专业的指导……廖老师对学生而言，不仅是良师更是益友。作为与廖老师共同工作20余年的同事，孙晓冬老师讲起了廖老师关心关爱学生的点滴。自善方施教、情通爱是门，廖老师以实际行动诠释了教育之本。在大家的期盼中，廖红老师出场并以《物理学家的情怀》为题，带来了一场深入浅出、富有情怀的"物理课"。

该校管理学院2017级本科生王春苗来自河南邓州农村，自幼被领养又遭遇养父去世、养母重病需照顾的打击，柔弱的她却如风中劲草，稚嫩的肩膀扛起了家庭的希望。"我想我可以笑着流泪，是因为我一直生活在爱里"，展演现场的春苗乐观开朗，在讲述中传递爱与坚强的力量。作为王春苗的辅导员，敬晓慧老师讲述了春苗读大学后的蜕变，不仅在学习上出色，更是积极参加支教，时刻希望用自己的力量去回馈社会。

校园如故乡，万里心相系。国家科技进步奖一等奖获得者、中复神鹰碳纤维公司董事长、"碳痴"校友张国良以《根情》为题，现场讲述他与母校的情缘。作为恢复高考的第一届考生，张国良校友从在校园学习成长时体育课上"扔手榴弹"的趣事讲起，讲到工作后遭遇困境时偷偷回母校寻求精神力量的往事以及在研究"碳纤维"过程中学校对他有求必应的帮助，最终成功实现碳纤维产业化的梦想，填补了我国高性能碳纤维空白，打破了西方国家的垄断和封锁。在他的心中，学校不仅是求知的场所，更是心灵的港湾，"无论离开多久，走的多远，无论顺境逆境，我都是母校的孩子，母校都一直在帮助我。"张国良校友动情地说。最后，张国良校友还勉励学弟学妹们，要秉持"卓越"的精神，勇往直前，不断进取，成为"卓越"之才！

在优美动人的《醉苗乡》歌声中，来自贵州龙里高中的音乐教师龙丽讲述了她在当年的支教老师、武汉理工大学第九届研究生支教团成员孙明的鼓励下努力实现梦想的故事，第十六届研究生支教团志愿者陈会林讲述了他在特殊学校教授聋哑孩子喊"爸爸"的故事，第22届待出发研究生志愿团全体志愿者与往届支教团成员共同宣誓并合唱《追寻》……学校支教团队接力奋斗20余年，为贫困地区的孩子打开了一扇通往外面世界的窗户，这不仅是教育的延续，更是爱的接力！

台上一个个生动精彩的故事带给台下学生很多启发，不少学生纷纷表示十分受鼓舞，要向榜样学习。"这真的是我上过的最有意思的一堂思政公开课，理工故事带给我很多理工力量，激励我努力前行。"武汉理工大学学生马慈空说道。

据悉，展示"理工力量"、讲好"理工故事"活动自2019年3月正式启动，党委宣传部发布故事征集通知，建设"理工故事""理工力量""理工文化"三个专栏采写典型专题报道，在前期广泛征集、深入挖掘的基础上，遴选出8个具有代表性的故事，以舞台展示的方式予以展映，以期让理工精神更加鲜活，切实增强师生"筑梦·铸魂·立本·树人"的价值共识，为学校发展汇聚更基本、更深沉、更持久的力量。

来源：楚天都市报——看楚天 2019年12月29日

【光明日报客户端】看榜样　学榜样　做榜样：武汉理工大学举办理工故事展演会

为奋斗高歌，向崇高致敬；传理工精神，谱育人新篇。

11月26日晚，武汉理工大学"卓越之光"第二届理工故事展演会精彩上演。学生、教师、校医、老党员、校友等理工人倾情讲述了8个动人的理工故事，生动诠释了"厚德博学，追求卓越"的理工精神，凝聚了育人力量。

"咚……"清脆的钟声响起，鲜艳的党旗如金色阳光洒满全场，星光合唱团队员们高低错落立于舞台各处，齐声朗诵《心中的旗》，倾情歌颂党、歌颂祖国、歌颂新时代。全场星光次第亮起，展演会正式拉开帷幕。

武汉理工大学党委书记信思金表示，近年来，学校不断推动特色文化创新发展，开展校史溯源，进一步夯实学校独特的文化根基；加强校园文化建设的统筹谋划，进一步丰富学校特色文化的平台载体；积极选树具有学校文化特质的典型，进一步发挥榜样在文化传承中的示范引领作用。希望通过讲述理工故事，让理工精神更鲜活，增强师生"筑梦　铸魂　立本　树人"的价值共识，共同汇聚起建设特色鲜明的世界一流大学的磅礴力量。

若使都如愿，神州万世昌。第一组故事讲述无产阶级革命家、军事家、教育家何长工参加秋收起义，设计中国人民解放军历史上的第一面军旗，跟随毛泽东创建井冈山革命根据地，创办人民军队院校——东北军区军工部工业专门学校，奠定了武汉理工人的红色血脉。展演深情回顾了学校123年校史中，以何长工为代表的一大批无产阶级革命先辈用如磐初心传承弘扬红色血脉的瑰丽篇章。

以爱为回报，人间俱可亲。2015年，黄莺作为宁夏首位参加普通高考的盲人学生，以高出当地理科一本线85分的成绩进入武汉理工大学。6年间，她获得了全国"最美大学生""中国大学生年度人物"等多项荣誉。"除了看不见，我什么都能做。"温暖的聚光灯下，黄莺与四位师生共同讲述她在理工大校园中奋斗成长的点点滴滴，大家用关爱和坚韧共同创造了融合教育的新高度。

梦想花开处，芬芳敬老师。这组故事生动讲述了以李仁龙、刘林立、刘俊杰三位老师为代表的附小教师们的育人故事。体育教师李仁龙与小朋友们促膝回忆自己成为"乒乓球金牌教练"背后的故事；武汉市百优班主任、附小中队辅导员刘林立用自己温暖的怀抱关爱失聪学生成长成才；作为学校师德标兵、"个体作文"理念首创者，刘俊杰用新理念架起学生追求梦想的桥梁的育人点滴。他们用实际行动诠释出基础教育的师者模样。

为人民服务，此事见初心。在部队，他是神枪手、神炮手、技术能手、全国标兵，受邀参加国庆十周年观礼并与毛主席等国家领导人合影；在学校，他投身后勤，为学校建设和发展夙兴夜寐；退休后，他仍日夜奔波，持续关心着学校发展和下一代的成长成才……年逾85岁高龄的离退休干部邓永柱身着军装、胸戴军功章，颤巍巍地举起右手向观众行军礼并铿锵地说："这辈子我只做过一件事，那就是为人民服务。"

强国何为要？核心技术先。全国道德模范、时代楷模、山东港口高级别专家、1979级校友张连钢抱着"为中国人争口气"的初心，拉起20多名技术骨干组建项目组，打破国外垄断，建成中国人自己的自动化码头。他以《要为中国争口气》为题，亲自写了长达7000字的演讲稿，抒发对母校的感恩之情、炽热的家国情怀、严谨的工匠精神。展演上，张连钢校友还结合自身求学经历，寄语同学们以德立志、脚踏实地，建立工程概念培养自身综合能力。

武汉理工大学党委宣传部副部长王洪波说："希望通过讲述文化故事的方式，传递有形的正能量、鲜活的价值观、丰富的时代感和永久的理工情，希望理工大学子不仅拥有科学精神，还怀揣人文情怀，也为学校的建设凝聚磅礴的榜样力量。"

"这次展演会非常震撼，让我感受到了武汉理工大学赓续百年的红色基因，《爱，看得见》给我留下的印象最深，作为马克思主义学院的学生，黄莺的事迹教会了我们要'厚德博学，追求卓越'。"2020级本科生路小艺说道。

据悉，继2019年"卓越之光"武汉理工大学首届理工故事展演会精彩上演后，"卓越之光"第二届理工故事展演会于今年9月启动。在前期广泛征集、深入挖掘的基础上，学校党委宣传部结合建党100周年等主题，遴选出了8个具有代表性的、折射"卓越之光"的故事，以舞台展示的方式进行展演。

来源：光明日报客户端2021年11月27日

【中国日报网】"卓越之光"第二届理工故事展演会举行

为奋斗高歌,向崇高致敬;传理工精神,谱育人新篇。11月26日,大型文化讲述活动"卓越之光"武汉理工大学第二届理工故事展演会在西院大礼堂精彩上演。

"咚……"清脆的钟声响起,鲜艳的党旗有如金色阳光洒满全场,星光合唱团队员们高低错落立于舞台各处,手捧党旗和国旗的两名青年与手捧团旗和队旗的少年儿童满怀敬意缓步行至舞台中央,大家齐声朗诵《心中的旗》,倾情歌颂党、歌颂祖国、歌颂新时代。随后,全场响起纯洁、质朴的歌声,两名来自附小的小朋友用清澈的嗓音唱起《红旗》,为亲爱的祖国献上心中的颂歌。歌声渐低,全场星光次第亮起,展演会正式拉开帷幕。

校党委书记信恩金为展演会致开幕词。他指出,近年来,学校不断推动特色文化创新发展,开展校史溯源,进一步夯实了学校独特的文化根基;加强校园文化建设的统筹谋划,进一步丰富了学校特色文化的平台载体;积极选树具有学校文化特质的典型，进一步发挥了榜样在文化传承中的示范引领作用。今天，大家欢聚一堂，通过讲述理工故事回望历史、透析现实、远观未来，不断推动学校特色文化的传承与创新，共同汇聚起建设特色鲜明的世界一流大学的磅礴力量。

灯光渐暗，会场正式进入"理工故事"时间。

若使都如愿，神州万世昌。无产阶级革命家、军事家、教育家何长工参加秋收起义，设计中国人民解放军历史上的第一面军旗，跟随毛泽东创建井冈山革命根据地，创办人民军队院校——东北军区军工部工业专门学校，奠定了武汉理工人的红色血脉。展演会现场，30余位00后学生以《如愿》为题，深情回顾学校123年校史中，以何长工为代表的一大批无产阶级革命先辈用如磐初心传承弘扬红色血脉的瑰丽篇章。在《祖国不会忘记你》那雄浑的歌声中，学校486名在党50年老党员的名字依次出现在大屏幕上，全场观众以掌声致敬先辈，盛世如愿的自豪感激荡全场。

以爱为回报，人间俱可亲。2015年，黄莺作为宁夏首位参加普通高考的盲人学生，以高出当地理科一本线85分的成绩进入武汉理工大学。6年间，她成长为全国"最美大学生""中国大学生年度人物"……温暖的聚光灯下，黄莺与本科辅导员张冰、本科同学朱文涛、研究生同学焦镜一起现场讲述了她在理工大校园中奋斗成长的点点滴滴，大家用关爱和坚韧共同创造了融合教育的新高度。"除了看不见，我什么都能做"，这不仅是黄莺的座右铭，更是接受爱、传递奋斗勇气和前行力量的誓言！

梦想花开处，芬芳敬老师。"乒乒乓乓……"附属小学体育教师李仁龙带领小朋友们在展演会现场练乒乓球，与孩子们促膝回忆自己成为"乒乓球金牌教练"背后的故事；武汉市百优班主任、附小中队辅导员刘林立娓娓讲述自己用温暖的怀抱关爱失聪学生成长成才的动人事迹；学校师德标兵、"个体作文"理念首创者刘俊杰生动讲述自己用新理念架起学生追求梦想的桥梁的育人点滴……以三位老师为代表的附小教师们用行动诠释出基础教育的师者模样。

浩气连丝路，派江吻海来。深蓝色的海浪在屏幕上不断翻滚，"汉海1号"船模在舞台上熠熠发光，吴卫国教授团队生动讲述了他们破解"江船不能出海，海船不能入江"这个时代命题背后的科研攀登故事。正如吴教授所言，他心中有两片海，一个是江海直达的海，另一个是育人的学海，寻路、行路、赶路、领路、让路、指路，一路走来虽艰辛重重，然而为实现海洋强国梦、培养新时代理工力量的壮志却始终激励着他们不断劈波斩浪、扬帆远航！

为人民服务，此事见初心。在部队，他是神枪手、神炮手、技术能手、全国标兵，受邀参加国庆十周年观礼并与毛主席等国家领导人合影；在学校，他投身后勤，为学校建设和发展夙兴夜寐；退休后，他仍日夜奔波，持续关心着学校发展和下一代的成长成才……当年逾85岁高龄的离退休干部邓永柱身着军装、胸戴军功章，颤巍巍地举起右手向观众行军礼并铿锵地说出："这辈子我只做过一件事，那就是为人民服务"时，全场为之动容并爆发出热烈掌声。

肩上扛旗帜，胸前佩党徽。教育部首批"全国党建工作样板支部"汽车系党支部是学校人才培养、科技创新的坚强战斗堡垒，在54名党员13年的接力奋斗下，他们把党支部建成了心中最美的模样。展演会现场，汽车系党支部46名师生倾情朗诵原创诗歌《党徽是最美的奖章》，共同抒发对党和祖国的热爱。随着《我宣誓》的音乐响起，老党员为新党员郑重佩戴党员党徽，接力奋斗的铮铮誓言响彻全场！

强国何为要？核心技术先。全国道德模范、时代楷模、山东港口高级别专家、1979级校友张连钢以《要为中国争口气》为题，亲自写了长达7000字的讲稿，并数易其稿，抒发对母校的感恩之情、炽热的家国情怀、严谨的工匠精神。主持人在现场分享了校友讲稿中"要坚持科技自立自强"等科研攻关感悟，张连钢校友还结合自身求学经历，寄语同学们以德立志、脚踏实地，建立工程概念培养自身综合能力。家国情怀、工匠精神和责任担当是张连钢校友带给我们的精神财富，也是全校师生不懈奋进努力的力量源泉！

据悉，继2019年"卓越之光"武汉理工大学首届理工故事展演会精彩上演后，以理工故事展演会为代表的多彩文化盛会逐渐成为展现学校卓越精神、汇聚师生奋斗力量的重要文化载体。"卓越之光"第二届理工故事展演会于今年9月启动，在前期广泛征集、深入挖掘的基础上，结合建党100周年等主题，遴选出8个具有代表性的故事，以舞台展示的方式予以展映，以期让理工精神更加鲜活,切实增强师生"筑梦·铸魂·立本·树人"的价值共识,为学校发展汇聚更基本、更深沉、更持久的力量。

来源:中国日报网 2021 年 11 月 27 日

【中国青年报客户端】武汉理工举办第二届理工故事展演会

展现学校卓越精神，汇聚师生奋斗力量。11月26日晚，武汉理工大学"卓越之光"第二届理工故事展演会在该校西院大礼堂上演，并在多个分会场同步直播。

展演会现场，30余位00后学生以《如愿》为题，深情回顾学校123年校史上，以何长工为代表的一大批无产阶级革命先辈用如磐初心传承弘扬红色血脉的瑰丽篇章。在《祖国不会忘记你》那雄浑的歌声中，学校486名在党50年老党员的名字依次出现在大屏幕上，致敬前辈。

"除了看不见，我什么都能做！"2015年，黄莺作为宁夏首位参加普通高考的盲人学生，以高出当地理科一本线85分的成绩进入武汉理工大学。6年间，她成长为全国"最美大学生""中国大学生年度人物"。温暖的聚光灯下，黄莺与本科辅导员张冰、本科同学朱文涛、研究生同学焦镜一起现场讲述了她在理工大校园中奋斗成长的点点滴滴。

  2019年,该校"卓越之光"首届理工故事展演会后,以理工故事展演会为代表的多彩文化盛会逐渐成为校园文化的重要载体。第二届理工故事展演会于今年9月启动,在前期广泛征集、深入挖掘的基础上,结合建党100周年等主题,遴选出8个具有代表性的故事,以舞台展示的方式予以展映,以期让理工精神更加鲜活。

来源:中国青年报客户端2021年11月27日

【中国教育新闻网】武汉理工大学"理工故事"传递教育力量

"这些'理工故事'将成为精神力量的源泉，激励我不断前行。"在武汉理工大学第二届"卓越之光"理工故事展演会现场，该校电信工程2004班学生田小麦感动不已。

近日，"卓越之光"武汉理工大学第二届"理工故事"开讲。展演会以"为奋斗讴歌 向崇高致敬 传理工精神 谱育人新篇"为主题，理工人倾心讲述了8个老党员、老教授、科研团队、知名校友和优秀师生典型的故事，生动诠释了"厚德博学追求卓越"的理工精神，传递了教育力量。

展演现场，30余名00后学生以《如愿》为题，深情回顾了123年校史中，以何长工为代表的一大批无产阶级革命先辈传承红色血脉的华丽篇章。在《祖国不会忘记你》的雄浑歌声中，学校486名在党50年老党员的名字依次出现在大屏幕上，感动全场。

"除了看不见，我什么都能做！"2015年，作为宁夏首位参加普通高考的盲人学生，黄莺以高出一本线85分的成绩考入武汉理工大学。6年间，她成长为"全国最美大学生""中国大学生年度人物"。

记者了解到，继2019年首届"卓越之光"理工故事展演会精彩上演后，以理工故事展演会为代表的多彩文化盛会逐渐成为展现该校卓越精神、汇聚师生奋斗力量的重要文化载体。本届展演会围绕建党百年等主题，展映了8个代表性故事。

"回望历史，透析现实，远观未来，这些故事和精神将切实增强师生的价值共识，为学校发展汇聚更基本、更深沉、更持久的力量。"武汉理工大学党委书记信思金表示。

来源：中国教育新闻网 2021年11月30日

【中国建材报网】武汉理工举办第二届"卓越之光"理工故事展演会

11月26日,大型文化讲述活动——"卓越之光"武汉理工大学第二届理工故事展演会精彩上演。教育部党建工作联络员吴晋生、中央在鄂媒体代表和湖北媒体代表、武汉理工大学全体在校领导,全体处级干部、高层次人才和师生代表共同观看了演出。

据悉,武汉理工大学于2019年举办了首届"卓越之光"理工故事展演会,引发了广泛的关注。今年9月,武汉理工大学第二届理工故事展演会准备工作启动。在前期广泛征集、深入挖掘的基础上,结合"建党100周年"等主题,本届"卓越之光"理工故事展演会遴选出8个具有代表性的故事,以舞台展示的方式予以再现,以期让理工精神更加鲜活,切实增强师生"筑梦·铸魂·立本·树人"的价值共识,为学校发展汇聚更基本、更深沉、更持久的力量。

清脆的钟声响起,展演会拉开帷幕。星光合唱团队员们高低错落立于舞台上，手捧党旗、国旗的两名青年与手捧团旗、队旗的少年儿童缓缓步行至舞台中央，与大家齐声朗诵《心中的旗》。随后，两名来自武汉理工大学附属小学的小朋友用清澈的嗓音唱起《红旗》，为亲爱的祖国献上心中的颂歌。

  武汉理工大学党委书记信思金致开幕词。他指出，近年来，该校不断推动学校的特色文化创新发展，开展校史溯源，进一步夯实了学校独特的文化根基；加强校园文化建设的统筹谋划，进一步丰富了学校特色文化的平台载体；积极选树具有学校文化特质的典型，进一步发挥了榜样在文化传承中的示范引领作用。大家欢聚一堂，通过讲述理工故事回望历史、透析现实、远观未来，不断推动学校特色文化的传承与创新，共同汇聚起建设特色鲜明的世界一流大学的磅礴力量。

  若使都如愿，神州万世昌。无产阶级革命家、军事家、教育家何长工创办了人民军队院校——东北军区军工部工业专门学校，奠定了武汉理工人的红色血脉。展演会现场，30余位00后学生以《如愿》为题，深情回顾学校123年校史，以何长工为代表的一大批无产阶级革命先辈用如磐初心传承弘扬红色血脉的瑰丽篇章。在《祖国不会忘记你》的雄浑歌声中，学校486名在党50年老党员的名字依次出现在大屏幕上，全场观众以掌声致敬先辈，盛世如愿的自豪感激荡全场。

  2015年，黄莺作为宁夏首位参加普通高考的盲人学生，以高出当地理科一本线85分的成绩考入武汉理工大学。6年间，她成长为全国"最美大学生""中国大学生年度人物"。温暖的聚光灯下，黄莺与本科辅导员张冰、本科同学朱文涛、研究生同学焦镜一起现场讲述了她在武汉理工大学校园中奋斗成长的点点滴滴，大家用关爱和坚韧共同创造了融合教育的新高度。"除了看不见，我什么都能做"，这不仅是黄莺的座右铭，更是她接受爱、传递奋斗勇气和前行力量的誓言。

  梦想花开处，芬芳敬老师。"乒乓乓乓……"武汉理工大学附属小学体育教师李仁龙带领小朋友们在展演会现场开练乒乓球，与孩子们促膝回忆自己成为"乒乓球金牌教练"背后的故事；武汉市百优班主任、附小中队辅导员刘林立娓娓讲述自己用温暖的怀抱关爱失聪学生成长成才的动人事迹；学校师德标兵、"个体作文"理念首创者刘俊杰生动讲述自己用新理念架起学生追求梦想的桥梁的育人点滴……以三位老师为代表的附小教师们用行动诠释了基础教育的师者模样。

浩气连丝路，派江吻海来。深蓝色的海浪在屏幕上不断翻滚，"汉海1号"船模在舞台上熠熠发光，吴卫国教授团队生动讲述了他们破解"江船不能出海，海船不能入江"这个时代命题背后的科研攀登故事。正如吴卫国所言，他心中有两片海，一个是江海直达的海，另一个是育人的学海，寻路、行路、赶路、领路、让路、指路，一路走来虽艰辛重重，然而为实现海洋强国梦、培养新时代武汉理工力量的壮志却始终激励他们不断劈波斩浪、扬帆远航。

为人民服务，此事见初心。在部队，他是神枪手、神炮手、技术能手、全国标兵，受邀参加国庆十周年观礼并与毛主席等国家领导人合影；在学校，他投身后勤，为学校建设和发展夙兴夜寐；退休后，他仍日夜奔波，持续关心着学校发展和下一代的成长成才……年逾85岁高龄的离退休干部邓永柱身着军装、胸戴军功章，颤巍巍地举起右手向观众行军礼并铿锵地说出"这辈子我只做过一件事，那就是为人民服务"时，全场为之动容并爆发出热烈的掌声。

肩上扛旗帜，胸前佩党徽。教育部首批"全国党建工作样板支部"汽车系党支部是学校人才培养、科技创新的坚强战斗堡垒。在54名党员13年的接力奋斗下，他们把党支部建成了心中最美的模样。展演会现场，武汉理工大学汽车系党支部46名师生倾情朗诵原创诗歌《党徽是最美的奖章》，共同抒发对党和祖国的热爱。随着《我宣誓》的音乐响起，老党员为新党员郑重佩戴党员党徽，接力奋斗的铮铮誓言响彻全场。

强国何为要？核心技术先。全国道德模范、时代楷模、山东港口高级别专家、武汉理工大学1979级校友张连钢以《要为中国争口气》为题，亲自写了长达7000字的演讲稿，并数易其稿，抒发对母校的感恩之情、炽热的家国情怀、严谨的工匠精神。主持人在现场分享了校友演讲稿中"要坚持科技自立自强"等科研攻关感悟。张连钢校友还结合自身求学经历，寄语同学们要以德立志、脚踏实地，建立工程概念，培养自身综合能力。家国情怀、工匠精神和责任担当是张连钢校友带给我们的精神财富，也是全校师生不懈奋进努力的力量源泉。

在《祖国祖国，我想告诉你》大合唱中，"卓越之光"武汉理工大学第二届理工故事展演会圆满落幕。看完节目的学生代表纷纷表示，"卓越之光"故

卓越之光：讲好理工故事　弘扬卓越精神　>>>

事展演会倾心讲述武汉理工人自己的故事，赋能新时代高质量发展，也为我们每一名学子提供了前行的澎湃动力。

来源：中国建材报网 2021 年 11 月 30 日

【湖北日报客户端】讲好高校故事"卓越之光"第二届理工故事展演会直抵人心

"除了看不见,我什么都能做。"11月26日,"卓越之光"武汉理工大学第二届理工故事展演会上,该校盲人学生黄莺讲述了她在校园奋斗成长的点点滴滴,并告诉大家,她即将迎来硕士毕业答辩,走上工作岗位。该活动结合建党100周年等主题,遴选出8个具有代表性的故事,以舞台展示的方式予以展映,切实增强师生"筑梦·铸魂·立本·树人"的价值共识,为师生们上了一堂鲜活的党史课、思政课。

若使都如愿,神州万世昌。无产阶级革命家、军事家、教育家何长工参加秋收起义,设计中国人民解放军历史上的第一面军旗,跟随毛泽东创建井冈山革命根据地,创办人民军队院校——东北军区军工部工业专门学校,奠定了武汉理工人的红色血脉。展演会现场,30余位00后学生以《如愿》为题,深情回顾学校123年校史中,以何长工为代表的一大批无产阶级革命先辈用如磐初心传承弘扬红色血脉的瑰丽篇章。在《祖国不会忘记你》的雄浑歌声中,学校486名在党50年的老党员的名字依次出现在大屏幕上,全场观众以掌声致敬先辈,盛世如愿的自豪感激荡全场。

以爱为回报，人间俱可亲。2015年，黄莺作为宁夏首位参加普通高考的盲人学生，以高出当地理科一本线85分的成绩进入武汉理工大学。6年间，她成长为全国"最美大学生""中国大学生年度人物"……温暖的聚光灯下，黄莺与本科辅导员张冰、本科同学朱文涛、研究生同学焦镜一起现场讲述了她在理工大校园中奋斗成长的点点滴滴，大家用关爱和坚韧共同创造了融合教育的新高度。"除了看不见，我什么都能做"，这不仅是黄莺的座右铭，更是她接受爱、传递奋斗勇气和前行力量的誓言！

浩气连丝路，派江吻海来。深蓝色的海浪在屏幕上不断翻滚，"汉海1号"船模在舞台上熠熠发光，吴卫国教授团队生动讲述了他们破解"江船不能出海，海船不能入江"这个时代命题背后的科研攀登故事。

在部队，他是神枪手、神炮手、技术能手、全国标兵，受邀参加国庆十周年观礼并与毛主席等国家领导人合影；在学校，他投身后勤，为学校建设和发展夙兴夜寐；退休后，他仍日夜奔波，持续关心着学校发展和下一代的成长成才……当年逾85岁高龄的离退休干部邓永柱身着军装、胸戴军功章，颤巍巍地举起右手向观众行军礼并铿锵地说出"这辈子我只做过一件事，那就是为人民服务"时，全场为之动容并爆发出热烈掌声。

武汉理工大学党委书记信思金说，近年来，学校不断推动特色文化创新发展，开展校史溯源，进一步夯实了学校独特的文化根基；加强校园文化建设的统筹谋划，进一步丰富了学校特色文化的平台载体；积极选树具有学校文化特质的典型，进一步发挥了榜样在文化传承中的示范引领作用。今天，大家欢聚一堂，通过讲述理工故事回望历史、透析现实、远观未来，不断推动学校特色文化的传承与创新，共同汇聚起建设特色鲜明的世界一流大学的磅礴力量。

来源：湖北日报客户端2021年11月27日

【长江云】盲人女孩摘得高等数学最高分
——武汉理工这些故事鼓舞激励千万人

全国首个经高考就读重点大学的盲人学生黄莺；实现通江达海梦想的吴卫国教授团队；支援医院抗疫的多位逆行者……11月26日晚7点，他们集体亮相"卓越之光"武汉理工大学第二届理工故事展演会，讲述自己与理工的深情故事。

"今天，是我来到武汉理工大学的第2278天，在这儿的每一天我都记得清清楚楚。"2015年，黄莺作为宁夏首位参加普通高考的盲人学生，以高出当地理科一本线85分的成绩进入武汉理工大学。6年间，她成长为全国"最美大学生""中国大学生年度人物"，也成长为武汉理工大学马克思主义学院2019级硕士研究生。

展演会上，黄莺本科辅导员张冰回忆，黄莺的求学路靠的是同学耐心细致分步讲解、老师们不厌其烦"开小灶"以及黄莺一遍又一遍的啃与嚼，比如，在高等数学科目中，高难度的数学符号在盲文中并没有相对应的内容，黄莺就先从同学那儿听取符号的意义，然后用盲文转化替代，再通过逻辑体系记忆并计算，最后口述成规范的数学语言进行表达。"单就高等数学这一门课，黄莺的笔记就整理了300多页，她和同学们用一样的试卷考试，考出了第一名97.2的高分！"

"生命以痛吻我，我却报之以歌"，黄莺加入学校研究生讲师团，不辞劳苦到田间地头宣讲自身成长故事。今年10月，她还报名参加了全国残疾人运动会的赛艇项目，在与风浪搏击中书写勇敢坚毅的精彩人生。黄莺说："我觉得自己在运动方面比较欠缺，借这个机会磨炼一下意志，我们教练有一句'你们虽然残疾，但你们能做的就必须得做'，他不会因为我们的残障来降低对我们的要求。"

同学焦镜对黄莺十分佩服："她真的是'除了看不见，什么都可以做'，刚刚在后台也有很多曾经受她激励过的学弟学妹来跟她讲，黄莺可能自己都不知道，她给过多少人支持和力量。"

现场展演的8个故事主角，有从"汉海1号"到"汉海7号"持续破解通江达海命题的吴卫国教授团队；有推开中国智慧港口"大门"，发誓"要为中国争口气"的全国道德模范，1979级校友张连钢；还有退伍不褪色、一生践行为人民服务的85岁离退休干部邓永柱，以及以何长工为代表的一大批无产阶级革命先辈。

展演会高潮时，当《祖国不会忘记你》的歌声响起，学校486名在党50年老党员的名字依次出现在大屏幕上，全场观众掌声雷动，致敬前辈。

该校党委书记信思金表示，通过讲述理工故事回望历史、透析现实、远观未来，不断推动学校特色文化的传承与创新，共同汇聚起建设特色鲜明的世界一流大学的磅礴力量。

据了解，2019年，该校首届理工故事展演会后，以其为代表的多彩文化盛会逐渐成为校园文化重要载体。第二届理工故事展演会于今年9月启动，在前期广泛征集、深入挖掘的基础上，结合建党100周年等主题，遴选出代表故事进行展演，以期让理工精神更加鲜活。

来源：长江云 2021年11月27日

【长江云】创新话语表达形式　让大思政课入耳入脑入心

湖北拥有130所高校，在校大学生众多。各高校坚持用习近平新时代中国特色社会主义思想铸魂育人，创新党史学习教育形式，充分发挥课堂教学主渠道作用，用青年学生听得懂、听得进的话，宣讲党的历史、党的创新理论。

湖北各高校把思想政治工作贯穿学科发展、课堂教学、教材建设、学生管理之中。在武汉船舶职业技术学院，老师们在每节专业课开讲之前，都会固定拿出3分钟时间讲解党史故事和党的创新理论。

武汉船舶职业技术学院数控技术专业杨光正说："相对于我们平时看新闻、读报纸是更加新颖的一种方式，相当于是对专业知识的补充和拓展。"

不光学生受益，准备好这短短3分钟，对教师甚至是学科建设都起到了很大作用。学院目前已完成"课前三分钟"试点课程223门，并逐步实现课程全覆盖，推动各门专业课与思想政治理论课同向同行、协同发力。

武汉船舶职业技术学院党委书记黄士华说："注重从小切口入手，我们把习近平新时代中国特色社会主义思想深入到教室、深入到课堂。"

善用青年学生听得懂、听得进的话宣讲党的创新理论，各高校还在传播方式和技术上下了不少功夫。比如，武汉大学将四门主修思政课制作成网上慕课，成为全国上线最早、影响最大的思政慕课之一，累计选课人数突破148万人次；三峡大学借助三维仿真、多媒体等信息技术打造线上党建与水利文化展厅，让师生们沉浸式感受兴水强国、治水惠民的历史画卷；武汉生物工程学院在网上开设了"文翰思政坊"公众号，由辅导员和党员学生干部打造线上党建节目，已累计发布了1000多条。

武汉生物工程学院计算机与信息工程学院党总支书记谭学锋说："促进学

生铸就坚定的信仰，让学生在系列实践活动当中能够增长才干、增长本领，得到全面发展。"

目前，湖北已入选全国首批"全员育人、全过程育人、全方位育人"综合改革试点省，成为中西部唯一入选省份。

来源：长江云 2021 年 12 月 6 日

【长江云】"卓越之光"第二届理工故事展演会举行

为奋斗高歌，向崇高致敬；传理工精神，谱育人新篇。11月26日，大型文化讲述活动——"卓越之光"武汉理工大学第二届理工故事展演会在西院大礼堂精彩呈现，展演会在余家头校区大学生活动中心和南湖图书馆报告厅设分会场同步进行直播。教育部党建工作联络员吴晋生，中央在鄂媒体代表和湖北媒体代表，全体在校领导，全体处级干部、高层次人才和师生代表共同观看了展演。

"咚……"清脆的钟声响起，鲜艳的党旗有如金色阳光洒满全场，星光合唱团队员们高低错落立于舞台各处，手捧党旗和国旗的两名青年与手捧团旗和队旗的少年儿童满怀敬意缓步行至舞台中央，大家齐声朗诵《心中的旗》，倾情歌颂党、歌颂祖国、歌颂新时代。随后，全场响起清澈、质朴的歌声，两名来自附小的小朋友用天籁之音唱起《红旗》，为亲爱的祖国献上心中的颂歌。歌声渐低，全场星光次第亮起，展演会正式拉开帷幕。

校党委书记信思金为展演会致开幕辞。他指出，近年来，学校不断推动特色文化创新发展，开展校史溯源，进一步夯实了学校独特的文化根基；加强校园文化建设的统筹谋划，进一步丰富了学校特色文化的平台载体；积极选树具有学校文化特质的典型，进一步发挥了榜样在文化传承中的示范引领作用。今天，大家欢聚一堂，通过讲述理工故事回望历史、透析现实、远观未来，不断推动学校特色文化的传承与创新，共同汇聚起建设特色鲜明的世界一流大学的磅礴力量。

灯光渐暗，会场正式进入"理工故事"时间。

若使都如愿，神州万世昌。无产阶级革命家、军事家、教育家何长工参加秋收起义，设计中国人民解放军历史上的第一面军旗，跟随毛泽东创建井冈山革命根据地，创办人民军队院校——东北军区军工部工业专门学校，奠定了武汉理工人的红色血脉。展演会现场，30余位00后学生以《如愿》为题，深情回顾学校123年校史中，以何长工为代表的一大批无产阶级革命先辈用如磐初心传承弘扬红色血脉的瑰丽篇章。在《祖国不会忘记你》的雄浑歌声中，学校486名在党50年的老党员的名字依次出现在大屏幕上，全场观众以掌声致敬先辈，盛世如愿的自豪感激荡全场。

以爱为回报，人间俱可亲。2015年，黄莺作为宁夏首位参加普通高考的盲人学生，以高出当地理科一本线85分的成绩进入武汉理工大学。6年间，她成长为"全国最美大学生""全国研究生党员标兵""中国大学生年度人物"……温暖的聚光灯下，黄莺与本科辅导员张冰、本科同学朱文涛、研究生同学焦镜一起现场讲述了她在理工大校园中奋斗成长的点点滴滴，大家用关爱和坚韧共同创造了融合教育的新高度。"除了看不见，我什么都能做"，这不仅是黄莺的座右铭，更是接受爱、传递奋斗勇气和前行力量的誓言！

梦想花开处，芬芳敬老师。"乒乒乓乓……"附属小学体育教师李仁龙带领小朋友们在展演会现场开练乒乓球，与孩子们促膝回忆自己成为"乒乓球金牌教练"背后的故事；武汉市百优班主任、附小中队辅导员刘林立娓娓讲述自己用温暖的怀抱关爱失聪学生成长成才的动人事迹；学校师德标兵、"个体作文"理念首创者刘俊杰生动讲述自己用新理念架起学生追求梦想的桥梁的育人点滴……以三位老师为代表的附小教师们用行动诠释出基础教育的师者模样。

浩气连丝路，派江吻海来。深蓝色的海浪在屏幕上不断翻滚，"汉海1号"船模在舞台上熠熠发光，吴卫国教授团队生动讲述了他们破解"江船不能出海，海船不能入江"这个时代命题背后的科研攀登故事。正如吴教授所言，他心中有两片海，一个是江海直达的海，另一个是育人的学海，寻路、行路、赶路、领路、让路、指路，一路走来虽艰难重重，然而为实现海洋强国梦、培养新时代理工力量的壮志却始终激励他们不断劈波斩浪、扬帆远航！

为人民服务，此事见初心。在部队，他是神枪手、神炮手、技术能手、全国标兵，受邀参加国庆十周年观礼并与毛主席等国家领导人合影；在学校，他投身后勤，为学校建设和发展夙兴夜寐；退休后，他仍关心着学校发展和下一代的成长成才……当年逾85岁的离退休干部邓永柱身着军装、胸戴军功章，颤巍巍地举起右手向观众行军礼并铿锵地说出"这辈子我只做过一件事，那就是为人民服务"时，全场为之动容并爆发出热烈掌声。

肩上扛旗帜，胸前佩党徽。教育部首批"全国党建工作样板支部"汽车系党支部是学校人才培养、科技创新的坚强战斗堡垒，在54名党员13年的接力奋斗下，他们把党支部建成了心中最美的模样。展演会现场，汽车系党支部46名师生倾情朗诵原创诗歌《党徽是最美的奖章》，共同抒发对党和祖国的热爱。随着《我宣誓》的音乐响起，老党员为新党员郑重佩戴党员党徽，接力奋斗的铮铮誓言响彻全场！

强国何为要？核心技术先。全国道德模范、时代楷模张连钢校友以《要为中国争口气》为题，亲自写了长达7000字的演讲稿，并数易其稿，抒发对母校的感恩之情、炽热的家国情怀、严谨的工匠精神。主持人在现场分享了校友讲稿中"要坚持科技自立自强""要以德立志、脚踏实地、建立工程概念培养自身综合能力"等科研攻关感悟和对学子的殷殷期盼。家国情怀、工匠精神和责任担当是张连钢校友带给我们的精神财富，也是全校师生不懈奋进的力量源泉！

最后，在全场合唱《祖国祖国，我想告诉你》的歌声中，"卓越之光"武汉理工大学第二届理工故事展演会圆满落幕！

据悉，"卓越之光"第二届理工故事展演会于今年9月启动，在广泛征集、部门推荐和深入挖掘的基础上，结合建党100周年、立德树人等主题，遴选出8个具有代表性的故事，以舞台展示的方式予以呈现，旨在让师生沉浸式感悟鲜活的正能量、有形的价值观、丰富的时代感、温暖的理工情，以信仰之光照亮前行之路，用如磐初心凝聚奋斗伟力。近年来，以理工故事展演会为代表的一批文化活动和文化作品逐渐成为传承卓越精神、汇聚奋进力量的重要文化平台载体，文化育人功能不断向纵深发展。

来源：长江云 2021 年 11 月 27 日

【大武汉客户端】武汉理工大学盲人学生黄莺要毕业了，她立志帮更多残障人士实现梦想

11月26日晚，武汉理工大学举行的第二届理工故事展演会上，《长江日报》记者在会上获悉，6年前以高出当地理科一本线85分的成绩，考入武汉理工大学的宁夏盲人学生黄莺，即将迎来硕士毕业答辩，走上工作岗位。

这个坚信"除了看不见，我什么都能做"的坚强姑娘，即将迎来新的人生篇章。她毕业后打算从事和残障群体有关的工作，帮助更多特殊人士实现梦想。"一路走来，我得到了太多的关爱，学成之后，我想将这份爱传递出去。"

2岁那年的一次高烧，导致小黄莺视网膜色素变性，虽然跑遍了全国各大城市的医院，但没有任何好转的迹象，双眼只剩下光感。从6岁开始，黄莺作为盲童，小学、中学均在特殊教育学校完成，在学校坚持自己叠被子、洗衣服。2015年6月，黄莺作为宁夏首位参加高考的盲人学生，用盲文作答，以高出当地理科线85分的成绩被武汉理工大学录取。

大学6年间，她付出了超出普通学生几倍的努力，不仅顺利毕业，更保送至本校研究生，并获评全国"最美大学生""中国大学生年度人物"。

黄莺说，在看不见的情况下，对普通学生来说很简单的一件事，她却要付出成倍的努力。一篇学术文献，同学们10来分钟可以看完，她却需要多次听写才能抓住重点。学习高数，她要将老师讲课的PPT拿回寝室，然后转化成Word文档，用读屏软件反复听，才能理解抽象的数学概念。然而她并没有放弃，用比同学们多3倍甚至5倍的时间慢慢练习，在本科毕业时以优异的成绩保送至本校研究生。

学习之余，她还参加学校研究生宣讲团，为对口单位讲党课；她参加全国残运会赛艇项目，学会了游泳和划艇。她还和其他同龄姑娘一样，喜欢逛街、追剧、旅行，甚至开了一个公众号"盲着看看"，通过写文章来改变大众眼中的刻板盲人形象。

11月26日晚，黄莺一袭白衣，在聚光灯下自信从容地讲述自己的故事，她铿锵有力地说："我要打破'盲人只能按摩'的世俗规则，活出自己的精彩人生！"

她的深情讲述让台下的学弟学妹们感动落泪。材料学院大一学生方超说，即使是普通学生，能把高数考到97分，能获得保研资格，也不容易。"学姐的故事激励了我，我也会像她一样，保持努力，保持乐观，为自己的未来不懈奋斗。"

当晚，故事展演会共上演了8个感人至深的校友故事，为师生们上了一堂鲜活的党史课、思政课。

据悉，武汉理工大学"卓越之光"理工故事展演会于2019年正式启动，以舞台展示的方式，对优秀校友故事予以展映，以期让理工精神更加鲜活，切实增强师生"筑梦·铸魂·立本·树人"的价值共识，为学校发展汇聚更基本、更深沉、更持久的力量。

来源：大武汉客户端2021年11月27日

【极目新闻】真实感动鼓舞人心！武理工师生登台讲成长故事扬学校精神

"今天是我在武汉理工大学的第2278天，在这里的每一天我都记得清清楚楚。"11月26日，武汉理工大学马克思主义学院2019级硕士研究生，全国首位参加普通高考进入211重点大学的盲人学生黄莺登上该校第二届理工故事展演会和同学们分享自己的故事。当晚，该校师生登台带来数个感人故事，通过故事分享会的形式展现师生的卓越精神和理工力量。

该校党委书记信思金为展演会致开幕辞，他谈道：今天大家欢聚一堂，通过讲述理工故事回望历史、透析现实、远观未来，不断推动学校特色文化的传承与创新，共同汇聚起建设特色鲜明的世界一流大学的磅礴力量。

第一个故事讲述以该校校史为主线，30余位00后学生以《如愿》为题，回顾学校123年校史上，以何长工为代表的一大批无产阶级革命先辈用如磐初心传承弘扬红色血脉的瑰丽篇章。4名00后学生登上舞台，他们将校史故事娓娓道来。表演中，他们饱含热泪地讲述着以何长工为代表的一大批无产阶级革命先辈的故事，"我们记得您，刘惠农，老红军、老市长、老院长；我们记得您，李清，延安马列学院的教员……"

随着《祖国不会忘记你》的歌声响起，学校486名在党50年老党员的名字依次出现在大屏幕上，全场观众以掌声致敬先辈，不少师生更是热泪盈眶。该校电信工程专业的田小麦激动地告诉记者："虽然我跟他们未曾谋面，但是听着他们的故事很受感动和鼓舞。这些感动将会成为我精神力量的源泉，激励我不断前行。"

"除了看不见，我什么都能做。"2015年，黄莺进入武汉理工大学求学。6年间，她成长为全国"最美大学生""中国大学生年度人物"。如今她正在该校攻读政治学专业硕士研究生，最近正忙着写毕业论文，12月将进行预答辩，论文主要关注残障人士参政研究。

舞台上，黄莺与本科辅导员张冰、本科同学朱文涛、研究生同学焦镜一起现场讲述了她在理工大校园中奋斗成长的点点滴滴，大家用关爱和坚韧共同创造了融合教育的新高度。"大一参加了一次演讲比赛后，跟同学们分享了自己的故事，看到他们受鼓舞的样子，我觉得很开心。今天也是一样，想用自己的故事感染更多人。"黄莺开心地和记者分享。作为和黄莺一路成长过来的焦镜也经常将黄莺的故事分享给身边人，她在贵州一个特殊学校支教期间，就经常讲述黄莺的故事来鼓励学生。"他们身体有些残疾，有的学生有些自卑不够自信，我就跟他们说黄莺的故事，来勉励他们，他们后面也有人上大学了。"焦镜说道。

育人故事《温暖与追梦》，以"乒乓球金牌教练"李仁龙、武汉市百优班主任刘林立、学校师德标兵、"个体作文"理念首创者刘俊杰三位老师为代表的附小教师们用行动诠释出基础教育的师者模样；科研故事《派江吻海》，深蓝色的海浪在屏幕上不断翻滚，"汉海1号"船模在舞台上熠熠发光，吴卫国教授团队生动讲述了他们破解"江船不能出海，海船不能入江"这个时代命题背后的科研攀登故事。

老党员故事《为人民服务》、支部故事《党徽是最美的奖章》、校友故事《要为中国争口气》依次上演，给该校师生带来了一场精神盛宴。"每个故事都直击人心，每个故事让我备受鼓舞。强国有我，卓越有我，我激荡的热血，将在接下来转化为我前行的动力,奋发向上!"该校通信工程2003班周子墨说道。

据悉,继2019年"卓越之光"武汉理工大学首届理工故事展演会精彩上演后,以理工故事展演会为代表的多彩文化盛会逐渐成为展现学校卓越精神、汇聚师生奋斗力量的重要文化载体。第二届理工故事展演会于今年9月启动,以舞台展示的方式予以展映,以期让理工精神更加鲜活,切实增强师生价值共识,为学校发展汇聚更基本、更深沉、更持久的力量。

来源:极目新闻2021年11月27日

【武汉教视】武汉理工大学举行第二届理工故事展演会

"卓越之光"武汉理工大学第二届理工故事展演会于11月26日晚举行。

30多位00后学生以《如愿》为题，回顾了在学校123年校史上，以何长工为代表的一大批无产阶级革命先辈，用如磐初心传承红色血脉的瑰丽篇章。在《祖国不会忘记你》的雄浑歌声中，学校486名在党50年的老党员的名字依次出现在大屏幕上，全场观众以掌声致敬先辈。

"除了看不见，我什么都能做。"2015年，黄莺作为宁夏首位参加普通高考的盲人学生，以高出当地理科一本线85分的成绩考入武汉理工大学。6年间，她成长为全国"最美大学生""中国大学生年度人物"……聚光灯下，黄莺与本科辅导员张冰、本科同学朱文涛、研究生同学焦镜一起讲述了她在理工大校园中奋斗成长的点点滴滴，大家用关爱和坚韧共同创造了融合教育的新高度。

在《派江吻海》故事中，武汉理工大学吴卫国教授团队生动讲述了他们破解"江船不能出海，海船不能入江"这个时代命题背后的科研故事。"服务国家战略需求，争创水平世界一流，让江河湖海亲密牵手，为海洋强国不懈奋斗。"吴卫国带领团队以教育者的本色、学识和胸怀培养了一代又一代海洋强国的接力者和追梦人。

武汉理工大学"卓越之光"理工故事展演会于2019年正式启动，每两年举办一次。"卓越之光"第二届理工故事展演会于今年9月启动，结合建党100周年等主题，共遴选出8个具有代表性的故事，以舞台展示的方式予以展映，以期让理工精神更加鲜活。

来源：武汉教视2021年11月28日

后 记

武汉理工大学百余年办学积淀的理工好故事，生动诠释了"厚德博学，追求卓越"的理工精神，凝聚着立德树人的教育力量。

长期以来，武汉理工大学党委主动深入基层，坚持以群众路线、师生视角、朴实话语、朴素情怀，广泛挖掘、报道典型，用心用情用力讲述胸怀"国之大者"的报国故事、老中青三代教师立德树人的感人故事和青年学子自强不息的成长故事，让身边典型更可亲、可信、可敬和可学，让一批批闪耀着卓越之光的故事"活"起来，在全校范围内形成了看榜样、学榜样、做榜样的良好氛围。

我们从近年宣传报道和舞台展演的典型故事中精选出57个"展演故事"和"精品故事"，以及18篇国家及省市权威媒体对理工故事展演会的报道，汇编成《卓越之光》一书，以此回顾和纪念理工大人的奋斗历程，讲述理工故事，弘扬卓越精神，树立时代风尚，激励更多的人奋勇前行。

本书的编写得到了学校党委和行政以及各单位的关心和支持，学校党委书记信思金同志专门为之作序；党委常委、副校长刘春江同志负责本书的策划和审定工作；王洪波同志承担本书的设计、统稿及编撰工作；丁仕琼、谢小琴、朱可馨同志参与本书汇编和素材整理及编校工作。

没有团队的智慧汗水，本书不可能顺利付梓面世。在此，向所有参与采访报道、内容收集整理的工作人员以及有关单位表示衷心的感谢！

由于编者水平有限，疏漏和不当之处在所难免，敬请读者不吝指正。

编者

2022 年 4 月